사랑의 강물

사랑의 강물
백길례와 최명환의 사랑 이야기

초판 1쇄 발행 2024년 12월 13일

지은이 최명환
펴낸이 장길수
펴낸곳 지식과감성#
출판등록 제2012-000081호

교정 정은솔
디자인 정윤솔
편집 서혜인
검수 이주희, 정윤솔
마케팅 김윤길, 정은혜

주소 서울시 금천구 벚꽃로298 대륭포스트타워6차 1212호
전화 070-4651-3730~4
팩스 070-4325-7006
이메일 ksbookup@naver.com
홈페이지 www.knsbookup.com

ISBN 979-11-392-2287-6(03810)
값 17,000원

- 이 책의 판권은 Stephan Choe(Junior)에게 있습니다.
- 이 책 내용의 전부 또는 일부를 재사용하려면 반드시 지은이의 서면 동의를 받아야 합니다.
- 잘못된 책은 구입하신 곳에서 바꾸어 드립니다.
ⓒ 2024. Stephan Choe(Junior). All rights reserved.

지식과감성#
홈페이지 바로가기

사랑의 강물

최명환 지음

백길례와 최명환의
사랑 ♡ 이야기

헌정

이 책을 우리 아들 스데반과 디모데,
며느리 마리 승미와 모니카,
레나테 & 안드레아스 쉬마인크 부부와
그레이스 & 루드거 지켈만 부부에게 헌정합니다.

이야기 차례

이 사랑 이야기의 내용에 대해서 • 12

첫 번째 이야기: 아내와 저의 어린 시절 20

1. 아내와 저의 생년월일과 아내의 고향 • 20
2. 저희 어머니, 형제자매와 저희 고향 • 23
3. 저희 아버지 고향 공주와 저의 친척들 • 39
4. 이웃 물레방앗간집과 종만이 형 집 • 41

두 번째 이야기: 은혜의 환도뼈와 저의 학창 시절 46

1. 저의 초등학교 1, 2학년 시절 • 46
2. 오른쪽 다리 환도뼈가 관골구에서 탈골되어 4년간 휴학 • 49
3. 절망을 은혜로 바꾸신 하나님:
   담임 선생님한테 사랑받던 초등학교 6학년 시절 • 52

4. 꿈꾸며 다니던 중학교 시절 • 56
5. 잃어버린 시간처럼 보였던 농업전문학교 2년간 • 60
6. 용굴산과 고등학교에서 대학 입시 준비 • 61
7. 대학교 입학시험과 최초로 교회 예배 참석 • 66

세 번째 이야기: 한국에 전파되어 저의 고향까지 이른 복음 70

1. 경교(네스토리안교)의 한국 전례 • 70
2. 천주교의 한국과 신례원 근처의 전파 • 71
3. 개신교의 한국선교 시작 • 78
4. 선교의 문이 활짝 열리다 – 갑신정변과 독일인 묄렌도르프 • 79
5. 신례원과 그 주변의 교회들 • 85

네 번째 이야기: 에스더가 독일에서 예수님 믿고 기쁨에 넘치다 90

1. 에스더가 보조간호사로 독일에 왔습니다 • 90
2. 에스더가 복음을 믿고 기쁨에 넘쳤어요 • 93

다섯 번째 이야기: 다시 태어나 기쁨에 넘친 나의 대학 생활 100

1. 나의 대전 생활 • 100
2. 고마우신 교수님들 • 108
3. 다시 태어나 기쁨에 넘쳐 세례받기까지 • 113
4. 행복하고 축복된 대학 시절(대학 2학년부터 졸업 때까지) • 123

여섯 번째 이야기: 대학 연구 조교 시절 136

1. 연구 조교 생활 • 136
2. 사람들 행복을 위한 생활 • 140

일곱 번째 이야기: 에스더와 결혼하고 독일로 148

1. 우리의 결혼 • 148
2. 에스더의 신앙 간증(1990년경에 발표한 독일어 원본을 번역한 것) • 153

3. 제주도 신혼여행 • 157

4. 여권 신청 • 159

여덟 번째 이야기: 도르트문트대학 선교 이야기 164

1. 도르트문트대학 선교 준비 • 164
2. 도르트문트 첫 가정교회: 동산 -길 22번지
   (1978. 8. 15. ~ 1981. 9. 28.) • 175
3. 도르트문트 둘째 가정교회: 바롭역 -길(Baroper Bahnhofstrasse)
   73번지 시절(1981. 9. 28. ~ 1984. 5. 31.) • 187
4. 도르트문트 세 번째 가정교회: 헬렌넨산 -길(Helenenbergweg)
   7번지 시절(1984. 6. 1. ~ 1987. 2. 28.) • 192

아홉 번째 이야기: 도르트문트에서 수고한 하나님의 사람들 200

1. 도르트문트에서 동역했던 독일, 인도네시아 그리고 한국 학생들 • 200
2. 도르트문트에서 동역한 한국인 선교사들(1979~1986년) • 210

열 번째: 도르트문트 학생 교회 말씀역사 224

1. 동산-길 22번지 가정교회 말씀역사 • 224
2. 바롭역-길 73번지 가정교회 말씀역사 • 232
   2-1. 1982년의 새 친구들 • 233
   2-2. 1983년 성경공부 친구들 • 236
3. 헬렌넨산-길 7번지 가정교회 말씀역사 • 239
4. 1986년 한국 선교보고 여행 • 252

열한 번째 이야기: 보쿰에서의 저의 가정 이야기(1987년 2월 28일부터) 256

1. 보쿰으로 이사한 후 몇 해 • 256
2. 2002년 한국 여행과 에스더 언니 전도 • 262
3. 스데반과 디모데의 대학 졸업과 직장 • 263
4. 스데반의 결혼 • 268
5. 스데반 가정의 미국 이주 • 271
6. 우리의 70세 생일 • 273

열두 번째 이야기: 보쿰 학생들에게 생명의 길을 알리는
　　　　　　　　　이야기　278

---

1. 보쿰 학생 교회의 시작 • 278
2. 독일인 동역자들 • 280
3. 성경공부를 한 보쿰 학생들 이야기 • 295
4. 보쿰대학교 신학과 세미나에서 우리 교회 소개 • 305
5. 보쿰 역사에 동참했던 선교사들 명단 • 305

열세 번째 이야기: 우리가 하나님께 감사하는
　　　　　　　　　10가지 이유　312

열네 번째 이야기: 에스더의 소천과
　　　　　　　　　나와 동행하는 이야기　318

이 사랑 이야기의 내용에 대해서

"예수께서 대답하여 가라사대
이 물을 먹는 자마다 다시 목마르려니와
내가 주는 물을 먹는 자는 영원히 목마르지 아니하리니
나의 주는 물은 그 속에서 영생하도록 솟아나는 샘물이 되리라"
(요한복음 4장 13~14절)

저는 원래 과거보다 현재와 미래에 관해 관심을 두고 살고자 하였습니다. 과거는 이미 지나가 버린 옛날이야기이고 미래는 앞으로 다가올 시대이기 때문에, 저는 과거를 생각할 것이 아니라 미래를 생각하고 준비해야 한다고 여겼었지요. 그런데 이 글을 쓰면서 과거와 현재와 미래는 함께 유기적으로 연결된 것임을 깊이 실감할 수 있었습니다.

제게는 감히 꿈을 갖지 못하게 가난했고 오른쪽 다리까지 다쳐 희망 없이 살던 시절이 있었습니다. 그러다가 6학년 담임 선생님의 격려와 배려로 중학교에 들어갈 수 있었던 반전의 체험이 있었고, 대학을 다니기 힘든 가정 형편에도 불구하고 저의 모든 인생을 걸고 무모하게 대학 입시에 도전하던 시절이 있었습니다.

저의 사랑하는 아내 백길례(후에 독일 국적을 받고 최 에스더로 개명)에게도 가난 때문에 중학교밖에 못 다녀 자신을 불우하게 생각했던 시절이 있었습니다. 그래서 돈을 벌기 위해 독일에 간호보조사로 왔지만 돈이 행복을 가져다주지는 않았습니다. 그러다 독일에서 예수님을 만나 행복해져 선교사가 되었고 우리는 결혼하였습니다. 돌이켜 보면 하나님은 저희의 가난하고 절망스럽고 슬프게 여겼던 처지를 축복하셔서 우리를 행복하게 하셨고 우리를 통해 다른 많은 사람들을 축복하여 행복한 삶을 누리게 하기 위한 기회로 삼으셨습니다.

저는 불행해지기 쉬웠던 형편 가운데서 살던 우리 두 사람을 하나님께서 어떻게 사랑으로 행복하고 영원한 삶을 누리도록 도우시고 한국 사람들과 독일 사람들과 세계 사람들에게도 행복하게 사는 비밀을 전하는 축복의 물줄기로 쓰셨는가 하는 이야기를 하고자 합니다. 마치 저나 에스더 고향집 앞의 개울물이 졸졸졸 흘러 강물이 되고 바다로 흘러 전 대양에 퍼지는 것과 같이 말입니다.

물론 저와 에스더의 이야기는 저희들이 처했던 특수한 상황 가운데서 있었던 이야기입니다. 그렇지만 저희 이야기의 핵심적인 메시지는 모든 사람들에게 적용될 수 있습니다. 여러분이 이 핵심 메시지를 자기 삶에 적용한다면 틀림없이 행복한 삶을 영원히 누릴 수 있습니다. 그러므로 독자분들이 저희의 이야기를 읽는 가운데 핵심 메시지를 발견하고 자기 삶에 적용하시길 격려합니다.

이 책을 읽는 독자 중 어떤 분들은 하나님의 축복을 이미 누리고 계실 것입니다. 이분들은 하나님께서 자신을 어떻게 인도하셨고 축복하셨는가 하는 멋진 이야기들을 갖고 있을 것입니다. 그 멋진 이야기들을 글로 쓰거나 녹화하여 여러분의 자녀들과 다른 분들에게 전해 준다면 그 이야기는 여러분의 자녀들과 수많은 사람들에게 매우 흥미로울 뿐만 아니라 축복된 삶을 사는 데 큰 도움이 될 것입니다. 그리하면 여러분의 이야기로 감동을 받은 여러분의 자녀들과 많은 사람들이 행복하게 영원히 살게 되고 아름다운 하나님의 나라가 크게 확장될 것입니다.

여러분이 저희의 이야기를 읽는 가운데 하나님이 역사하시는 몇 가지 길들을 발견하실 수 있을 것입니다. 그 가운데서 제가 세 가지만 들어 보겠습니다.

첫째로 하나님은 우리 형제자매, 친구, 은사들, 자녀들 특히 부모와 배우자를 통해 우리들에 대한 하나님의 사랑을 직접적 또는 간접적으로 보여 주신다는 것입니다.

사람은 사랑이 정말로 필요한 존재입니다. 하나님은 우선 우리에게 가까운 사람들을 통해 하나님의 사랑을 나타내십니다. 우리가 이 하나님의 사랑을 깨닫고 받아들이면 행복하게 영원히 살게 되는 것입니다.

저는 가난한 가정에서 자랐습니다. 당시 어머니와 형님, 누님들은 그리스도인이 아니었었지만, 이분들로부터 많은 사랑을 받고 자랐습니다. 이분들의 사랑은 물질적 부유보다 훨씬 더 귀했습니다.

그 후 크리스천 친구들, 은사님들로부터 많은 사랑을 받았습니다.

결혼 후에는 천사 같은 아내 에스더와 자녀들로부터 사랑을 받았습니다.

그 위에 하나님은 제 마음에 하나님의 사랑을 풍성히 부어 주셨습니다. 그래서 저는 이 땅의 낙원에 살고 있는 것 같은 기분이 듭니다.

둘째로 하나님은 우리가 피상적으로 볼 때 나쁜 일로 판단되는 일들도 합력하여 선한 일이 되도록 인도하신다는 것입니다.

저희 가정은 가난하여 제가 중학교에 진학할 형편이 못 되었습니다. 그런데 저는 초등학교 2학년 말에 다리를 다쳐서 4년간 집에서 쉬고 제 또래 아이들보다 2년을 늦춰서 초등학교 5학년, 6학년을 다니게 되었고, 6학년 담임 선생님이셨던 연소희 선생님의 도움으로 중학교 진학을 할 수 있었습니다.

하나님은 오케스트라 지휘자와 같이 여러 사람들과 여러 환경을 지휘하여 자신의 크신 사랑을 저에게 보여 주시고 당신의 선한 뜻을 이루셨습니다.

이 하나님은 여러분들을 위해서도 여러 사람이나 환경 등을 통해 역사하셔서 여러분을 행복하게 축복하고 계십니다.

셋째로 제가 깨달은 것은 우리가 받은 사랑, 특히 하나님의 사랑 이야기를 다른 분들에게 설명해 줘 아직 하나님의 사랑을 깨닫지 못한 분들이 행복하게 살도록 도와주어야 한다는 것입니다.

하나님은 우리만 사랑하시지 않고 다른 사람들도 사랑하시기 때문에,

우리를 통해 다른 많은 사람들이 하나님의 사랑과 축복을 깨닫도록, 말하자면 우리를 사랑과 축복의 물줄기로 부르셨습니다.

물이 연못에 고여 흐르지 않으면 썩지 않나요? 제가 하나님의 사랑과 축복을 받기만 하고 다른 사람에게 이 사랑과 축복을 전해 주지 않는다면 저의 내면이 썩어 냄새가 나겠지요. 그러므로 하나님의 사랑과 축복을 나 혼자만 누리지 말고 다른 사람들에게도 전해 주어야 합니다. 그래야 우리가 영접한 하나님의 사랑과 축복의 물이 썩지 않고 우리를 통해 싱싱한 물이 되어 다른 사람들에게 힘차게 흐르게 됩니다. 이처럼 하나님은 우리 한 사람, 한 사람을 세계 만민을 위한 사랑과 축복의 물줄기로 삼으셨습니다.

저희를 통한 하나님의 사랑과 축복의 역사는 지금은 계곡에 흐르는 작은 물줄기처럼 보잘것없어 보이겠지만 후에는 큰 강물이 되어 대양으로 흘러가 전 독일인과 세계 만민에게 미치는 하나님의 축복의 역사가 될 것입니다. 이것은 비단 저희에게만 해당하는 것이 아니라 하나님의 큰 뜻을 깨닫고 그 뜻대로 사시는 모든 분들에게 주시는 하나님의 약속과 비전입니다.

제가 여러분들에게 또 한 가지 강조하고 싶은 것은 저와 여러분의 이야기는 하나님의 사랑과 축복 역사의 본류에서 멀리 떨어져서 일어난 사소한 곁가지 사건이 아니라 하나님 축복의 역사 본류 한가운데에서 일어나는 중요한 역사적 사건이라는 것입니다. 이 점에 대한 여러분의 이해를 돕는 차원에서 하나님께서 어떻게 한국에 복음을 들여오셨고 이 복음이 어떻게 저와 저의 아내에게까지 전달되었고 또 어떻게 흘러가는 가도 이야기해 드리겠습니다.

  하나님께서는 여러분을 믿음으로 인도하여 여러분이 행복하고 영원한 삶을 누리면서 이 좋은 소식을 한국과 독일과 온 세계에 전하는 축복의 강물이 되도록 이미 만세 전부터 예정하셨습니다. 여러분 한 분, 한 분이 이러한 하나님의 멋지고 크신 뜻을 아시고 행복한 삶을 누리시며, 이 행복의 길을 다른 분들에게도 알려 주실 것을 믿고 기도하겠습니다.

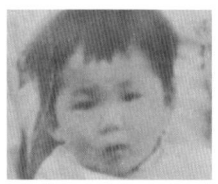

첫 번째 이야기: 아내와 저의 어린 시절

"수고하고 무거운 짐진 자들아 다 내게로 오라
내가 너희를 쉬게 하리라"

(마태복음 11장 28절)

1. 아내와 저의 생년월일과 아내의 고향

아내의 어렸을 때 가족사진
왼쪽: 부모, 언니 부부, 오빠와 함께 찍은 사진
오른쪽: 중학교 시절 조카들과 함께 찍은 사진

아내는 제 고향인 충남 예산에서 직선거리로 약 230km 떨어진 전남 장흥군 안양면 수양리에서 태어나고 성장하였습니다. 이름은 백길례(白吉禮)로 백은 하얗다는 뜻이며, 길할 길 자에 예의 바를 례(예) 자입니다. 행복(길)하고 예의 바른(례) 사람은 완성된 사람입니다. 그러고 보니 저의 아내는 정말 행복하고 예의 바른 사람이네요. 장인께선 가장 좋은 이름을 아내에게 주셨던 것입니다. 위로 오빠가 태어난 지 14년 만에 아내가 태어났으니 당연히 크게 기뻐하셨겠지요. 그런데 출생 1년 후인 1949년 7월 중순에 출생신고 하여 서류상의 나이는 실제 나이보다 한 살이 적다고 해요. 그리고 원래 음력 날짜인데 관청에선 그 날짜를 양력으로 취급했다고 합니다.

그런데 재미있는 것은 이렇게 1년 늦게 등록된 아내의 생년월일이 서류상 저의 생년월일과 똑같다는 것이지요. 이를 보면 이미 영원 전부터 하나님께서 저와 아내를 부부로 삼기로 계획하셨던 것을 알 수 있지요.

저의 고향 예산과 아내의 고향 장흥

아내의 생가 위치(Birthhome)
주소: 전남 장흥군 안양면 수양리 772-25

처가에선 아내를 어려서부터 송자라고 불렀다고 해요. 물론 초등학교에서도 백송자로 불렀겠지요. 그러다가 중학교 첫째 날 호적에 기록된 대로 선생님이 "백길례" 하고 불렀는데 아내는 다른 사람 부르는 줄 알고 대답을 안 하고 "백송자"를 부르기만 기다렸다고 해요. 그런데 아무리 기다려도 안 불러서 알아보니 백길례가 자기 이름이었대요.

한국 이름 백(白)은 보통 영문자나 독어로 "Baek"이라고 쓰는데, 아내가 독일에 오기 위해 여권을 신청하였을 때 여권과 직원이 실수로(?) "Bark"으로 기재한 여권을 주었습니다. 아마 여권 신청서에 쓰여 있는 "e"를 "r"로 읽고 잘못 기재했겠지요. 그래서 아내의 독일 신분증에는 "Esther Choe, 출생 시의 성은 Bark"이라고 적혀 있습니다.

중학교를 졸업한 아내는 가정 형편이 어려워 고등학교에 진학하지 못했습니다. 대신 가정을 돕기 위해 박정희 사모님이 경영하시던 장흥 양재학원에 한동안 다니며 양재기술을 배웠고 박정희 사모님의 남편 되시는 정남영 목사님의 장흥교회에 몇 번 참석했습니다.

2. 저희 어머니, 형제자매와 저희 고향

저의 어머니와 형님(1977년 우리 결혼식 때 사진)

저의 한국 이름은 최명환(崔明煥)입니다. 최는 "높다"라는 뜻이며 명환은 "밝은 불꽃"이란 뜻입니다.

저는 서울에서 남남서쪽으로 한 100km쯤 떨어지고 서해안에서 한 30km쯤 떨어진 충남 예산군 예산읍 신례원리 2구 15번지 터진목이라는 아름다운 마을에서 태어났습니다. 서울에서 기차를 타고 천안까지 가서 천안에서 장항선을 따라가다가 신례원역에서 내린 다음 동쪽으로 한 2km쯤 걸어가면 양쪽에 선 산들이 거의 맞닿게 되는 지점에 저의 고향집이 있습니다. 이곳부터 양쪽 산이 거의 맞닿아 계곡을 이루고, 이 계곡을 따라가면 수철리에 도착합니다. 그래서 저의 고향 마을 이름은 계곡이 터진다는 의미에서 "터진목" 또는 "터질목"이라고 불립니다.

한국은 1910년에서 1945년까지 일본의 식민지 지배를 받았습니다. 일본 지배에서 벗어나서는 북위 38선을 경계로 북쪽엔 소련에 의해 김

일성 공산주의 정부가 들어서고 남쪽엔 미군이 들어와 자유주의 이승만 정부가 들어섰습니다. 제가 만 한 살이 미처 못 되었던 1950년 6월 25일에 북한군이 남한으로 물밀듯이 쳐들어와 한국전쟁이 시작되어 1953년 7월 27일에 휴전협정으로 끝났습니다.

    제가 살던 지역도 전쟁 초기 약 3달간 공산군에게 점령당했었는데, 이때 지식인들이나 부유층의 사람들이 공산주의자들의 총살 대상이 되었습니다. 그 후 연합군에 의해 저의 지역이 회복된 후에는 공산주의 운동을 한 사람들이 반공의 기치를 든 민방위대와 경찰과 군에 의한 총살 대상이 되었습니다. 저희 집에서 서남서쪽으로 한 1.5km쯤 떨어진 곳에 공동묘지가 있는데, 어머니는 당시 공동묘지 쪽에서 공산주의 운동을 한 사람들이 총살당하는 소리를 가끔 들으셨다고 말씀하셨습니다. 다행히도 저희 가족이나 친척은 이 처참한 전쟁에 참여하지 않아도 되었습니다. 왜냐하면 저희 형은 아직 나이가 어렸고 아버지는 나이가 어느 정도 드셨기 때문에 군인이 안 되어도 괜찮았기 때문입니다. 또한, 저희 집이 가난했으니 공산주의자들에게 부르주아라고 비난받을 이유도 없었습니다. 그리고 당시 별로 배운 것이 없는 저희 외갓집 친척분들도 별피해가 없었습니다. 우리 가족과 친척들을 전쟁의 희생에서 지켜 주신 하나님께 감사드립니다.

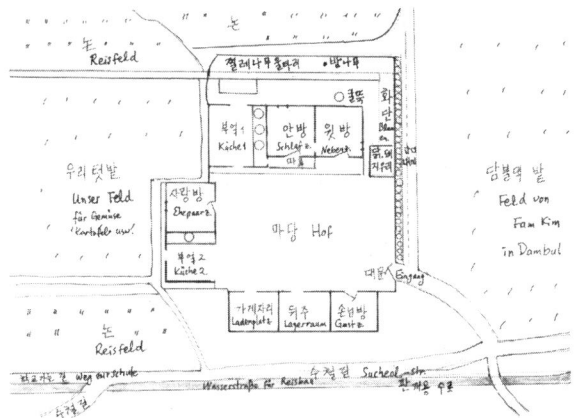

고향집 약도:

제가 태어나 한 10살 때까지는 부엌 1과 안방, 윗방만 있었습니다. 형님이 결혼하시자 사랑방과 부엌 2를 지으셨습니다. 그 후 형님은 헛간과 외양간을 손님방 자리에 지으셨습니다. 1970년대에 아주머니는 헛간을 구멍가게로 쓰셨고 1976년경엔 가게를 닫고 화장품 장사를 하셨습니다. 그리고 형님은 외양간 자리에 자녀들을 위해 방(손님방) 하나를 더 만드셨습니다.

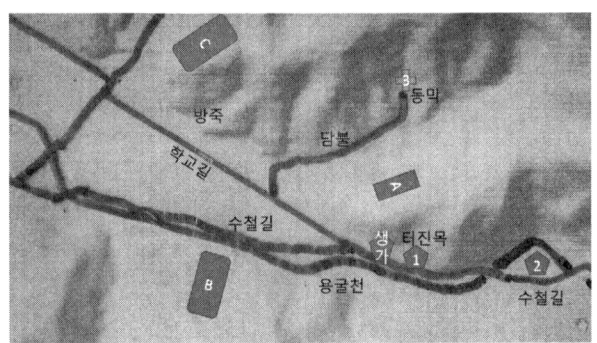

고향 사진:
1 최종만 씨가 살던 집
2 수철리 방앗간집 - 지금은 민속촌
3 부모님, 조부모님 그리고 형님 산소 자리. 산소 왼쪽에 우리 밭(30×60㎡)이 있었다.
A: 우리 안산밭 30×100㎡
B: 개양지의 우리 논(4마지기)
C: 초막골의 우리 논(4마지기)

박상균은 동막골, 김영수는 담불 그리고 이은춘은 방죽에 살았다.
지도에 나오지 않았지만 그 외 마을로 가률(외할아버지 댁과 외삼촌들 댁), 용곡리, 재궁(이재범의 집) 등으로 불리는 마을들이 있었습니다.

사진으로 본 저희 집에서 초등학교 가던 길(오른쪽 환하게 보이는 수로를 따라 난 길)

아버지께서 돌아가셨을 때 저의 어머니는 형, 그다음으로 네 명의 누님들 그리고 두 살이 채 못 된 저, 이렇게 6남매를 거느리고 계셨습니다. 형님은 예산중학교 1학년을 중퇴하시고 호주로서 온 가족의 살림을 꾸려 나가야 했습니다. 첫째 길순 누님과 막내 산월(山月) 누님은 집에서 어머니를 돕고, 둘째 일순 누님은 서울에서, 그리고 셋째 춘자(당시에는 "용순"이라고 불렸음) 누님은 광주에서 가정부로 일하며 가계를 도왔는데 추석 때와 구정 때 집에 다니러 오셨습니다. 어머니께선 딸들을 무척 기다리셨을 것입니다.

2002년 1월 7일, 예산 대률에 사시는 넷째 누님 댁을 방문하였을 때 넷째 매형 차를 빌려 넷째 누님과 함께 저희 생가 근처 신례원리 동막에 묻혀 계신 부모님의 무덤을 방문했습니다.

아버지는 제가 만 2살이 채 못 되었을 때 돌아가셨기 때문에 저는 아버지에 대한 기억이 전혀 없습니다. 하지만 어머니는 아버지께서 얼마나 좋은 분이신가 자주 말씀하셨습니다.

동네 사람 중에 티푸스에 걸려 돌아가신 분이 계셨었는데 전염될까 봐 나서서 장례를 치러 주는 사람이 아무도 없었다고 합니다. 그런데 아버지께서 나서서 장례를 치러 주시고 나서 그 병에 걸려 돌아가셨다 합니다. 이 이야기를 하시는 어머니의 목소리를 통해 어머니께서 아버지를 존경하고 자랑스럽게 생각하시고 사랑하시는 것을 바로 알아볼 수 있었습니다. 저는 어머니께서 아버지의 잘못된 점을 이야기하시는 것을 한 번도 들은 적이 없습니다. 오히려 저희에게 아버지에 대해 말씀하실 때는 항상 기쁨에 차 계셨습니다. 어머니께서 아버지를 귀하게 여기시는 모습을 통해 저는 행복한 어머니와 아버지 사이의 모습을 상상하며 행복한 부부 사이의 유산을 물려받은 것을 감사하게 생각합니다.

서운하게도 우리 가족은 아버지의 사진을 한 장도 갖고 있지 않습니다. 아마 가난해서 사진을 찍지 않으셨던 것 같습니다.

다른 사람의 눈으로 바라본다면 저희 어머니는 가난하고 초등학교도 못 다녀 한글도 읽지 못하시던 분이셨습니다. 그렇지만 저희 형제자매들에겐 헌신적이고 온유하시고 사랑이 많으신 분이셨습니다. 어머니께서 형님이나 누님들이나 저에 대해서 부정적인 이야기를 하신 것을 들은 기억이 전혀 없습니다.

어머니는 가난 가운데서 청상과부로서 6명의 자녀들을 먹여 살리기 위해 몸이 상하도록 일하셨습니다. 종일 밭일을 하시고 저녁엔 다리가 아프다며 다리를 밟아 달라고 하셨습니다. 형님과 누님들은 어머니와 한마음으로 일하였습니다. 어머님께서는 다른 집에서 잔치가 있으면 갔다가 맛있는 과일이나 떡들을 종이에 싸 가지고 오셔서 저희, 특히 저에게 주셨습니다. 그 헌신적인 모습을 아내에게서도 보았습니다. 저는 축복된 가정을 창조하시고 평범한 인간이셨던 아버지와 어머니에게 가족들을 위한 천사 같은 사랑을 부어 주신 하나님의 지혜와 사랑에 감사할 수밖에 없습니다. 그래서 저는 어머니를 천사 같았던 분으로 기억합니다. 이러한 저의 어머니에 대한 기억은 아내의 헌신적인 사랑과 저희 부부의 그리스도에 대한 신앙과 함께 저와 아내가 행복한 가정을 이루는 기초가 되었습니다.

하나님께서는 어머니께서 돌아가시기 전에 셋째 딸과 넷째 딸을 통해 예수님을 믿고 구원받아 천국에 가실 수 있게 도우셨습니다. 저는 셋째 누님으로부터 어머니가 돌아가시기 얼마 전에 교회에 나가셨고 예수 그리스도를 믿었다는 소식을 들었습니다. 어머니는 뇌졸중으로 갑자기 하늘나라로 부르심을 받은 것이었습니다. 그때 꿈에서 어머니는 하늘이 열려 있고 천사들을 보았다고 했습니다. 그리고 평화롭게 잠드셨습니다. 이것이 셋째 누님께서 제게 들려준 이야기입니다.

우리 하나님은 은혜로우십니다. 하나님께서 셋째, 넷째 누님들의 기도에 응답해 어머니를 구원해 주시고 영생을 주신 것에 감사드립니다. 물론 어머니께서 일찍 돌아가신 것은 안타까운 일이지만. 시집오셔서 자식들을 키우기 위해 고생하신 어머니를 며칠 사이에 평화롭게 잠들도록 하심으로써 어머니께서 별 고통 없이 하늘나라에 가 축복된 영생을 누리게 해 주신 하나님께 감사합니다.

저희 집은 농가였고 논 8마지기[1]와 약간의 밭을 갖고 있었습니다. 그

---

1. 한 마지기는 200평, 즉 대략 660제곱미터쯤 됩니다.

런데 저희 논은 산 밑에 있고, 산에서 내려오는 찬물로 관개를 할 수밖에 없어 다른 사람들의 논에서 나는 수확의 3분의 2 정도의 소출밖에 나지 않았습니다. 그 수확량은 밭에서 수확한 보리나 밀과 합쳐도 우리 가족 먹기에 빠듯한 정도였습니다.

  저희 아버지는 일찍 돌아가셨지만 저는 아버지가 안 계신 것을 별로 느끼지 못하고 자랐는데, 이는 저보다 15살 위이신 형님이 집안을 돌보셨기 때문이었습니다. 형님은 신례원초등학교를 우등으로 졸업하셨습니다. 당시 6학년 담임을 맡으셨던 박우린 선생님께서 직접 저희 아버지께 말씀드려서 형님의 중학교 진학을 허락받았다 합니다. 당시 형님의 중학교 입학금을 치르기 위하여 저희 가정에서 기르던 송아지를 팔았지만 아버지께서 갑자기 병으로 돌아가시고 형님은 중학교를 중퇴하셔야 했습니다. 그러나 이러한 기구한 형편을 탓하시는 것을 저는 전혀 듣지 못하였습니다. 오히려 농부로서 또 구들장장이로서 열심히 일하셔서 가족을 부양하시기에 여념이 없으셨습니다.

  고등학교를 졸업하기까지 저는 형님의 말씀을 거역하는 것을 두려워하였습니다. 형님은 엄하신 표정을 하셨지만 사실 엄하지 않으셨습니다. 저를 때리신 적도 없으셨습니다. 제가 아팠을 땐 형님께서 저를 등에 업고 물막의 재범이 아버지한테 데리고 가서 침을 맞게 하든지 또는 신례원에 있는 박우린 의사 선생님께 업고 가서 주사를 맞게 하셨습니다. 당시 박우린 선생님은 초등학교 교사를 그만두시고 의대 공부 후 의사로 개업하고 계셨던 때였습니다. 한번은 저의 왼쪽 엉덩이 살 속에 염증이 생겼었는데 박우린 의사 선생님이 염증이 난 살을 칼로 도려내고 약물을 적신 심지를 넣어 두었다가 빼내서 치료하신 것이 기억납니다.

저는 형님의 말을 거역하기는 두려웠지만 어머니나 누님들이 저를 책망하는 데 대해서는 두려움이 없었습니다. 어머니와 누님들은 저를 막내둥이로 사랑하고 귀여워해 주셨습니다.

형님께서 나이 만 20세가 되었을 때 입대하여야 하셨습니다. 당시 군대 복무 기간은 만 3년 정도였습니다. 형님의 입대로 어려운 가정 살림을 혼자 책임져야 했던 어머니께서는 슬프게 우셨습니다. 3년 후 형님은 군 복무를 마치시고 건강한 몸으로 제대하셔서 집안일을 다시금 돌보시기 시작하셨습니다.

그런데 형님은 이웃집 수철리 물레방앗간집 첫째 딸과 사랑에 빠져 연애를 하시기 시작했습니다. 연애라고 해야 저는 단둘이 만나는 것은 한 번도 보지 못했습니다. 다만 형님께서는 물레방앗간집에 자주 가셔서 방앗간 일을 돌봐 주셨습니다. 사랑은 사람을 헌신적으로 만드나 봅니다. 형님의 행동은 당시의 한국 관습과 저의 집안 형편에 비추어 본다면 현명한 처신이었지요. 당시 촌에서는 연애로 결혼한다는 것은 아주 드물었고 거의 중매로 결혼하던 시대였습니다. 그런 시대에 가난한 집의 청년이 결혼하고 싶은 처녀의 집에 가서 일을 도와줌으로써 장인 장모 될 분들의 동의를 얻어 내고 또 아주머님과도 자연스럽게 접촉할 기회가 생겼겠지요. 저는 형님이 방앗간 일을 도우시는 것을 보고 속으로 너무 열심이라고 생각했지요. 그런데 이제 와서 다시 생각해 보니 형님이 아주머님과 결혼하기 위해 지혜롭게 행동하셨다고 생각됩니다.

형님과 아주머님은 전통식으로 결혼했어요. 아주머님께서는 방앗간 집에서 가마 타고 시집오셨습니다. 인터넷에 가마는 1,000여 년 전 백제, 신라 그리고 고려 시대에도 사용되었다 합니다.

셋째, 넷째 누님들은 형님이 예수 그리스도를 믿게 해 달라고 기도했습니다. 그러자 형님은 신례원성결교회에 나가 큰 기쁨을 경험했습니다.

하나님께서는 후에 저희 아주머님도 믿음으로 인도하시고, 또 저의 조카들인 형님의 네 딸들과 아들과 며느리 손자들을 믿음으로 인도하셨습니다. 그 당시엔 아주머님과 아주머님의 형제자매들이 신앙을 갖게 되리라고 상상할 수도 없었는데 하나님은 기묘한 방법으로 이분들을 신앙으로 인도하셨습니다.

하나님께서는 또 다른 방앗간집 딸이었던 에스더가 예수님 믿고 저와 결혼하도록 인도하셨습니다. 전라남도 장흥군 안양면 수양리에 있는 에스더 선교사 고향집도 전에 한때 방앗간집이었답니다. 그러고 보니 저와 형님은 둘 다 방앗간집 딸과 결혼했네요. 하나님이 저희를 짝지어 주시려고 저희 어렸을 적부터 준비하셨어요.

저의 첫째 길순 누님은 시집가실 때까지 집안일과 밭일, 또 나무꾼으로 어머니와 함께 일하셨습니다. 첫째 누님께선 동생인 저를 아주 귀하게 여겨 주셨습니다. 집에서 어머니와 함께 키운 막내 남동생이니 귀하게 여기지 않을 수 없었겠지요. 하나님은 누님의 사랑을 통해서도 자신의 사랑을 나타내 주셔서 제가 어린 시절을 행복하게 보내도록 하신 것입니다.

나이가 되셔서 누님은 저희 집에서 한 2km쯤 떨어진 수철리에 사시는 박종래 님께 시집을 가셨습니다.

수철리에는 수철리 저수지가 있습니다. 수철리 저수지 남쪽에는 아랫말, 저수지 동쪽 양쪽 산 밑으로는 양지말과 음지말이 있습니다. 이곳에서 1km쯤 동쪽으로 더 가면 가톨릭 신도들이 모여 사는 싱개천("신도촌"이라는 뜻, 또는 "새터")이라는 마을이 있습니다. 이 아랫말, 양지말, 음지말과 싱개천이 모두 수철리입니다.

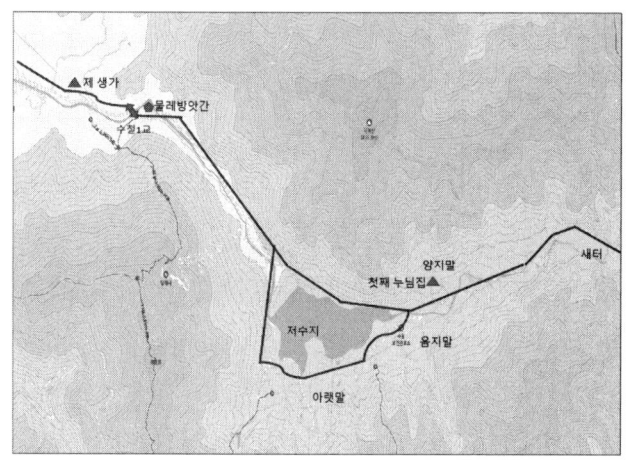

예산읍 수철리 마을들: 양지말, 음지말, 아랫말, 새터

박종래 님은 둘째 아들로서 저의 첫째 누님과 결혼하시고 수철리 양지말에 부엌과 방 두 칸짜리 새 집을 짓고 사셨습니다. 저는 초등학교 저학년 때 첫째 누님 집에 자주 가서 며칠씩 묵었습니다. 매형은 매우 마음이 넓으신 분으로 제가 자주 가서 며칠씩 있어도 별로 어려워하지 않으셨습니다.

제가 누님 집에서 자고 아침이 되면 햇살이 마루를 거쳐 방 안으로 들어오는데 아주 따뜻하고 정다운 느낌을 주었습니다. 하나님께서 부자는 아니었던 누님 가정에 아름다운 자연을 결혼 선물로 주신 것입니다. 누님의 첫째 딸은 박영숙이고 그다음 영덕입니다. 누님은 그 외에도 영복,

승덕, 정신이를 낳으셨습니다.

후에 제가 독일에 온 후 첫째 누님께서 뇌출혈로 쓰러지셔서 생명이 위독하셨을 때 하나님께서는 셋째 누님을 통하여 첫째 누님을 믿음으로 인도하심으로 영생을 얻고 주께로 가시도록 도우셨습니다. 하나님의 은혜에 감사드립니다.

둘째 일순 누님은 집안 살림을 도우려고 시집을 가기 전까지 서울에서 가정부로 일하시며 추석이나 설날이 되면 집에 오셨습니다. 물론 가끔 집에 한동안 머무르시면서 일하시기도 하였습니다.

제가 초등학교 졸업할 때쯤 둘째 누님은 형님의 군대 동기 중 예산군 신암면에 사시던 방락권 님과 결혼하셔서 예산 읍내 쌍소나무 근처에 집을 사서 분가하셨습니다. 그리고 서울 동대문 시장 같은 데서 기성복을 싸게 사다가 예산 읍내와 예산 역전과 신암에 5일마다 서는 장에서 파셨습니다. 저희 매형은 장사 수완이 있으신 분이셨고 누님은 매형을 도와 열심히 장사하셨습니다.

막내 누님은 둘째 누님의 아이들을 돌보고 식사 등을 준비해 주기 위해 자주 둘째 누님 집에 가 계셨습니다. 제가 예산중학교와 예산농업전문학교 다니던 시절 방과 후에 가끔 예산 누님 집에 들렀습니다.

둘째 누님의 아이로는 아들로 용현이와 기범이가 있고 딸로는 미경이가 있습니다. 용현이는 인천에서 인하대를 다녔고, 둘째 귀범이는 연세대에 다니다 대학생 선교단체인 UBF 연희 센터에서 믿음을 갖게 되며 후에 믿음이 있는 아내를 소개받아 결혼하였습니다. 미경이는 대전에서 대학을 다니며 대전의 우리 대학생 교회에 나왔었습니다.

둘째 누님은 제가 독일로 온 후 뇌출혈로 쓰러지셨습니다. 셋째 누님께선 뇌출혈로 쓰러지신 둘째 누님께 전도하셔서 둘째 누님께선 예수님 믿고 돌아가셨습니다. 후에 둘째 매형께서도 신앙을 갖고 교회에 나가셨습니다.

셋째 누님은 어렸을 때 용순이라고 불리었는데 지금은 호적대로 춘자라고 불리고 있습니다. 셋째 누님은 아버지가 돌아가신 후 초등학교를 3학년까지 다니다 그만두었고 약 17살 때부터 광주에 있는 한 믿는 가정의 가정부로 일하게 되었습니다. 그리고 그 가정의 권면으로 교회에 나가 믿음을 갖게 되셨습니다. 이것이 저희 가정에 처음으로 복음이 들어온 뜻깊은 사건이었습니다. 셋째 누님은 다른 사람의 눈치를 보지 않는 분이기 때문에 하나님께서 셋째 누님부터 믿음의 역사를 시작하신 것입니다. 고향집에 오셨을 때도 주일에 다른 사람들은 모두 밭에 나가 일하는데 교회 주일예배에 가셨기 때문에 형님과 어머님으로부터 얼마 동안 싫은 소리를 들어야 했습니다. 그러나 누님은 주일예배를 다녀와서는 일을 열심히 도우셨습니다.

셋째 누님은 결혼하시고 가난한 가운데도 영란, 영균, 영남, 영숙 네 자녀를 모두 훌륭하게 믿음의 사람들로 키우셨습니다. 누님의 권면에 따라 첫째 아들 윤영균 님은 목사로 주를 섬깁니다. 이 누님은 친척들의 믿음을 위해 기도하고 도와 많은 분들이 믿음을 갖게 되었습니다. 그리고 셋째 누님은 전철을 타고 가실 때는 그 안에 있는 사람들에게 담대히 전도하십니다.

넷째 산월 누님은 저보다 두 살 위입니다. 누님은 제가 어렸을 때 좀 졸 따라다녀서 친구들과 마음대로 놀지 못해 귀찮은 적도 있었다 합니다. 사실 당시 제 고향 터진목은 이웃집이 세 채밖에 없어 저의 동갑내기 남자 친구가 없었습니다. 막내 누님은 네 분 누님 가운데 초등학교를 졸업한 유일한 분입니다. 넷째 누님은 밭에서 밭매기하시거나 산에서 나무를 하여 밥을 짓고 또 빨래하셨습니다. 넷째 누님은 마음이 넓으셔서 다른 사람을 생각해 주시는 분입니다. 저는 어렸을 때 막내 누님이 다른 사람들과 다투는 것을 보지 못하였습니다. 그런데 누님은 셋째 누님의 전도에도 불구하고 예수님을 믿지 못하셨습니다. 아마 착하고 마음이 넓으셔서 복음이 필요하다는 것을 느끼지 못하신 것 같습니다. 그러나 하나님은 누님을 사랑하셔서 마음의 문을 열도록 기회를 주셨습니다. 제가 중학교 다닐 즈음 누님이 폐결핵에 걸려 고생하셨을 때 셋째 누님의 권유를 받아들여 신례원성결교회에 나가 예수님을 영접하였습니다. 그리고 교회학교 교사로서 예수님을 열심히 섬기셨습니다. 또 장사로 바쁘신 예산 둘째 누님 댁에서 어린아이들도 돌봐 주고 살림도 도와주었습니다. 때가 되어 매형과 결혼하시고 예산군 대흥면 대률리 대흥송림교회의 권사[2]로서 교회 장로이신 매형과 함께 교회를 충성스럽게 섬기셨습니다. 또 매형을 도와 힘든 농사일을 하시면서 딸 이병은을 잘 키우셨습니다. 그리고 병고를 치르시다 2018년 12월 초에 주께 가셨습니다.

하나님이 한 사람 아브라함을 부르셔서 후에 믿음의 백성 이스라엘을 이루셨듯이, 하나님은 저의 누님 한 사람을 믿음으로 인도하시고 기도를 들어주셔서 저희 어머니와 저희 형제자매들을 믿음으로 인도하시고

---

2. 권사(勸師, exhorter)란 교회에서 전도와 봉사 그리고 권면의 사역을 감당하는 직책의 사람입니다.

형제자매들의 가족들을 하나님의 자녀로 키우셨습니다. 저희 후손들은 하나님을 신뢰하고 섬기며 온 세상에 하나님의 복을 전하는 역할을 할 것입니다. 아멘!

이제 저와 함께 제가 태어난 곳 터진목으로 함께 소풍 가 보지 않겠습니까?

저의 고향집 주소는 제가 한국에 있었을 때 충남 예산군 예산읍 신례원리 2구 15번지였고 현재는 충남 예산군 예산읍 신례원리 15-4 또는 신례원리 수철길 713입니다.

수철리 저수지에서 방수하면 이 물이 용굴천을 따라 서쪽 방향으로 흐릅니다. 수철리 저수지에서 용굴천을 따라 서쪽으로 난 길을 한 1.5km 쯤 내려오면 수철 제1교가 있고, 이 수철교 바로 전에 저의 형수가 사셨던 복남이네 물레방앗간집이 있었습니다. 이곳엔 현재 민속촌이 있습니다.

그리고 그 물레방앗간집에서 한 300m 서쪽으로 더 가면 현재 "예지원" 수영장이 있습니다. 옛날에는 그곳이 논이었고요. 수영장 개울 건너편 자동차 길 옆에 제가 태어난 고향집이 있었습니다. 2007년에 들러 보니 여자 노인분이 그 집에서 사셨었고, 2019년 7월에 제가 돌아가신 형님 장사차 동막골에 갔을 때는 고향집이 헐려서 없었습니다.

터진목이라는 이름은 좁은 산으로 막혔던 지역이 터져서 평지가 전개되기 시작한다는 뜻이거나 이곳에서 양쪽의 산이 거의 맞닿았지만 골짜기 길로 터져 있어서 수철리로 갈 수 있다는 뜻일 것입니다. 터진목이라는 이름의 이 두 가지 뜻이 이 마을 위치의 특징을 잘 나타내고 있습니다.

전통적인 논농사에는 논에 물을 대는 관개시설이 중요한데 이를 위해 수철리 저수지의 물을 적당한 만큼 열어 놓아 그 물이 용굴산과 덕봉산 사이 계곡의 개울(용굴천)을 따라 내려옵니다.
　이 물은 방앗간에서 동쪽으로 50m쯤 되는 지점에서 물레방아 쪽으로 판 수로를 따라 흘러 물레방아 위로 떨어지면서 물레방아를 돌려 주고 다시금 개울로 흐릅니다.
　물레방아의 물레는 지름이 약 2.5m 정도였습니다. 저수지에서 물을 방수시키지 않으면 물레방아가 쉬게 되는데 이때 저와 친구들은 물레 안에 들어가 물레를 발로 돌리기도 하였습니다. 물론 이것은 허락되는 일은 아니었지만요.

　저수지 물이 방앗간집 옆을 지나 개울을 따라 서쪽 방향으로 한 30m쯤 흘러내려 옵니다. 그러면 이 개울물을 콘크리트 둑과 나무로 만든 수문으로 막아 물이 시냇가를 따라 흐르지 않고 깊이 1m, 너비 1m 정도의 콘크리트로 된 관개수로를 따라 흐르도록 합니다. 그러면 저희 집에서 서쪽으로 20m쯤 되는 지점부터는 깊이 1.5m, 너비 2m 정도 되는 흙으로 만들어진 관개수로를 따라 흐르도록 하여 신례원리에 있는 곳곳의 논들에 이 물을 댑니다. 이 관개수로 둑이 저희 집에서 신례원초등학교나 신례원역으로 가는 보행자 길이었습니다. 저는 이 길을 따라 매일 걸어서 신례원초등학교에 갔고 그 후엔 신례원역으로 가서 기차를 타고 중학교, 전문학교 그리고 고등학교로 통학했기 때문에 지금도 이 길을 그릴 수 있습니다.

　이재범과 저는 예산중학교 때 3년간 같이 기차 통학을 하였습니다. 이 친구는 가톨릭 신자라 그런지 거짓말하지 않고 순수해서 제 마음에 들었습니다. 저는 예산역에서 기차를 타고 신례원역에서 내려 집에 오는 길에 가끔 이 친구 집에 들러 놀다 오곤 했었습니다.

수철리 저수지에서 시작된 시냇물(용굴천)은 저희 집 앞을 지나 남쪽에 있는 산 밑을 따라 서쪽으로 흐르는데 이 시내 옆에 있는 마찻길을 따라 서쪽으로 한 1km쯤 가면 가률이란 마을이 있고, 그곳엔 한 20채쯤 집들이 있었습니다. 이곳에 외할아버지와 큰외삼촌이 함께 사시는 집이 있었고, 둘째, 셋째, 넷째 외삼촌 집들도 그 옆에 있었습니다.

저희 집에서 북쪽으로 한 500m쯤에 산으로 둘러싸인 '동막'이라고 불리는 곳에 집 한 채가 서 있었고 그곳에는 저보다 세 살 아래며 외육촌이 되는 박상균 가족이 살고 있었습니다. 이 집 주위에는 감나무, 대추나무, 살구나무 등의 과일나무가 많이 있었습니다. 제가 다리를 다쳐서 9살에서 12살까지 학교를 휴학하고 대부분의 시간을 집에서 쉬었을 때, 저보다 3살 아래인 상균이와 함께 저희 집 앞의 용굴산에 올라가거나 시냇가에서 물고기를 잡거나 목욕을 하며 놀았습니다.

저희 집 뒤로 50m 정도밖에 높지 않은 뒷산을 넘거나 산을 시곗바늘 방향으로 180도 돌아가면 안산이라고 부르는 곳이 나오는데, 그곳에 비교적 넓은 저희 집 밭이 나옵니다. 저는 거기서 어머니와 누나들과 같이 가끔 일한 기억이 납니다. 또 안산의 소나무숲 사이에 밤나무가 많이 있었는데, 그곳에서 버섯을 따거나 가을철이면 밤을 주웠습니다.

그리고 터진목에서 서북쪽으로 한 400m 떨어진 '담불'이라는 곳에 김영수네 집 한 채가 산 밑에 서 있었습니다. 영수네 집 앞에는 비교적 넓고 물이 항상 고여 있는 네모진 논이 있었습니다. 벼를 베고 난 겨울이나 초봄엔 이 논과 그 위에 있는 논에서 우렁이를 잡아 오면 어머니께서 우렁이국을 끓여 주셨는데 정말 맛있었습니다. 이 논은 추운 겨울에는 동네 아이들의 스케이트장으로 변하였습니다. 물론 어머님은 제가 다리 다칠까 봐 스케이트를 타지 말라고 하셨지만 저는 썰매를 만들어 탔고 스케이트도 몇 번 타 보았습니다.

3. 저희 아버지 고향 공주와 저의 친척들

저희 아버지는 원래 충남 공주군 신풍면 쌍대리에서 사셨었습니다. 저는 공주에 계신 친척을 방문해 보진 않았습니다. 그러나 어머님은 가끔 친척을 찾아 공주에 가셨고, 공주에 사셨던 작은할아버지께서 가끔 방문 오셔서 저의 집에 며칠씩 묵으셨습니다.

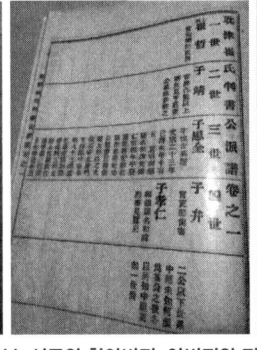

탐진 최씨 족보: 시조와 할아버지, 아버지와 저에 대한 기록

崔哲(최철) 님이 탐진 최씨 조상이시고, 崔溏源(최당원) 님은 20대 세손으로 저의 친할아버지이시고, 저희 아버지 崔柄覽(최병남) 님은 21대 세손이며, 저 崔明煥(최명환)은 22대 세손입니다. 저의 아버지 성함은 묘비에는 최병남이 아니라 최병례(崔秉禮)로 적혀 있습니다. (아래 사진 참조)

저의 부모님 묘비
2019년 7월 16일 화요일, 형님 장지에서 촬영했습니다. 묘비의 날짜는 음력입니다.

인터넷 정보에 의하면 최씨는 서기 1세기 중반 가야 6부 족장의 하나인 고허촌으로부터 시작합니다. 그 후 신라 말기 대문장가였던 최치원(857~?)을 시조로 하는 경주 최씨가 시작되었고, 고려 중기 해주 목민관으로 구제사업 등을 통해 가난한 백성들에게 베푼 최온(~1170)을 시조로 하는 해주 최씨가 경주 최씨에서 갈려 나왔으며, 이 해주 최씨에서 다시금 고려 말기 이자겸의 난 때 이자겸을 죽여 난을 평정한 최사전(崔思全, 1067~1139)의 할아버지 최철을 시조로 탐진 최씨가 시작되었습니다.

아버지께서(할아버지께서 돌아가신 후에) 신례원으로 이사하신 것은 아마 어머니께서 나고 자란 외할아버지 외할머니 댁이 신례원에 있기 때문일 것입니다. 공주에서 신례원으로 이사 온 것은 셋째 누님이 한 살 좀 넘었을 때였습니다(1944년경). 신례원엔 저희 최씨 쪽의 친척은 없고 어머니 쪽인 밀양 박씨 분들이 많이 삽니다. 저희 외할아버지는 삼형제였습니다. 외할아버지의 형님은 동막에 남동생은 방죽에 사셨는데 두 분 다 일찍 돌아가셨습니다. 동막 아주머니께서 몸을 제대로 쓰지 못하시던 동막 할머니를 도와드리느라고 힘들게 수고하시던 것이 기억납니다. 외할아버지 남동생의 둘째 아들, 즉 현구 아저씨께서 결혼하신 후 제가 대학 다닐 때 가족과 함께 대전 동구 가양동 92번지의 보육원의 빈방에서 사셨습니다. 그리고 천주교회를 통해 예수님을 믿으셨습니다.

4. 이웃 물레방앗간집과 종만이 형 집

저희 집에서 동쪽으로 한 300m 떨어진 곳에는 물레방앗간집 복남이네가 있었는데 이 집은 고향에서 저희 집과 가장 관계가 깊은 가정입니다. 왜냐하면 제가 초등학교 3학년쯤 되었을 때 복남이의 큰누나가 저희 형님과 결혼하셔서 형수가 되셨기 때문입니다.

수철리 저수지의 물을 논에 관개하기 위해 방수할 때 수철리 물레방앗간에선 낙수의 힘으로 물레를 돌리고 방아기계를 돌려 쌀과 껍질(겨)을 분리합니다. 보리도 비슷한 과정을 거쳐 보리쌀을 얻었습니다. 밀은 가루로 간 다음 기계체로 쳐서 밀가루를 얻었습니다. 수철리 사람들과 신례원 2구에 사는 농부들이 이곳에서 방아를 찧어 갔습니다.

저희 형수는 방앗간 가정의 맏딸로 남동생 정남, 여동생 금자, 남동생 복남, 그리고 여동생 금숙 씨가 있습니다. 복남이는 저보다 한 6살 아래이고 금숙은 한 8살쯤 아래입니다.

형수의 남동생 정남이 형은 저보다 한 8살쯤 위인데 문학을 좋아하여 소설책을 많이 사 모았습니다. 정남이 형은 서울에서 전기고등학교를 우수한 성적으로 졸업하였는데 전기회사 입사시험 때 필기시험은 잘 치

렸으나 치질 때문에 떨어져 집에서 지냈었습니다. 저는 다리를 다쳐서 깁스하고 집에 따분하게 누워 있었던 한 두어 달 동안 어머니를 통해 정남이 형 소설책들을 빌려다 읽으며 무료한 시간을 보냈습니다. 이로 인해 제가 학교를 4년간 쉬었어도 공부를 잘할 수 있게 되었다고 추측합니다.

저는 대전에서 2년간 서용성과 한 방을 같이 쓰다 용성이가 대학 근처로 방을 얻어 나가고, 대전공업전문학교 전기과에 입학한 형수님의 남동생 복남이와 같이 자취를 하였습니다. 공업전문학교는 공업고등학교 3년 과정과 초급대학 2년 과정을 합한 5년제 학교입니다. 하나님은 복남이를 이 전문학교 시절 기독교 청소년 단체 "Youth for Christ(YFC)"와 대흥침례교회로 인도해 신앙을 갖게 하셨습니다. 복남이는 졸업 후 대전에서 직장을 잡고 크리스천 여자분과 결혼하고 누나와 동생들과 다른 사람들에게 좋은 영향을 끼쳤습니다. 복남이의 믿음의 영향과 저희 누님들의 기도 응답으로 형수님도 신앙생활을 시작하셨습니다.

어머니가 1979년 1월에 돌아가신 후 형님의 둘째 딸 경숙이의 제안을 받아들여 형님 가족이 신례원에서 서울로 이사했습니다. 그리고 형수님께선 딸들과 며느리와 아들을 믿음으로 인도하셨습니다. 이처럼 셋째 누님과 복남이는 믿음의 큰 축복의 물줄기가 된 것입니다. 형님과 누님들의 자손이 자손만대 번성하여 믿음의 큰 민족이 될 것입니다.

제가 어렸을 때 터진목엔 저희 집과 동쪽으로 50m 떨어진 최종만 형 집과 300m쯤 떨어진 수철리 방앗간집 세 채밖에 없었습니다. 그래서 같이 놀 친구가 부족하였습니다.

  제가 초등학교에 다니기 전후론 저보다 두 살 위인 종만이 형과 가장 많이 놀았습니다. 종만이 형은 딸을 수철리로 시집보낸 노인 부부의 양자였습니다. 종만이 형은 매우 온순하고 부지런하였습니다. 또한 손재주가 있어서 손으로 여러 가지를 만들었습니다. 종만이 형 부모님들은 매우 부지런하신 분이셨습니다. 또한 부부 사이의 금실도 아주 좋으셨습니다. 농촌에 할 일이 별로 없는 겨울날 저녁에는 저의 어머님께선 어머니보다 열 살쯤 연세가 많으신 종만 형 부모님 집에 자주 놀러 가셨는데 어렸을 땐 저도 많이 따라갔었습니다.

  종만이 형은 그의 어머님이 돌아가시자 16살인가 17살 때쯤 그 아버지의 뜻에 따라 자신보다 두 살쯤 위인 수철리 처녀와 중매결혼을 하였습니다. 그리고 이 부부에게서 첫째 딸 최순주가 태어났습니다. 후에 종만이 형은 군대에 가서 운전면허를 따고 제대하자 농사를 접고 경기도에서 운전사로 일하기 시작하였다 합니다. 그 후 2010년경 한국에 갔을 때 형님으로부터 종만이 형이 세상을 떠났다는 이야기를 들었습니다. 하나님께서 종만이 형 부인과 순주와 그 자녀들을 축복해 주시길 기도합니다.

  하나님께서는 이렇게 친절한 이웃들을 통해 저의 어린 시절 행복한 시간을 보내도록 하셨습니다.

두 번째 이야기:
은혜의 환도뼈와 저의 학창 시절

"그러므로 야곱이 그곳 이름을 브니엘이라 하였으니
그가 이르기를 내가 하나님과 대면하여 보았으나
내 생명이 보전되었다 함이더라
그가 브니엘을 지날 때에 해가 돋았고
그로 말미암아 절었더라"

(창세기 32장 30~31절)

"하나님이 세상을 이처럼 사랑하사 독생자를 주셨으니
이는 저를 믿는 자마다 멸망치 않고 영생을 얻게 하려 하심이니라"

(요한복음 3장 16절)

1. 저의 초등학교 1, 2학년 시절

한국의 초등학교는 6년 과정으로 의무교육이기 때문에 학비가 없었습니다. 제가 학교에 다닐 때는 한 학급에 보통 80명 정도의 학생들이 같이 수업을 받았습니다. 그 후 중학교 3년과 고등학교 3년 과정이 있었는데 중학교부터는 수업료를 냈어야 했었습니다.

제가 다니던 1956~1963년 시절의 신례원초등학교 본관과 왼쪽 옆 교실
본관 뒤에 교실 두 채가 더 있었습니다. 교실은 마룻바닥이어서 신을 벗었습니다. 제일 뒤의 교실은 흙바닥이어서 이곳에서는 신을 신었습니다.
국기 게양대 뒤가 교장실과 교무실이었습니다. 왼쪽의 시계탑은 그 당시에는 없었습니다.

제가 한국 나이로 8살 때, 즉 만 6살이 되었던 해인 1956년 3월 2일, 엄마를 따라 신례원초등학교(당시는 국민학교라고 불렀습니다)에 입학하였습니다.

신례원초등학교는 우리 집에서 서쪽으로 2km쯤 떨어진 곳에 있었습니다. 신례원 정거장에서 300m쯤 남서쪽으로 떨어진 곳입니다.

당시 신입생들은 두 반으로 한 반은 여자반, 한 반은 남자반이었습니다. 저희 반 학생 수는 84명으로 기억하고 있습니다. 콩나물시루 같다는 말이 실감 날 수 있지요. 당시 초등학교 신입생들이 입학해서 한 학기 동안 배우는 것은 주로 운동장에 모여서 노래하고 춤추는 유치원 과정 비슷한 것이었습니다. 그렇기 때문에 젊은 여자 선생님들이 신입생 담임을 맡으셨습니다. 저희 반도 아직 처녀이셨던 유옥열 선생님이 맡으셨습니다. 저희 반엔 물레방앗간집 외가인 최화섭, 그리고 초막골 위쪽에 있는 마을 재공에 사는 김상만, 수철리 싱개천에서 살던 이은춘과 같은 또래의 친구들이 있었습니다.

　2학기가 되자 저희는 한글과 간단한 산수 등을 배우기 시작하였습니다. 칠판에 간단한 한글을 적고 읽는 일이 주였습니다. 그래서 1학년 2학기 말쯤엔 문장을 읽고 쓸 수 있게 되었습니다.
　2학기 말에 학기말 시험을 보았습니다. 제가 기억하기로는 국어 시험이었던 같은데, 제가 유일하게 만점인 100점을 맞았습니다. 당시 저는 다른 학생보다 점수를 잘 맞아야 한다든가, 경쟁이 무엇인가 아직 모르던 어리숙한 촌뜨기였었습니다. 그리고 집에서도 '공부를 잘해라', '좋은 성적 받아 오라' 하는 말을 들어 보지 못한 저였습니다.
　저희 반의 반장은 이홍구였습니다. 당시는 담임 선생님이 1학년 반장을 임명하던 시대였습니다. 임홍구는 아주 활달한 친구였고 가정이 경제적으로 비교적 좋았던 친구라 반장으로 알맞은 친구였습니다. 그래서 저는 그 친구가 우리 반 반장을 하는 것을 당연하게 생각하고 있었습니다. 그런데 그 친구가 국어시험에 저만 100점 맞은 것 때문에 심각한 얼굴을 하는 것을 보고 나서 경쟁이라는 것에 대해 좀 생각하게 되었습니다. 저의 담임 선생님이셨던 유옥열 선생님께선 얼마 후 다른 선생님과 결혼하셨습니다.

2학년이 되어 민 선생님이 저희 반의 담임 선생님이 되셨습니다. 이 선생님에 대해선 별 기억이 나지 않습니다. 다만 이 선생님께서 수업 시간에 떠들었던 학생을 좀 심하게 때린 것이 생각납니다.

3학년 때는 손기영 선생님이 담임 선생님이셨습니다. 이 선생님은 운동, 특히 야구를 좋아하셔서 우리도 체육 시간에 야구를 연습하곤 했습니다. 물론 3학년이었던 저희에게 야구는 약간 이른 감이 없지 않았지만요. 저는 다리를 다쳐서 3학년을 조금밖에 못 다녔고요.

2. 오른쪽 다리 환도뼈가 관골구에서 탈골되어 4년간 휴학

제가 다리를 다친 사건을 기술하지 않고는 저의 인생 가운데 하나님이 베푸신 은혜의 역사를 잘 설명할 수가 없습니다. 왜냐하면 하나님 섭리의 은혜 역사는 저의 오른쪽 다리 환도뼈의 탈골과 불가분으로 연결되어 있기 때문입니다.

저는 초등학교 2학년 때까지 다리에 아무 이상이 없던 아이였습니다. 그러다 2학년 말, 그러니까 1957년 12월 말에 수철리 방앗간집에 놀러 갔다가 집으로 돌아오는 길이었습니다. 그날은 무척 추운 날이었는데, 방앗간집에서 저희 집에 오기 위해서는 30m쯤 오면 개울 남쪽에 있는 길에서 용굴천 시냇물을 건너서 반대편에 있는 길로 가야 했는데, 당시엔 이곳에 아직 다리가 없었습니다. 그리고 시냇물을 건너는 지점은 이제까지의 길보다 1, 2m쯤 낮았습니다. 그런데 길옆 남쪽에 있는 논에서 시냇가로 흘러가던 물이 길 위로 흐르다 얼어서 경사진 길이 아주 미끄러웠습니다. 저는 이 길에서 미끄러져 오른쪽 다리 무릎을 얼음판에 부닥쳐서 다리가 한동안 몹시 아팠습니다. 이것 때문에 저의 오른쪽 다리 환도뼈가 탈골되었는지 모릅니다. 당시 집안이 가난했던 저는 빙판에 넘어졌던 것을 무시하고 아무런 의료 조치도 취하지 않았습니다.

또 한 가지는 그해 겨울 저녁에 둘째 외삼촌 아주머님께서 저희 집에 놀러 오셔서 형님과 장난을 하시다 옆에서 잠자고 있던 저의 오른쪽 다리를 무릎으로 세게 누르셨습니다. 저는 갑자기 잠이 깨어 아파서 울었습니다. 저나 저희 어머니는 그것이 저의 환도뼈가 탈골된 원인이라고 믿었었습니다.

후에 독일에 와서 도르트문트의 뼈 전문의사 쉬말츠 박사(Dr. Schmalz)에게 이야기하였더니 사람이 다리를 밟았다고 환도뼈가 탈골되지는 않았을 거라고 말했습니다. 그리하여 저의 환도뼈가 탈골된 사유, 즉 의학용어로 말하면 저의 넙다리뼈머리(Ball, Hüftkopf/femoral head)가 관골구 또는 절구(Socket acetabulum/Hüftgelenkpfanne)에서 탈골된 사유는 미스터리로 남게 되었습니다.

하나님께서는 제가 다리를 다친 불행한 일도 축복으로 바꾸셔서 저와 다른 많은 사람들을 크게 축복하시는 데 쓰셨습니다.

여하튼 저의 다리에 무리가 간 일이 있었던 것 같은데, 문제는 다리에 갑자기 문제가 나타난 것이 아니라 한두 달 후부터 점진적으로 나타났다는 것이었습니다. 그것도 처음에는 엉덩이가 아니라 무릎이 아팠습니다.

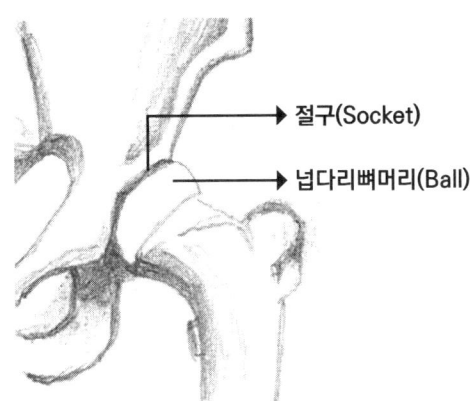

저의 환도뼈, 즉 오른쪽 넙다리뼈머리(Ball)가 절구(Socket)에서 탈골

 그해 겨울 방학이 1월 말로 끝나고 2월 초에 개학해 다시 학교에 다니려 하니 오른쪽 무릎이 아파 왔습니다. 당시의 저희 가정은 가난하였기 때문에 문제가 심각하지 않으면 의사에게 가지 않고 돈이 들지 않는 민간요법을 썼습니다. 그래서 무릎 문제인 것으로 생각한 저는 형의 등에 업혀서 물막에 가서 재범이 아버지한테서 침을 맞았습니다. 3학년 3~4월까지는 학교를 다녔지만 다리가 점차 더 아파서 결국 학교를 쉴 수밖에 없었습니다.

 이때 거의 2년을 쉬고 제 동갑내기들보다 한 학년 낮춰서 4학년에 복학을 하였는데 가률에 사는 서용성, 서용일이 저의 반에 다니고 있었습니다.
 그런데 학교를 다시 다닌 지 한 1~2주 후 다리가 또 아파 와서 다시 휴학하였습니다. 며칠밖에 학교를 못 다녀서 담임 선생님 이름도 기억나지 않습니다.

이때는 오른쪽 엉덩이의 환도뼈가 절구에서 빠져서 엉덩이가 볼록 나왔기 때문에 가정 형편이 어려운 와중에도 예산 읍내에서 당시에 제일 큰 병원이었던 대동병원에 갔습니다. 그곳에선 저를 마취시키고 의사가 저의 오른쪽 다리를 잡아당겨 탈골된 넙다리뼈머리를 다시금 절구로 밀어 넣고 오른쪽 엉덩이와 다리를 깁스로 고정시켰습니다. 그리고 하루쯤 병원에서 자고 집으로 와야 했습니다.

예산읍에서 신례원까지는 버스가 다녔지만, 어머니와 둘째 누님은 오른쪽 다리와 엉덩이를 깁스해서 누워 있어야 했던 저를 버스에 태울 수 없었습니다. 그래서 담요에 저를 눕히고 두 분이 담요를 둘러멘 채 병원에서 집까지 오셔야 했습니다. 제 형님은 당시 군 복무를 하고 있었습니다. 우리 집과 병원 사이의 거리는 약 8km였고 때는 1959년 5월경이었습니다. 두 분은 먼지 나는 자동차 길을 피해 철길을 따라 담요에 누인 저를 들고 오시느라고 많은 땀을 흘리던 것을 기억합니다. 이때 어머니와 누님은 저로 인해 매우 걱정하셨을 것입니다. 저는 어머님과 누님의 수고를 통해 하나님과 온 가족이 저를 사랑해 주신 것을 기억하고 감사 드립니다.

3. 절망을 은혜로 바꾸신 하나님: 담임 선생님한테 사랑받던 초등학교 6학년 시절

저는 2년을 집에서 쉬다 한 학년 낮춰 5학년 2반으로 학교에 복학하였습니다. 담임 선생님은 강년구 선생님이었습니다.

저는 광주에서 가정부로 일하는 셋째 누님께 전과책을 사 달라고 부탁했습니다. 이 책은 전 교과서의 내용을 설명하여 학생이 교과서를 배우는 데 도움을 주는 책이었습니다. 6학년 때도 이 책을 살 수 있도록 누님은 돈을 보내 주셨습니다.

초등학교 5학년 마지막 달인 2월에 저는 일주일 동안 주번 일을 맡았습니다. 각 학년 각 반 청소 담당 학생들이 자기 교실 청소를 잘하였는가 검사하고 집으로 가도 좋다고 허락하는 일이었습니다. 저는 제가 주번인 것이 무척 자랑스러웠습니다. 그래서 으쓱대는 기분으로 청소 검사하러 가고 있었는데 한 선생님이 "너희들 무엇이냐?"라고 물으셨습니다. 그 의미는 "너 왜 집에 안 가고 왔다 갔다 하고 있어?"라는 뜻입니다. 그러나 저는 으쓱대는 마음으로 문자 그대로 대답했습니다. "사람입니다!"

그 선생님은 저를 교직원 사무실로 오게 했습니다. 그리고 제 행동에 대해 반성문을 쓰라고 하셨습니다. 그래서 저는 제가 잘못했다고 썼습니다. 선생님은 제 반성문을 읽으시고 "잘못했으니 좀 맞아야지." 하며 회초리로 저의 정강이를 몇 번 가볍게 때리시고 집으로 보내 주셨습니다. 이것이 저와 연소희 선생님의 첫 만남이었습니다.

3월 첫 주가 되어 6학년이 된 저희 반 첫 수업 시간에 새 담임 선생님이 들어오셨습니다. 그 많은 선생님들 중에서 바로 연소희 선생님이 우리의 새로운 담임 선생님이 되셨습니다!

저는 가정의 가난 때문에 중학교에 가는 희망을 마음속으로 포기하고 있었습니다. 하지만 연소희 선생님은 저를 사랑하셨습니다. 아마 선생님은 제가 잘못을 뉘우치는 것을 보고 저를 사랑하게 되었을 것입니다.

한국의 초등학교는 6년제였고 모든 학생이 수업료 없이 학교에 다닐 수 있었습니다. 그렇지만 중학교부터는 학생들이 학비를 내야 했는데 우리 집 형편에 비해 학비가 비쌌습니다. 저희 반 학생 80명 중 약 20명이 중학교에 가고자 하였습니다. 담임 선생님은 중학교에 가고자 하는 학생들에게 6시간 정규수업 후에 2시간 동안 중학교 시험준비 공부를 하도록 했습니다. 저는 가난 때문에 중학교에 갈 형편이 못 되지만 연소희 선생님은 저도 중학교 입시준비반과 함께 공부하도록 하셨습니다. 그리고 중학교 입학 모의시험 문제지도 무료로 주셨습니다. 학생들이 중학교에 입학시험 원서를 낼 시기가 다가오자 선생님은 저희 집에 찾아오셔서 형님께 제가 중학교 입학시험을 보도록 허락해 달라고 요청하셨습니다. 형님은 제가 일등으로 합격하여 장학금을 받아야만 중학교에 다닐 수 있다는 조건으로 저의 중학교 입학시험 참가를 허락해 주셨습니다.

그 당시 한국의 모든 시나 군에는 그 시나 군에서 제일 인정받는 중학교가 있었습니다. 예산군에서는 예산 읍내에 위치한 예산중학교가 제일 인정받는 학교였습니다. 입학시험에는 필기시험 외에도 제자리멀리뛰기, 턱걸이, 야구공 던지기, 100m 달리기의 네 가지 체육 실기시험이 있었습니다. 이 실기시험에 참가한 학생은 참가 자체로 그 종목 만점의 50% 점수를 받았습니다. 100m 달리기 때 저는 출발 신호가 울리자 다른 학생 세 명과 달리기 시작하였습니다. 다른 세 명이 이미 100m를 완주했을 때 저는 약 70m 지점에서 달리고 있었습니다. 그러나 저는 개의치 않고 끝까지 뛰었습니다.

며칠 뒤 입학시험 합격자 명단이 게시됐습니다. 놀랍게도 저는 합격한 480명의 학생 중 일등이었습니다. 연소희 선생님을 통해 저를 도와주신 하나님께 감사드립니다. 제가 다리 다친 불행을 오히려 축복으로 바꾸사 저를 중학교로 진학하게 하시고 그 후 대학까지 다닐 수 있도록 도우셔서 예수님을 믿고 행복하게 살게 도우시고 또 복음을 다른 사람들에게도 전하는 자로 써 주신 주님께 무한한 감사를 드립니다.

이 기쁜 소식 후 저는 예산중학교엔 일등 합격자에게도 장학제도가 없다는 것을 알게 되었습니다. 형님께서 중학교 담당자에게 가서 여러 차례 사정을 한 결과 쌀을 팔아 입학금 일부를 우선 납부하여 입학 등록하고 중학교에 다니게 되었습니다.

그때 쓴 일기의 일부는 다음과 같습니다.

〈서기 1964년 2월 27일〉

아침에 형님께 예산중학교에 가서 입학금 납부 기간을 연기해 달라고 하셨는가 여쭈었더니, 형님께서는, "도 장학생 선발 시험에 합격할 자신이 없으면 아예 깨끗이 (중학교 다니는 것을) 단념하고 내년에 들어가지!" 하셨다.

나는 속이 탔다. "아무리 가난하다기로 그 돈(즉, 입학금)을 못 내어 수석 합격자를 썩히다니…!" 하고 생각하니 슬퍼서 한참 동안 눈물을 흘리었다.

> 〈서기 1964년 2월 28일 맑음〉
> 아침서부터 내 마음은 우울했다. 중학교에 못 들어갈까 봐서였다. 그런데 집안 식구들은 중학교를 단념하라고 권했다.
> 나는 슬퍼서 울고 있었더니 형님께서 "너 넣어 주면 노다지(즉, 항상) 1등 할 자신 있어? 만약 2등 해도 못 다닌다. 맹세해 봐!"
> 나는 나지막하게 대답했다. 나는 기뻤다. 저녁에 셋째 누나는 내 생각을 포기하라고 했다. 그러나 나는 포기할 생각은 없었다.

그해 4월에 도내 각 중학교 일등 합격자들을 대상으로 한 장학생 시험이 대전시 대전여중에서 있었습니다. 그래서 손진해 담임 선생님과 함께 대전에 가서 시험을 치러 수험생 중 4등을 하여 장학금을 받게 되었습니다. 그리고 예산중학교는 제게 수업료를 면제하여 주었습니다. 손진해 선생님은 고등학교 입학금도 낼 수 있도록 저의 장학금을 저축해 주셨습니다.

4. 꿈꾸며 다니던 중학교 시절

예산중학교는 공립학교입니다. 한 학년당 6반이 있었고 한 반에 약 80명의 학생이 있었습니다. 저는 1학년 3반에 배정되었고 담임 선생님은 손진해 선생님이셨는데 이 선생님은 2학년 때까지 담임을 맡으셨습니다. 신례원초교 출신인 김연식, 김기진, 박연수 등이 저희 반이었고, 신동성과 이재범은 다른 반에 속했습니다.

1학년 때엔 담임 선생님이 저를 반장으로 임명하셔서 일 년 동안 반장

노릇을 했습니다. 2학년 땐 선거를 통하여 반장을 뽑았는데 우리 반에 예산초등학교 출신이 제일 많았으므로 예산초등학교 출신이 반장을 하였습니다. 전교 학생들은 한 학기당 두 번의 모든 과목 필기시험을 치렀습니다. 저희 국어 선생님은 박성선 선생님이셨는데 몸이 좀 마른 편이라 아이들은 빼빼라고 별명을 붙여 주었습니다. 학생들이 수업을 지루해하면 담임 선생님은 가끔 재미난 이야기를 들려주셨습니다.

저는 중학교에 가기 위해 한 달 동안은 낮은 산을 넘고 과수원 곁을 지나며 약 8km의 거리를 두 시간 정도 걸어 다녀야 했습니다. 그 후부터는 기차 통학을 하였습니다. 집에서 신례원역까지 30분 걸어가서 기차를 타고 20분가량 간 다음 예산역에서 내려 한 10분 정도 걸어서 예산중학교에 도착합니다. 기차가 연착할 때는 학교에서 지각 처리를 하지 않았기 때문에 중학교 3년간 한 번도 학교에 빠지거나 지각한 적이 없어서 졸업식 때 3년 개근상을 탔습니다.

학교 수업은 대개 9시에 시작하여 네 시간 수업 후 약 1시간 정도 점심시간을 가진 다음 2시간 수업을 하여 오후 4시경에 수업이 끝났습니다. 토요일에는 4시간 수업을 받았습니다. 물론 3학년 때는 고등학교 입학시험 준비로 수업 시간이 두 시간 더 많았습니다.

예산중학교와 중학교 때 내 사진
저의 중학교 시절엔 운동장에 잔디가 깔려 있지 않았습니다.

저에게는 장학생의 자리를 지키기 위해 같은 학년에서 제일 좋은 성적을 받는 것이 중요했습니다. 그래서 저는 수학, 영어, 국어를 미리 예습했습니다. 그 덕분에 학교 수업을 잘 이해할 수 있었습니다. 1, 2학년 땐 한 학기에 두 번, 모든 과목 필기시험이 이틀간 있었습니다. 저는 100점 만점에 평균 약 93점을 얻어 480명의 동급생 중 항상 최고의 점수를 받았습니다.

체육 시간은 저에게 신체적으로 좀 부담되었습니다. 480명의 학생 중 신체적 장애가 있는 사람은 저뿐이었습니다. 당시에는 체육 수업에 장애인을 위한 특별한 규정이 없었기 때문에 정상적인 학생들과 같은 기준으로 수업을 받고 그에 따라 점수를 받아야 했었습니다. 그러나 하나님의 은혜로 저는 긍정적인 사고를 갖고 가능한 한 모든 체육 수업에 적극적으로 참여했습니다. 이는 체육 시험 성적도 잘 나와야 전체 학과 점수에서 최고 점수를 받고 장학금을 계속 받을 수 있었기 때문입니다. 체육 선생님들은 저의 적극적인 참여를 좋게 보시고 상대적으로 좋은 점수를 주셨습니다.

긍정적이고 적극적인 태도는 제가 다른 사람들에게서 고립되지 않고 다른 사람들과 좋은 교제를 갖도록 도와주었습니다.

중학교 3학년 때 학급이 재구성되었습니다. 이번에는 480명의 학생 중 상위 80명의 우수반을 만들어 3학년 6반이라 했고 담임은 명재옥 선생님이었습니다. 이 특별반에는 신례원초등학교 출신의 박연수와 김기진도 있었습니다. 김기진은 쾌활하였고 장난을 좋아했으며 박연수도 장난을 좋아했지만 순수한 아이로 어려서부터 교회에 다녔었습니다. 중학교를 마치고 저는 예산농전과 예산고등학교를 거쳐 충남대를 다니고,

박연수는 온양고등학교를 거쳐 서울 중앙대 경영학과를 다녔습니다. 그래서 거의 30년간 그를 못 만났었는데 제가 한국에 갔던 2001년 7월에 대전에서 그를 다시 만났습니다. 그가 신앙이 돈독한 그리스도인이 되어 하나님을 위해 열심히 충성하는 것을 보고 저는 하나님께 감사했습니다.

  3학년 학생들은 거의 매달 모든 과목에 대한 시험을 치렀습니다. 그리고 모든 학생의 시험 결과를 성적 순서대로 적어 발표하였습니다. 이 시험에서 제가 항상 최고 점수를 받았고 김기진은 4등쯤 하였는데 연말이 가까웠을 때 한 번은 김기진이 1등을 하고 저는 2등을 하였습니다. 저는 바짝 긴장되었습니다. 물론 그 후 한두 차례 모의시험에서 제가 최고점을 받았지만. 김기진은 고등학교 입학시험 전에 서울에 올라갔고 후에 당시 일류 고등학교에 속하였던 경복고등학교에 합격하여 졸업 후 고려대학교 경영학과에 들어갔습니다. 저는 우리 가정 형편 때문에 서울의 좋은 고등학교에 갈 엄두를 낼 수 없었습니다.

5. 잃어버린 시간처럼 보였던 농업전문학교 2년간

예산농전 당시 나의 사진

예산읍에는 남자 고등학교로 예산농업고등학교가 있었습니다. 그래서 우리 동네의 거의 모든 남학생들이 이 학교에 다녔습니다. 그런데 1967년 초 제가 예산중학교를 졸업하고 고등학교에 들어가려던 그해에 그 고등학교가 농업전문학교로 바뀌었습니다. 이 전문학교는 3년의 농업고등학교 과정과 2년의 초급대학 과정을 합친 형태였습니다.

제가 이 학교에 입학한 이유는 고등학교를 마친 후에 재정적으로 대학에 갈 형편이 되지 않았기 때문입니다. 그래서 저는 이 학교를 졸업하고 농업직 하급 공무원 시험을 치러 취직하고자 하였습니다. 그리하여 입학시험에서 최고 성적을 받고 장학금을 받아 축산과에 다니게 되었습니다.

우리는 정규 수업으로 논이나 밭 같은 실습장에서 많은 시간을 보내야 했습니다. 그것은 농업을 배우는 학생들에게는 아주 당연한 일이었습니다. 그러나 저는 별로 행복하지 않았습니다. 저는 앞날의 비전을 볼

수가 없었습니다. 학교 공부에 대한 나의 태도가 느슨해졌습니다. 그러자 저의 학교 성적이 나빠져서 학생이 40명인 축산과에서 일등을 못 하고 이등을 하였습니다. 그리고 저는 바둑을 좋아해 방과 후 과 친구와 바둑을 두기도 했습니다.

이 예산농업전문학교는 후에 공주대학교 농과대학이 되었고 읍내 동부 외곽지대로 이전했습니다.

6. 용굴산과 고등학교에서 대학 입시 준비

2학년 말에 이덕호라는 예산중학교 출신 학생이 우리 농전 축산과에서 새로 설립된 사립인 예산고등학교로 전학했다는 소식을 들었습니다. 그리고 예산고등학교는 일류 대학 입학시험에 합격한 학생에게 장학금을 지급해 준다고 들었습니다. 그래서 예산농업전문학교에서 예산고등학교로 전학해 대학 입시 준비를 하기로 결심했습니다. 제 형님은 만약 제가 대학에서 장학금을 타게 되면 대학 다니는 것을 허락하시겠다고 말씀하셨습니다. 그리고 예산고등학교 백승탁 교장 선생님은 좋은 대학에 합격하면 장학금을 주시겠다고 약속하셨습니다. 그래서 예산농업전문학교에 가서 전학 가려 한다고 했더니 같은 학군 내에서의 전학은 허락할 수 없다고 대답했습니다. 예산고등학교로 돌아가 최형도 교감 선생님께 농업전문학교 측의 반응을 말씀드렸더니 그 선생님은 제가 전문학교에 안 나가면 전문학교에선 저를 무단 결석자로 제적시키게 될 것이고 그러면 지난 2년간의 수료증을 떼 가지고 편입하면 된다고 말씀하셨습니다. 물론 예산이라는 좁은 지방에서 저의 행동이 농업전문학교 학우들에게 부정적인 영향을 줄 것은 알았지만 저는 저의 앞날을 위해 도박과 같은 모험을 하기로 결심하였습니다. 이제까지 중학교와 전문학교를 지각 한 번 하지 않고 다녔던 저는 두 달간 농업전문학교에 안 나가고 저의 집 앞산 용굴산 정상에서 친구 이은춘과 함께 대학 입시 공부를 하였습니다.

이은춘은 저와 같은 나이로 초등학교 3학년 초까지 저희 반 학생이었습니다. 당시 그는 수철리 새터(또는 신자촌)에서 살았습니다. 그렇지만 제가 다리를 다침으로 인해 2년을 늦춰 초등학교를 졸업했기에 저는 이은춘보다 2년 늦게 중학교를 졸업하였습니다. 이은춘은 고등학교 때쯤 수철리 신자촌에서 저의 이웃 마을 방죽으로 이사했습니다. 그는 예산중학교를 졸업한 후 예산농업전문학교의 전신인 예산농업고등학교를 졸업하고 집에서 쉬고 있었습니다. 그러다 1969년에 그는 공군 비행기 정비공 대학에 가기로 결심하고 입학시험 준비를 하고 있었습니다.

저의 집 앞 남쪽에는 높이가 400m쯤 되는 용굴산이 있습니다. 그 정상 가까이에 용난사라는 옛 절터가 있는데 이 절은 일제강점기 때 일본 순경에 의해 철거되었다 합니다. 그 절터에는 암반으로 된 움푹 들어간 곳이 있고 그 앞엔 촌집의 마당만 한 넓이의 평평한 땅과 옹달샘이 있었습니다.
저는 1969년 3월부터 약 2개월 동안 이은춘과 함께 그곳에 밀짚 텐트를 치고 밤낮으로 대학 입시를 준비했었으므로 영원히 기억되는 곳입니다.

1977. 10. 21. 고향집 앞에서 찍은 용굴산
화살표로 표시한 곳이 1969년 3~4월에 저와 이은춘이 대학 입시 공부하던 용난사 절터입니다.

저희는 집에서 쌀과 반찬을 가져와 그곳에서 마른 나무를 모아 불을 지펴 냄비로 밥을 해 먹었습니다. 그리고 밤에는 석유 등잔을 켜고 공부했습니다. 어느 날 밤 비가 많이 내려서 우리는 암반굴 깊숙한 곳으로 자리를 옮겨야 했습니다. 이렇게 하나님은 옛날 절터도 저를 구원하시는 데 귀하게 쓰셨습니다. 이때 서용성과 서용일도 처음 며칠 이곳에서 같이 공부했습니다. 서용성과 서용일은 우리 집에서 약 900m 떨어진 가률에서 살았는데 서로 사촌 사이였습니다.

 제가 두 달간 산 위에서 지내는 동안 예산농전에서 퇴학 처리가 되어 2년간의 농전 재학증명서를 받아 예산고등학교에 편입하였습니다. 저는 서울대학교 입학 목표를 세웠습니다.

예산고등학교와 당시 나의 사진

 1969년 봄에 농업전문학교에서 예산고등학교로 학교를 바꾸고 대학 입시를 준비하기로 결심했을 때 저는 충남대학교에 들어가는 것은 꿈에도 생각지 않았습니다. 서울에 있는 사립대학교들은 등록금이 비싸기 때문에 저는 서울대학교만 염두에 두고 시험 준비를 했었습니다. 서울대학교 입학시험 과목은 국어, 영어, 수학과 선택 과목으로 총 4과목이 었습니다. 저는 선택 과목으로 화학을 선택했습니다. 당시 저는 서울대학교 입학시험에 합격할 수 있는 실력이 안 되는지 모르고 대든 것이었습니다.

 농전 2년 동안 대학 입학시험 준비를 안 하던 제가 1년 안에 시험을 준비하고자 했기 때문에 집중적으로 공부하였습니다. 그래서 고등학교

수업 시간에 서울대 시험 과목을 가르치지 않을 때는 선생님이 가르치는 말씀을 듣지 않고 서울대 시험 과목 공부를 했습니다.

한번은 역사 수업 시간에 영어 시험 준비 책을 책상 위에 펴고 공부하였는데 선생님이 저를 교무실로 불러 책망했습니다. 저는 그 선생님의 책망이 타당하다는 것을 잘 알고 있었습니다. 그러나 저는 저의 형편상 어쩔 수 없다고 생각했습니다. 그 후에도 저는 역사 수업 시간에 참고서적을 선생님이 보시지 않도록 하고 공부했지만, 선생님은 제가 그러는 것을 다 아시고도 눈감아 주셨습니다. 선생님의 넓으신 아량에 감사드립니다.

저는 대학 입시 공부를 하다가 가끔 결국 나는 죽을 것이고 죽으면 모든 것이 헛된 것이 될 텐데, 이렇게 헌신의 노력을 하여 대학에 들어가고자 힘쓰는 것이 다 헛된 일이 아닌가 하는 생각이 들어 모든 것이 허무해졌습니다. 그리고 공부할 의욕을 잃었습니다. 그러나 저는 이런 생각을 눌러 버리고 다시 공부에 집중하였습니다.

저의 대학 입학시험 준비는 일생을 걸고 하는 도박이었습니다. 때때로 이 모험적인 시도가 성공할지에 관해 의심이 들어 공부가 안 되었습니다.

그럴 땐 방죽의 이은춘을 찾아가 우리의 상황에 관해 이야기를 나눴습니다. 은춘이와 이야기를 나누면 제 마음이 안정되어 다시금 입시공부에 집중할 수가 있었습니다. 친구 이은춘을 통해 저를 격려해 주신 하나님께 감사합니다. 또한 당시 예산고등학교 백승택 교장 선생님께서 저를 격려해 주시고 1년간 고등학교 학비 면제해 주시고 대학 입학금을 주신 것에 감사드립니다.

   그런데 서울대는 그해 10월경에 입학시험 과목을 이제까지 네 과목에서 제2외국어를 포함한 고등학교 모든 과목으로 한다고 발표했습니다. 그것은 이제까지 네 과목만 집중해서 준비하던 저에게 충격적인 소식이었습니다. 저는 즉시 생물, 물리, 사회, 역사 등 짧은 시간에 과목을 마스터할 수 있도록 한 얇은 학습서를 사서 공부하기 시작했습니다. 저는 제2외국어로 독일어를 선택했는데 이 독일어가 영 머리에 들어오지 않았습니다. 예를 들어, "der, des, dem, den…"이라는 독일어 관사부터 혼돈되었습니다. 결국 저는 서울대학교 입학시험을 포기하고 입시과목이 4과목인 대전의 충남대학교 입학시험을 보았습니다. 그 전에 1969년 12월쯤 대전에 있는 대전대학(현재의 한남대학교)에서 장학생 선발시험인 영어시험을 봤지만 떨어졌습니다. 이것이 보여 주듯이 저는 그렇게 우수한 학생이 아니었습니다.

   이러한 모든 사건 가운데서 하나님은 그의 놀라운 구원의 역사를 이루어 가셨습니다.

7. 대학교 입학시험과 최초로 교회 예배 참석

   1970년 2월 초에 충남대학교에서 입학시험을 치렀습니다. 시험 과목은 국어, 영어, 수학 및 선택 과목이었는데 저는 선택 과목으로 물리를 선택하고 화학공학과에 지원했습니다.

   입학시험 수학 문제 하나는 제가 이미 입시 준비 문제집에서 풀어 본 문제였습니다. 후에 들은 바로는 제가 수험생 중 수학에서 최고점을 받았다 합니다. 그리고 물리 시험에선 만점을 맞았다고 들었습니다. 이 수석 입학은 하나님의 은혜였습니다.

넷째 누님은 1969년에 교회에 나가자고 저에게 자꾸 권하셨습니다. 그래서 저는 마지못해 대학 입학시험이 끝나면 교회에 가겠다고 답했습니다. 이제 대학 입학시험이 끝나고 장학금을 타게 되어 대학에 다닐 수 있게 되었기 때문에 약속을 지킬 수밖에 없었습니다. 그래서 1970년 2월 마지막 일요일인 2월 22일에 넷째 누님과 함께 신례원성결교회 주일집회에 참석했습니다. 목사님은 큰 소리로 설교하셔서 제겐 낯설었습니다. 저는 이것으로 막내 누나와의 약속을 지켰다고 생각했습니다. 이 교회 목사님께서는 예배 후 대전시 문창동에서 사역하시는 친구 목사님에게 소개장을 써서 제게 주셨습니다. 저는 그다음 주 일요일, 즉 3월 1일에 대전 문창동에 있는 성결교회를 찾아가서 예배에 참석하고 그곳 목사님께 신례원성결교회 목사님의 편지를 드렸습니다. 그리고 다시는 그 교회에 가지 않았습니다.

그렇지만 하나님께선 저의 셋째와 넷째 누님의 기도를 들어주셨습니다. 또한, 저를 위한 신례원성결교회 목사님의 기도도 들으시고 저를 대학생 성경공부 교회로 인도하셔서 제가 믿음을 선물로 받고 축복받도록 하셨습니다. 하나님은 가끔 우리가 생각하지 못한 길로 인도하여 하나님의 넘치는 축복을 받도록 도우십니다. 할렐루야!

세 번째 이야기:
한국에 전파되어 저의 고향까지 이른 복음

"수고하고 무거운 짐진 자들아 다 내게로 오라
내가 너희를 쉬게 하리라"
(마태복음 11장 28절)

"주의 성령이 내게 임하셨으니
이는 가난한 자에게 복음을 전하게 하시려고
내게 기름을 부으시고 나를 보내사
포로 된 자에게 자유를, 눈먼 자에게 다시 보게 함을 전파하며
눌린 자를 자유케 하고
주의 은혜의 해를 전파하게 하려 하심이라 하였더라"
(누가복음 4장 18~19절)

1. 경교(네스토리안교)의 한국 전례

우리나라에 기독교가 처음으로 전파된 것은 8세기 중에 기독교의 일

파인 경교(네스토리안교)의 전파입니다.

 고증 자료는 아직 충분하지 않지만, 불국사(751년 건립)에서 돌십자가 출토된 것을 볼 때, 신라는 676년에 반도를 통일했으니 경교는 대략 740년경에 신라에 들어왔다고 추정됩니다. 중국에 635년에 경교가 들어왔으니 그 후 약 100년 후에 한반도에 들어온 셈입니다.

2. 천주교의 한국과 신례원 근처의 전파

 한국에 천주교가 처음 들어온 것은 16세기 말이었습니다.
 즉 1593년으로부터 1598년에 걸친 임진왜란 때 일본군을 따라온 당시 일본 주재의 예수회 신부(神父)인 세스페데스(Gregory De Sesphedes)의 내한이 그 시초라 하겠습니다.

 그러다 조선 시대 영조 말기부터 이벽과 권일신, 이가환, 정약용이 천주교 서적을 열심히 연구하여 천주교가 본격적으로 한국에 들어왔습니다.
 한국천주교회 창립의 성조로 받들어지는 광암 이벽(李檗)은 1754년 경기도 광주에서 출생하였고 청나라로부터 유입된 서학서를 탐독했습니다. 이 책들은 그의 현고조부(나 → 아버지 → 조부 → 증조부 → 고조부 → 현고조부) 이경상이 소현세자를 모시고 중국에 8년간 있다가 귀국할 때 가지고 들어온 것들이었다고 합니다. 한문으로 된 이 서학서들은 서구의 과학, 천문, 지리, 종교 등에 대한 방대한 내용을 담고 있었습니다. 이러한 서적들을 통해 이벽은 서구 정신문화에 관심을 갖게 되었습니다.

1777년에 이벽은 소장학자들과 강학과 토론에 참여하였고, 이때 서양 선교사들이 지은 책들도 언급하였습니다. 그는 이때부터 이미 초보적인 신앙생활을 시작했던 것으로 알려졌습니다.

  1779년 권철신, 정약전 등 기호지방(경기도와 충청지방)의 남인학자들이 경기도 광주의 천진암(天眞庵)과 주어사(走魚寺)에서 강학회를 열었는데 이때 이벽은 천주교에 대한 지식을 동료들에게 전했습니다.

  1783년 겨울 광암 이벽은 친구 이승훈이 부친을 따라 중국에 가게 되었다는 소식을 듣고 그를 찾아가 서학을 소개하고 북경에 가서 서양 선교사들을 만나 교리를 배우고 영세를 받아 올 것을 부탁했습니다.

  그리하여 1784년 봄 이승훈이 북경에서 프랑스 사람 그라몽(Grammont) 신부에게서 한국인으론 처음으로 세례를 받고 천주실의, 기하원본 등 많은 서학서들과 십자고상(十字苦像)과 성화(聖畵) 등 관련 물품을 가지고 오자 광암 이벽은 외딴집을 세내어 교리를 깊이 연구하고 묵상을 하였습니다.

  이벽은 드디어 1784년 음력 9월경 서울 수표교에 있던 자기 집에서 이승훈에게 세례를 받고, 이때부터 본격적인 신자들의 모임이 시작되었고, 이벽은 본격적으로 복음 전파에 나섰습니다.

  충청도의 천주교 전파는 여사울(현재 충남 예산군 신암면 신송리) 출신의 이존창(1759~1801)을 통해서였습니다. 이존창은 여사울의 중산층(기술직) 가정에서 태어났습니다. 그는 25살 때(1776년) 서울을 방문하여 김범우 집에서 남인인 권철신, 권일신(권철신의 남동생)과 김범우로부터 천주교 교리 문답과 일상생활에서의 생활지침을 배운 후 세례를 받았습니다. 그리고 스승의 지시에 따라 고향으로 돌아와 충청도에 복음을 열심히 전파했습니다. 이존창은 중산층인 기술계급에 속했지만 모든 계층의 사람들과 좋은 관계를 맺었기 때문에 모든 계층의 많은 사람들을 성공적으로 전도할 수 있었습니다. 그의 활동 덕분에 여사울에 교회가 세워졌고 여사울 지역을 중심으로 한 충청도 지역은 당시 한국에서 천주교가 가장 많이 전파되었습니다.

이존창은 1791년(정조 15년)에 체포되었다가 그의 배교로 풀려났습니다. 이후 회개하고 집을 부여로 옮겨 열심히 전도 활동을 하다가 1795년에 다시 체포되어 6년간 수감되었습니다. 1781년 천주교인에 대한 신유박해가 일어나자 그는 서울로 압송되었고 갖은 고문에도 배교하지 않습니다. 결국 같이 구금되었던 정약종과 함께 사형선고 받고 1781년 4월 9일 지금의 공주시 공주중학교 앞 '황새 바위'에서 50세 나이로 참수당했습니다.

1845년 한국인 최초로 천주교 신부 안수를 받은 김대건은 이존창 조카딸의 손자였고, 김대건 다음으로 신부로 안수받은 최양업도 이존창 생질(누이의 아들)의 손자였습니다.

이처럼 이존창의 고향은 한국 천주교회의 모판이 되었습니다. 그래서 이존창은 내포의 사도라고 불립니다.

내포는 천주교의 한국 전파의 관문으로 불립니다. 신유박해(1801년) 때 내포지역(여사울, 신리, 솔뫼 등을 포함한 충청도 지역)에는 약 1,700명의 신자가 있었는데, 이 박해 때 양반들이 혹독하게 박해를 받아 순교하거나 경기도, 전라도, 경상도 등 전국으로 흩어져 결과적으로 전국에 천주교가 파급되었습니다. 그리고 내포에는 대부분 중인 이하의 신분만 남게 되어 복음이 서민층으로 뿌려져 나갔습니다.

*** 조선의 카타콤**

'신리 성지'는 한국천주교 초기에 천주교 전파를 이끈 사도 이존창의 생가가 있는 '여사울 성지', 한국인으로서 첫 신부이자 순교성인인 김대건 안드레아 신부가 태어난 '솔뫼성지'와 함께 국내 대표적인 가톨릭 성지 가운데 하나입니다. 신리 성지는 박해 시절 교우들이 숨어 살며 예배를 지내고 장지로 쓴 '조선의 카타콤'입니다. 이곳은 한국 천주교회사와 순교사의 토대가 된 《다블뤼 비망기》가 집필된 곳이며, 온 마을 사람이 천주교를 믿다가 두려움 없이 목숨을 내놓은 순교자들의 안식처입니다.

신리 성지 가운데 다블뤼 주교관은 다블뤼 주교가 1845년 10월 12일 김대건 신부와 함께 전라도 강경 나바위에 첫걸음을 내디딘 후 1866년 갈매못에서 순교하기까지 머물던 장소입니다. 다블뤼 주교는 낮에는 한국천주교회사(달레)를 위한 비망록, 한국순교사를 위한 비망기, 《한불사전》 등을 저술했고, 밤에는 교우들에게 성사를 주고 얘기를 나눴습니다.

"많은 사람들이 내(다블뤼)가 있는 곳으로 달려왔습니다. 젖먹이가 딸린 여인, 노인, 처녀들이 3일 6일 또는 8일까지 걸리는 길을 걸어서 성사의 은혜를 받으러 오는 것을 두려워하지 않았습니다. 혹심한 추위와 산을 뒤덮은 눈을 무릅쓰고 걸어왔습니다. 왔을 때는 기진맥진해 있었고, 발에서는 피가 났지만 상관하지 않았습니다. 밤이면 나의 초막에 신자들이 빽빽이 들어차서 이야기하곤 하는데 가끔은 아주 늦게까지 계속됩니다." 《다블뤼 비망기》 중에서)

박해시대가 끝나자 내포를 비롯하여 충청도에는 다시 신자 공동체가 형성되어 1880년대 초에는 1만여 명의 신자가 거주하게 되었습니다.

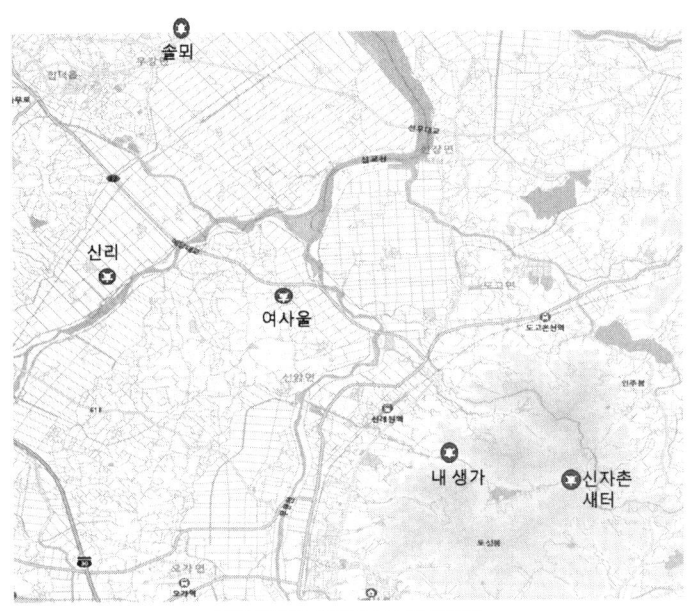

저의 생가와 가톨릭 성소와 신자촌
수철리 신자촌(수철리 공소가 있던 곳), 천주교 성지 여사울(이존창의 마을),
솔뫼(김대건 신부 생가), 신리(천주교 신자들이 순교한 마을)

제가 자란 예산군 예산읍 신례원리는 기독교 구교의 한국 전파와 관계 깊은 가톨릭 성지인 솔뫼성지, 여사울성지와 신리성지 바로 이웃에 있습니다. 저의 생가인 신례원리 터진목에서 여사울까지는 직선거리로 약 6km 정도밖에 안 됩니다.

예산읍 신례원리의 이웃 마을인 예산군 신암면 여사울은 내포의 사도 이존창이 태어난 곳이고 신례원리의 또 다른 이웃인 당진 솔뫼는 한국 최초의 가톨릭 신부요 순교자인 김대건이 태어난 곳입니다.

그리고 충청남도 예산군 덕산면에는 조선 말기의 쇄국정책으로 유명한 흥선 대원군의 부친이며, 조선왕조 26대 왕인 고종의 친조부요 당시 고종을 섭정하던 대원군의 친아버지 남연군(南延君) 이구(李球)의 묘소(Tomb of Prince Namyeongun)가 있습니다.

한국 최대의 천주교 박해였던 병인박해(1868~1871)가 시작된 1868년에 독일인 오페르트(Ernst Jakob Oppert)가 프랑스 신부 페롱(Feron)과 미국인 젠킨스(Jenkins)를 대동하고 충남 예산군 덕산면에 있던 대원군의 아버지인 남연군(南延君)의 묘를 파헤쳐 협상의 지렛대로 삼고자 하였으나 무덤 위에 놓인 견고한 생석회층으로 인해 도굴에 실패하였습니다.

이 도굴 사건에 당진시 합덕 신리의 천주교 신자들이 관련되었기 때문에 신리에 대한 대대적인 박해가 가해졌고, 손자선 토마스를 비롯한 많은 신자들이 순교하였는데, 대를 이어 신리에 살던 손씨 일가는 풍비박산이 나면서 사방으로 흩어져 피신하였습니다.

이때 당진시 신리에 살던 손세당의 자손 손정호, 손영택(정택) 등 천주교 신자들이 박해를 피해 외딴곳인 수철리 새터(신자촌)로 피신하여 공소를 세우고 신앙생활을 하면서 교우촌이 형성되었습니다. 일제강점기 이후 수철리 공소는 인근 간양골 공소, 궐곡리(고새울) 공소, 송석리(수골) 공소 등을 아우르는 중심지가 되었습니다.

공소란 신부가 상주하던 천주교회보다 작은 교회로 교통이 불편하던 시절에 신부가 상주하지는 않지만, 공소를 방문하여 미사를 집전하거나 교우들에게 성사를 주던 곳입니다.

제가 충남 예산군 예산읍 신례원리에 살 때 저의 고향 친구 이은춘의 아버지 이병하 씨 가족이 수철리 신도촌에서 신례원리: 방죽으로 이사와 사셨습니다. 이 이병하 씨의 부친 이재현(근성) 씨와 숙부 이근명 씨는 원래 서산에 살던 천주교 가정에서 태어났는데, 어려서(1910년대) 양친을 모두 잃고 형 이근명(당시 14세) 씨는 간양리로, 동생 이재현(당시 12세) 씨는 수철리(새터, 신도촌)로 머슴살이를 오게 되었다 합니다. 이재현 씨는 열심히 일해서 수철리에 조그만 땅을 마련하였고, 수철리에 살던 교우 윤 씨와 결혼해서 9남매(딸 5, 아들 4)를 두었는데, 이은춘의 아버지 이병하 씨가 여섯째입니다(아들 중 셋째). 가난했던 이병하 씨도 어려서부터 농사일을 비롯한 머슴 일도 하였지만, 부모인 이재현 씨 부부가 성실하고 바르게 살면서 천주교 신앙의 모범을 보여 주었기에 이재현 씨 자녀들도 이를 본받아 열심히 신앙 가정을 꾸리고 살게 되었다 합니다. 이재현 씨 자녀 가운데 다섯째(아들 중 둘째)가 사제가 된 고(故) 이인하 신부이고, 일곱째(딸 중 넷째)가 고 이희하 수녀라고 합니다.

이 새터의 기독교 신앙의 물줄기가 저를 기독교 신앙으로 인도하는 데 한 역할을 하였습니다.

그것은 하나님께서 새터에서 살던 이은춘이라는 저의 초등학교 같은 반 친구이며 가톨릭 신자를 저의 고향집에서 400m 서쪽으로 떨어져 있는 마을 방죽으로 이사하게 하심으로 제가 대학 입시 준비할 때 이은춘을 입시준비 친구로 주셨습니다. 이은춘의 아버님이 바로 이인하 신부님의 친동생이셨는데 당시 이인하 신부님은 대전성모병원 원장으로 재직하셨습니다. 제가 대전에서 대학 다니기 위해 1970년 3월부터 대전에 거할 방이 필요하였었는데, 1969~1970년 겨울에 이은춘 가족 전부가 대전으로 이사해 대전시 동구 가양동에 있는 가톨릭교회에 속한 옛 보육원 관리자로 일하셨습니다. 이은춘의 부모님께서는 그곳의 빈방 하나를 저와 고향 친구 서용성이 무료로 거할 수 있도록 제공하여 주셨습니다. 저는 기독교 신자인 이은춘 가족분들의 친절함과 도움에 감동을 많이 받았고, 그 이전에 중학교 시절 기독교(가톨릭) 신자였던 친구 이재범과 신앙의 가능성에 대해 진지한 토의를 하였습니다.

또한, 초중학교 같은 반 친구였고 신례원성결교회에 다니던 친구 박연수가 거짓말을 하지 않고 명랑하고 밝은 얼굴을 하여 기독교인에 대해 좋은 인상을 받았었습니다. 이렇게 하나님은 친구들을 통해서도 제가 예수님을 믿는 신앙을 가질 수 있게 준비시키셨습니다. 또 이 친구들의 신앙은 기독교가 한국에 전파되고 확산된 사건들과 연결된 것이었습니다.

3. 개신교의 한국선교 시작

이번에는 기독교 개신교가 어떻게 한국에 들어왔고 이를 통해 제가 신앙을 갖도록 하나님이 어떻게 인도하셨는지 알아봅시다.

1832년 독일인 귀츨라프(Karl Friedrich August Gützlaff) 목사가 충청도 고금도(古今島)에 상륙하여 40일 동안 전도한 것이 개신교가 한국에 처음 들어온 기록이 됩니다.

그 후 1865년에는 북경에 주재하였던 영국인 토마스(Robert

Jermain Thomas) 목사가 한국 서해안에 상륙하여 2개월 반을 지냈습니다.

그는 일단 북경으로 돌아갔다가 다시 그 이듬해인 7월 미국의 상선인 제너럴셔먼호를 타고 평양 대동강 상류까지 들어왔습니다. 하지만 평양의 군민(軍民)들에게 습격을 받아 끝내 개신교 선교사 최초로 순교하였습니다.

당시 개신교도 천주교와 마찬가지로 서학이라 하여 사학의 취급을 받아 개신교 선교사들도 한국에 들어올 수 없었습니다. 이때 당시 만주 일대에서 선교하던 존 로스, 존 매킨타이어(John MacIntyre), 윌리엄슨(Williamson) 선교사들은 그곳을 찾아오는 한국 청년들에게 전도하는 한편 존 로스와 존 매킨타이어 두 선교사는 한국말 성경 번역에 착수합니다.

4. 선교의 문이 활짝 열리다 – 갑신정변과 독일인 묄렌도르프

기독교가 한 나라에서 환영받는 종교가 되기 위해서는 지배계급이 허락해야 하고 또 일반 백성들에게서 환영받아야 합니다. 천주교가 한국에서 핍박을 받게 된 것은 이 두 조건이 아직 충족되지 못하였기 때문입니다.

그런데 개신교가 한국에서 별 핍박을 받지 않고 전국에 확산할 수 있었던 것은 이 두 조건을 충족시키는 사건이 있었기 때문입니다.

이제 개신교가 어떻게 한국에 들어와 제가 태어난 지역과 전국에 전파되었는지 살펴보고 나서, 저 스스로 어떻게 복음을 믿게 되었는지 이야기하겠습니다.

쇄국정책을 쓰던 대원군이 섭정(攝政)에서 물러서고 고종(高宗)이 집정하게 되자 왕비인 민씨(閔氏) 일족이 세도를 부리고 이들은 대원군과는 반대로 개국정책(開國政策)을 썼습니다. 그리하여 일본, 미국, 영국 등 여러 나라와 통상수교조약을 맺습니다. 그러나 민씨파의 집권 세력은 여전히 사대사상에 젖어 있었고 당시의 지식계급을 자칭하던 유림(儒林)들은 서학을 반대하였습니다. 이에 김옥균(金玉均), 박영효(朴泳孝), 서광범(徐光範) 등 젊은 혁신주의자들이 1884년 12월 4일 쿠데타를 일으켜 민씨 일파를 타도하여 정권을 잡았습니다. 그들은 봉건적인 제도를 타파하고 근대적인 국가를 이룩하고자 하였지만, 이들의 혁신 시도는 삼일천하로 끝나고 다시금 민씨 일파가 정권을 잡습니다.

이 갑신정변 이전에 중국 이홍장의 추천으로 1882년 서울에 들어와 조선 정부의 관원으로 왕실의 신임을 얻고 있었던 독일인 묄렌도르프(Paul Georg von Möllendorff)는 혁신주의자들이 보낸 자객의 칼에 머리를 치명적으로 다쳐 생명이 위험했던 왕의 호위대장이요 왕 다음의 권력자인 민영익을 자기 처소로 급히 옮기고 미국인 의사요 선교사인 알렌(Horace Newton Allen, 安連, 1858~1932)을 불러 치료하기 시작하여 1985년 2월 초에는 거의 완치시킴으로 왕가의 신임을 더욱 얻었습니다.

알렌은 미국 북장로교 의사 선교사로 1983년 중국에 파송받았다가 아직 선교의 자유가 없는 조선에 의사가 필요하단 말을 듣고 조선행을 자원했습니다. 1984년 9월 20일, 알렌은 가족들과 함께 제물포에 도착하여 미국 공사관의 의사로 근무하게 됐습니다. 그는 한국에 정주한 개신교의 첫 선교사입니다.

조선의 관복을 입은 묄렌도르프

묄렌도르프는 정부에 건의하여 광혜원이란 병원을 세워 알렌을 그 병원의 책임자로 임명하게 하여 1985년 4월 9일 광혜원을 개업하였습니다. 고종은 이 병원에 제중원이라는 이름을 하사하였고, 20여 명의 관리와 하인을 배치하였으며 한 해 동안 스크랜톤(감리교)과 헤론(장로교)의 도움으로 1만여 명을 치료하였는데 장티푸스, 천연두, 이질, 폐결핵, 매독, 나병 등의 악질성 환자가 대부분이었습니다. 이로써 조선 백성들이 서양 선교사들을 신임하고 복음에 대해 마음이 열리게 되는 결정적인 계기가 되었습니다.

1885년 8월 5일 기녀(妓女, Dancing Girl) 5명이 첫 여자 의학생이 되었는데, 그 이후 의학교(조선 왕실 병원 제중원 부속 의학교, Medical and Scientific School)가 개교한 것은 1886년 3월 29일이었습니다. 이 광혜원은 오늘날 연세대학교 부속병원의 시초입니다.

묄렌도르프는 선교사들을 적극적으로 초청하고 성경 보급을 도왔습니다. 그래서 언더우드(H.G. Underwood)와 아펜젤러(H.G. Appenzeller)가 1885년 4월 5일 제물포(濟物浦)에 도착하였습니다.

이러한 사건들을 통해 하나님은 기독교가 조선 정부의 지도층과 일반 백성들에게서 호응받는 종교가 되도록 하셨습니다. 이것이 개신교가 별 핍박 없이 한국에 들어올 수 있었고 한국에 복음의 문이 활짝 열리기 시작한 이유입니다.

묄렌도르프는 조선에 머무는 몇 년 동안 조선왕의 고문으로서 조선이 자립 국가로 서도록 여러 근대적 제도, 예로서 교육제도, 병원제도, 화폐제도, 우편제도, 법률제도 등을 도입하도록 하여 조선의 근대화를 도왔습니다. 그러자 청국의 이홍장은 청의 이익을 대변하지 않고 조선을 자립 국가로 도우려는 그를 1885년 말 청나라로 소환합니다. 그러나 그가 도왔던 조선의 근대적 제도, 특히 복음 사업은 그가 없이도 힘차게 계속 전파되고 발전되었습니다.

조선의 복음 전파 역사는 대부분의 다른 나라에서와 마찬가지로 외국 선교사들의 헌신과 한국인의 적극적인 수용과 복음 전파로 이루어졌습니다.

그러므로 한국인이 어떻게 복음을 능동적으로 받아들이고 또 전파했는가도 살펴보겠습니다.

통화(Tonghua, 通化, 퉁화): 존 로스와 존 맥킨타이어 선교사가 조선 선교를 준비하던 곳
소래교회(Sorae Church): 한국 최초의 개신교 교회

황해도 솔내에 최초로 세워진 소래교회: 초가교회 모습과 개조한 기와교회 모습
출처: 인천in.com, 〈황해도 소래교회 – 한국 최초의 '자생교회'〉, 2012년 4월 26일자 기사

스콜틀랜드 장로교회는 중국 산둥에 윌리암슨 선교사에 이어 존 로스(John Ross)와 존 맥킨타이어(John MacIntyre) 형제 선교사를 1872년

8월 파송하였는데 이 두 선교사는 1874년 10월에 중국과 조선과의 국경도시인 만주 통화현(Tonghua, 通化) 고려문으로 선교지를 옮겼습니다. 그곳은 청나라와 조선 교역의 관문 같은 도시여서 조선인들을 많이 볼 수 있었습니다. 그러나 당시는 대원군의 쇄국정책으로 선교사가 조선에 들어가 전도할 수는 없었습니다. 그래서 두 형제는 조선 선교를 위해 우선 성경을 번역하기로 하였습니다. 그리고 이응찬이란 분을 만나 한국어를 배우고 한국어 교재《Corean Print》를 발간하고 배홍준, 김진기, 이성하의 도움을 받아 성경을 한글로 번역하고 이 세 사람에게 세례를 주었습니다.

한편 이수정은 1883년 4월 29일에 일본에서 역시 세례를 받았고 기독교를 소개하는《농정신편(農政新編)》을 저술했습니다.

의사 선교사 알렌이 조선에 들어오기 한 해 전 1883년에 황해도 장연군 대구면 솔래(松川理)에 한국 최초의 교회 소래교회가 세워졌는데 이를 세운 것은 중국과의 국경도시인 의주 출신의 서상륜·서경조 형제였습니다. 의주 사람으로 인삼 장사를 위해 만주를 오가던 서상륜(1848~1926)은 장사에 실패하고 장티푸스에 걸려 꼼짝없이 죽을 수밖에 없는 형편이 되었을 때, 스코틀랜드 장로교 선교사 로스 목사와 매킨타이어의 정성을 다한 간호를 받아 나았습니다. 그는 병석에서 일어나 아우 서경조와 함께 신자가 되고 로스 목사의 성경 조선어 번역을 도와 출판이 끝나기까지 로스 목사와 함께 지냈습니다.

1882년 10월, 한글 성경 등 개신교 책자를 가지고 국내로 들어오던 서상륜은 불심검문에 걸려 투옥됐으나 간신히 탈옥한 뒤 가족과 함께 친척이 사는 황해도 장연으로 이사하여 1883년 한국 최초의 개신교 교회인 소래교회를 그의 고향 황해도 장연군 솔내에 설립했습니다.

초가집으로 시작한 소래교회는 서 씨 형제의 열성적인 전도로 얼마 지나지 않아 마을 전체 58세대 중 50세대가 교회에 나올 정도로 호응을 얻었습니다. 이 소래교회는 한국 개신교의 초기 역사에서 두드러진 역할을 했습니다. 예를 들어 언더우드가 1887년 초 새문안교회를 설립할 때 설립교인 14명 중 13명이 소래교회 출신이었습니다. 그리고 서상륜의 동생 서경조는 평양 장로교 신학교를 졸업하고 한국인 중 최초로 신교 목사로 안수받은 7인 중 한 사람이 되었습니다.

이를 보면 한국 개신교의 전래도 서양 선교사들과 한국인들의 합력에 의해 이루어진 것을 알 수 있습니다.

5. 신례원과 그 주변의 교회들

이제 저의 고향인 신례원이 있는 교회들에 대해 살펴보겠습니다. 제가 초중학교에 다닐 때는 신례원 삼거리에 있던 신례원성결교회가 유일한 교회였습니다.

이 신례원성결교회는 1923년 삽교와 1932년 예산읍 예산리에 세워진 성결교회(당시 명칭은 "동양선교회")에서 1934년 분가하여 설치되었습니다. 그 후 1943년 신사참배 거부운동을 이유로 조선총독부에 의해 전국의 성결교회(동양선교회)와 함께 강제로 폐쇄되었습니다.

해방이 되자 1945년 10월 신례원에 성결교회가 재건되었습니다. 그리고 옛 삼거리 용굴천 다리 부근 철길 옆에 교회 예배당을 건립하였습니다. 그 후 1985년 10월 현재의 신례원초등학교 오른편 위치로 교회를 이전하였습니다.

저의 셋째 누님과 넷째 누님도 결혼 전까지는 이 성결교회에 다녔습니다. 이어서 형님께서 이 교회에 다니시며 신앙의 뜨거움을 체험하셨습니다. 어머니가 소천하신 1979년 1월 이후 형님 가족은 서울로 이사하였습니다.

하나님께서는 저의 초등학교 시절부터 셋째 누님과 막내 누님이 드린 기도를 들으시고, 또 저의 세 친구들을 통하여 제가 기독교 신앙에 대해 마음 문을 열 준비를 시켜 주셔서 대학 1학년 때 대학생 모임을 통해 예수님을 믿을 수 있게 하신 것입니다.

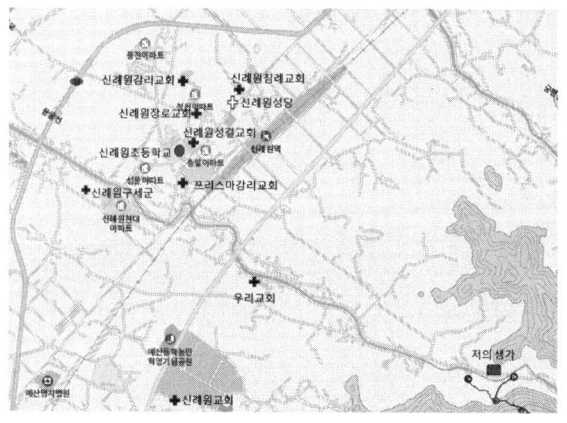

신례원 지역의 교회들과 저의 생가

《기독교신문》(2006년 7월 5일 자)에 의하면 신례원을 포함한 예산군 지역의 복음화율은 우리나라 전체 기독교인 비율보다 높은 25%라고 합니다.

네 번째 이야기:
에스더가 독일에서
예수님 믿고 기쁨에 넘치다

네 번째 이야기:
에스더가 독일에서 예수님 믿고 기쁨에 넘치다

"마리아가 가로되 내 영혼이 주를 찬양하며
내 마음이 하나님 내 구주를 기뻐하였음은
그 계집종의 비천함을 돌아 보셨음이라
보라 이제 후로는 만세에 나를 복이 있다 일컬으리로다"

(누가복음 1장 46~48절)

1. 에스더가 보조간호사로 독일에 왔습니다

1971년 독일 비텐 병원, 자신의 간호사 기숙사 방에 있는 에스더

어렸을 때 에스더는 쾌활한 아이였습니다. 그러다 에스더는 중학교 때 수업료를 제때 못 내 수업 중에 학교에서 집으로 돌려보내진 후부터 가난한 가정에 태어난 것을 원망하였습니다.

에스더가 1974년 스위스 제비스에서 열렸던 여름 수양회 때 발표한 간증의 처음 부분은 다음과 같습니다.

> 저는 가난한 농가의 삼 남매 중 막내딸로 자랐습니다. 오빠와 저는 열네 살 차이로 막둥이라 혼자서 사랑을 받으며 어린 시절을 보냈습니다. 쪼들린 살림에도 중학교에 입학할 수 있었습니다.
>
> 중학교 1학년 2학기 때의 일입니다. 넉넉하지 못한 형편 때문에 납부 일자 내에 납부금을 낼 수 없었습니다. 그래서 저는 수업 시간에 집으로 되돌아와야만 했습니다.
>
> 그 일이 있고 난 뒤로 저는 마지못하여 학교에 다녔으며 공부할 의욕을 잃고 언제나 '왜 나는 가난한 집에 태어났을까?', '수치를 당하면서까지 더 배워야 하는가?'라는 생각뿐이었습니다. 기쁨이 없고 불만으로 꽉 찬 학창 시절이었습니다. 상급학교 진학을 할 수 없게 되어 저는 남몰래 눈물을 많이 흘렸습니다.
>
> 국민학교 4학년 음악 시간에 이런 노래를 배웠습니다. 바로 나의 꿈을 갖게 된 동기였습니다.
>
> > 총알이 날아오는 싸움터에서
> > 피 흘리는 아저씨를 간호해 주는
> > 흰 모자에 간호원 언니는
> > 천사와 같이도 거룩합니다.

> 저의 소원은 간호원이 되어서 환자들을 돌봐 주어야겠다는 것이었습니다. 그러나 (고등학교) 진학을 할 수 없었던 저는 꿈이 쪼개져 나가는 아픔이 너무나 커서 가난을, 사회를, 그리고 부모님까지 원망하기 시작했습니다. "가르치지도 못하려면 뭣 때문에 낳았어요." 하며 날마다 엄마 속을 상하게 했습니다. 그때마다 엄마와 나는 함께 울었습니다. 그러나 그렇게 바보처럼 울고만 있을 수도 없었습니다. 농촌에서 살았던 저는 씨를 뿌리는 일부터 이삭을 거둬들이는 일까지 도와야 했습니다. 저는 이렇게 생각했습니다. '그래, 부지런히 일해서 가난을 정복하자.'
>
> 저는 닥치는 대로 열심히 일했습니다. 농협의 구매원, 탁아소의 보모, 양재, 편물도 배웠습니다. 그러나 편물업을 개업할 수 없었기 때문에 개인병원의 (직업교육 없이) 간호원으로 취직을 했습니다. 일 년 반 정도 되었을 때의 어느 날, 신문 광고란에서 〈간호보조원 모집〉이라는 기사를 읽게 되었습니다. '그래 여기에 내가 서독 가는 길이 있다.' 결심하고 병원을 그만두고 부모님을 설득시켜서 양성소에 입소했던 것입니다. 졸업 후 완강하게 반대하시는 부모님을 떠나 1970년도에 서독에 왔습니다.[3]

에스더는 1969년 3월 5일부터 12월 12일까지 약 9개월간 광주에서 간호보조사 양성소를 다녀 간호보조사 자격증을 취득하였습니다. 그리고 1970년 8월 8일 비행기를 타고 한국을 떠나 독일로 왔습니다. 1970년 당시 한국은 아직 저개발 국가로 직장인들의 월급이 오늘날보다 아

---

3. 1974년 서독 스위스 수양회 기념《내 생명 심포지움 "사람들의 빛"》, 서독 성경읽기 총회, 35-36쪽(비매품)

주 적을 때였습니다. 그에 비해 독일 간호보조사의 월급은 1970년경에 600마르크 정도였는데 이 돈은 한국 사람들에겐 상당히 큰 액수였습니다.

에스더는 돈이 있어 필요할 때 가족이 병원에 갈 수 있고 또 다른 사람에게 돈을 빌려 달라고 손 내밀지 않고 살면 행복할 것으로 생각하고 독일로 온 것이었습니다.

독일에 도착해 8월 19일부터 보쿰 옆도시 비텐(Witten)의 기독병원에서 근무를 시작해야 했습니다. 한국에서 2주 동안 간단한 독일어를 배우고 왔지만, 독일어를 전혀 할 수 없었던 에스더는 독일말을 배우면서 병원 일을 해야 했습니다. 그래서 독일어와 의학용어를 눈치껏 하나하나 배워 나가면서 보조간호사 일을 해야 했기에 어려움이 많았습니다. 그리고 한국문화와 이질적인 독일문화 가운데 고독과도 싸워야 했습니다. 돈을 벌어 월급 대부분을 고향집에 부쳐 주었지만, 돈이 에스더를 행복하게 해 주지 못했고 오히려 고독 가운데 슬퍼했습니다.

2. 에스더가 복음을 믿고 기쁨에 넘쳤어요

에스더는 1964년경 그녀의 고향 장흥에서 박정희 사모님이 운영하는 양재학원에 다녔었습니다. 박정희 사모님은 장흥교회 정남영 목사님의 아내였습니다. 에스더는 사모님의 초청으로 몇 차례 교회 예배에 참석했었습니다. 에스더는 막내딸을 낳을 때 힘들어하셨던 사모님을 도와주었고, 이에 사모님은 고마워했습니다.

에스더가 독일에 왔을 때 박정희 사모님은 1960년에 간호학교 학생으로 독일에 와 있던 여동생 박옥희 님에게 에스더가 예수님을 믿도록 도와주도록 부탁했습니다. 그래서 1970년부터 박옥희 님은 한국대학성경읽기에서 발행하는 《일용할 양식》 소책자(일일성경읽기 보조교재, 비매품)를 보내 주기 시작했습니다.

그 후 1973년 초 박옥희 님은 에스더를 방문하였습니다. 그리고 1973년 12월 29일부터 1974년 1월 5일까지 보쿰 바로 옆 도시 비텐에 있는 침례교회에서 열리는 수양회에 에스더를 초대했습니다. 이 수양회에서 에스더를 비롯한 19명의 한국 간호사 선교사들이 신앙 간증을 했습니다. 1974년 1월 5일에 침례교회 목사인 아이켈 목사님께서 이 19명의 간호사들에게 침례를 주었습니다.

이때 침례받은 분은 최혜경, 노수자, 황 에스더, 황양림, 오영희, 백길례(사무엘상 7장 말씀 "성경읽기" 11월 26일 자 "중심을 지키는 하나님" 간증 소감 발표), 박영자, 오광자, 김경례, 박종림, 김영서, 임병숙, 정춘희, 김예자, 정옥화, 김경자, 최옥순, 이길자입니다.

에스더가 예수님 믿고 기쁨에 넘친 모습
1974년 6월 3일 서독 선교사들 네델란드 소풍 시 사진

당시 에스더는 하겐에 있는 병원(Allgemeinen Krankenhaus in Hagen)에서 일하고 있었습니다. 1974년 초부터 하겐에서 가장 가까운 보쿰에 있는 광부병원에서 일하던 이기향 님으로부터 에스더는 창세기를 일대일로 배웠고 한국 여행 후에는 요한복음, 로마서 등을 배웠습니다.

그리고 1974년 4월 말 한국을 방문한 에스더는 1974년 5월 3일부터 28일까지 서울 종로 UBF 회관에서 성경공부를 하고 선교사로 임명을 받고 서독으로 돌아왔습니다. 선교사 임명 시 발표한 소감 제목은 "나 같은 죄인을 불러 주신 하나님"이었습니다.

1974년 9월 16일부터 22일 스위스 제비스에서 있었던 서독 여름 수양회 때 요한복음 1장 4절을 기초로 "사람들의 빛"이란 제목으로 이창우 님이 설교하셨는데, 에스더는 이 말씀을 통해 예수님을 인격적으로 영접했다고 간증했습니다.

예수님을 영접하여 기쁨에 찬 에스더는 다른 간호원들을 성경공부로 적극적으로 돕기 시작했습니다. 당시 하겐에서 근무하던 에스더는 김수현, 문경순, 김수연, 김부영, 김옥희, 오경숙 등의 간호사들을 성경공부로 도왔습니다.

그 후 1976년에 레다-비덴부륙(Rheda-Wiedenbrück)의 기독병원(Evangelisches Krankenhaus)으로 다시 병원을 옮긴 후 그곳과 다른 도시의 한국 간호사들과 독일인 간호사들을 성경공부로 도왔습니다.

참고로 에스더가 근무한 병원은 다음과 같습니다.

- 1970. 8. 19. ~ 1973. 7. 31. : 비텐 기독병원(Evangelisches Krankenhaus in Witten)
- 1973. 8. 6. ~ 1976. 6. 30. : 하겐 종합병원(Algemeines Krankenhaus in Hagen)
- 1976. 7. 1. ~ 1978. 3. 31. : 레다-비덴부르크(Rheda-Wiedenbrück) 기독병원(Evangelisches Krankenhaus in Rheda)
- 1978. 4. 1. ~ 1979. 4. 10. : 쉬베르테 기독양로원(Evagelisches Altenheim in Schwerte)
- 1978. 4. 11. ~ 1979. 12. 31. : 첫아이 스데반(Stephan) 육아하기 위해 휴직
- 1980. 1. 1. ~ 1991. 8. 31. : 도르트문트-회어데(Dortmund-Hörde)의 베타니엔 기독병원(Evangelisches Krankenhaus Bethanien)
- 1991. 9. 1. ~ 2009. 9. 1. : 보쿰 시내의 엘리사벳 병원(St. Bethanien-Krankenahaus in Bochum) 근무 후 조기 은퇴

다섯 번째 이야기:
다시 태어나 기쁨에 넘친 나의 대학 생활

"말씀(즉 하나님)이 육신(즉 사람)이 되어 우리 가운데 거하시매
우리가 그 영광을 보니 아버지의 독생자의 영광이요
은혜와 진리가 충만하더라"

(요한복음 1장 14절)

1. 나의 대전 생활

* 대학 등록

1970년 2월에 저는 대학 본부 서무과에 입학금을 내고 대학 등록을 하려고 갔습니다. 저는 당시 예산고등학교에서 대학 등록금으로 3만 원을 받았고 그 후 충남대학교 공과대학에서 3만 원을 장학금으로 받았습니다. 당시 등록금은 약 3만 원이었습니다. 그래서 저는 대학 등록금보다 3만 원가량 더 갖고 있었습니다. 그런데 제 앞에 영문학과에 합격한 김○○ 씨가 서무과장님께 등록금을 한 일주일 정도 늦게 내면 안 되느냐고 묻고 서무과장님은 안 된다고 하고 있었습니다. 그래서 제가 가지

고 있던 3만 원을 빌려주겠다고 제안했습니다. 서무과장님은 김○○ 씨가 그날 등록하고 약 일주일 후에 서무과장님께 빌린 돈을 가져다드리면 서무과장님이 제게 그 돈을 돌려주기로 했습니다. 약 일주일 후 저는 서무과장님으로부터 돈을 돌려받았습니다.

저는 마음이 그렇게 너그러운 사람이 아닌데 하나님은 제게 고등학교와 대학교에서 장학금을 이중으로 받는 은혜를 주셨습니다. 또 김○○ 씨가 바로 제 앞에서 서무과장님과 이야기하는 것을 제가 듣게 하시고 돈을 빌려줄 마음을 주셨습니다.

* **대전 이은춘네에서의 나와 서용성의 자취방**

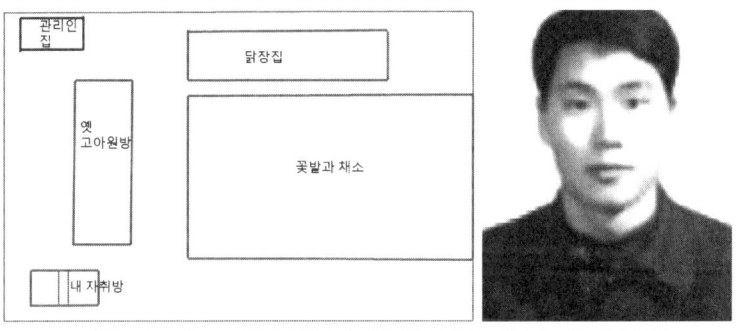

대전시 중구 가양동 92번지의 옛 보육원에 살던 나의 자취방과 대학 시절 사진

촌에서 살던 학생이 도시에 있는 대학을 다니려면 대학 등록금과 하숙방 방세라는 두 가지 재정 문제를 해결해야 합니다. 당시 제가 받은 장학금은 대학 등록금 정도여서 학비 문제는 해결할 수 있었지만, 방세 문제는 남은 상태였습니다.

가난한 저의 가정은 하숙비를 대 줄 형편이 못 되었습니다. 그런데 고향 친구 이은춘의 가족이 1969년 12월경에 대전으로 이사했습니다. 이은춘의 큰아버지는 천주교 신부님이자 당시 대전 성모병원 병원장이셨습니다. 이은춘의 부모님은 천주교회와 옛 보육원 임대 계약을 맺어 대전 중구 가양동에 있는 빈 보육원의 관리인으로 그곳에 이사하셨습니다. 그 보육원은 1950년부터 1953년까지 있었던 6.25 전쟁으로 생긴 고아들을 수용했던 곳이었습니다. 그곳엔 관리자 가족을 위한 집이 있고, 고아들이 살던 많은 방들과 따로 떨어진 두 칸 방이 있었습니다. 이은춘 부모님께선 방 두 칸 중 한 칸을 저와 충남대학교에 같이 입학한 고향 친구 서용성이 같이 사용할 수 있게 허락해 주셨습니다. 은춘이 부모님께서 하나님을 신실되게 믿으신 천주교인들이셔서 저희에게 방을 무료로 제공해 주신 것입니다.

저의 어머니는 집에서 쌀과 반찬거리, 예를 들면 감자, 고추장, 된장 등을 집에서 가져오셨습니다. 어머님과 형님과 식구들을 통해 저를 키워 주신 하나님께 감사합니다.

저와 같이 방을 썼던 서용성은 충남대학교 물리학과를 다녔습니다. 물리학을 공부하는 것 외에도 사법고시를 보려고 열심히 공부했습니다. 이 시험에 합격하면 검사, 판사 또는 변호사가 됩니다. 제 초청으로 서용성은 우리 교회의 성경공부 시간에 몇 번 참석했습니다. 그러나 유감스럽게도 그는 성경공부 모임에 계속 오지 않았습니다. 그 후 한 여학생을 결혼 상대자로 사귀었고 졸업 후 결혼하고 군에 입대하였습니다. 하지만 저는 그가 군대에서 사고로 사망했다고 들었습니다. 그의 부모와 형제자매들의 슬픔이 얼마나 컸겠습니까! 또 갓 결혼한 그의 아내의 심정은 어떠했겠습니까? 하나님께서 가족분들과 젊은 부인을 위로해 주셨을 줄 믿습니다. 하나님께서 슬픔을 겪으신 그분들에게 예수 그리스도에 대한 믿음을 주셔서 위로와 영생을 주시기를 기도합니다.

* 하복남

저와 같이 자취하던 서용성은 2년 후 충남대학교 근처에 하숙방을 얻어 나갔고 대신 제 형수의 막내 남동생 복남이가 제 방에 들어와 살게 되었습니다. 그는 저보다 약 7살 어렸고 예산중학교를 졸업하고 대전공업전문학교에 입학했습니다. 이 전문학교는 5년 과정입니다. 저는 보통 우리 대학생 교회에서 아주 늦게 집으로 돌아왔습니다. 그 당시 제가 복남이에게 거의 관심을 두지 않았던 것이 미안합니다. 그러나 하나님께서는 복남이를 기독교 청소년 그룹인 YFC(Youth for Christ)로 인도하셨습니다. 이 그룹을 창설하신 분은 김장환 침례교회 목사님이셨습니다. 하복남은 이 모임을 통해 신실한 기독교인이 되었습니다. 또한 그는 전문학교에서 공부를 잘해 졸업 후 훌륭한 전기 기술자가 되었습니다. 그는 대전 대흥침례교회에서 주님을 충성스럽게 섬겼고 믿음의 여인과 결혼하여 행복한 결혼 생활을 하고 있습니다. 저의 셋째 그리고 넷째 누님의 기도와 하복남의 좋은 믿음의 영향을 받아 제 형수와 형님의 자녀들이 신자가 되었습니다. 1960년대에 저의 셋째 누님이 예수님을 믿기 시작하여 이제 저의 형제자매들과 형수님과 그 자녀들 그리고 형수님의 형제자매들이 예수님을 믿습니다.

이은춘 부모님을 통해 저와 하복남에게 대전에 방을 무료로 쓰게 해 주시고 우리가 예수 그리스도를 믿게 하신 하나님께 감사드립니다. 하나님의 섭리는 오묘하고 선하십니다.

* **대학교 입학식**

충남대학교 입학식이 1970년 3월 2일에 있었습니다. 신입생 580명 전원이 대전시 중구 문화동에 있던 대학 종합운동장에 학과별로 집합하였고 교수님들은 그 앞에 섰습니다. 그런 다음 대학 총장님이 입학 축하와 격려의 말씀을 하셨습니다. 저는 모든 신입생을 대표하여 학생들 앞에 나가 신입생 선언문을 낭독하였습니다. 그 선언문의 내용은 저희 신입생들이 대학의 규칙을 지키고 공부에 전념하겠다는 내용이라고 생각합니다. 이 입학식을 통해 제가 모든 신입생들과 많은 교수님들에게 알려졌습니다. 제가 절뚝거리며 걸었기 때문입니다. 하나님께서는 이 대학교 입학식을 통하여 저를 모든 학생들과 세상 사람들에게 축복을 나눠 주는 자로서 선언식을 하게 하신 것이라고 저는 생각합니다. "대학교(University)"는 원래 라틴어 universus에서 나온 단어로 "전 세계"라는 뜻이 있습니다. 예전의 저는 제가 살던 고향 예산 외의 세상, 즉 한국이나 세계를 생각할 수 없었습니다. 가난하고 미숙한 저에게는 한국 전체나 세계를 생각한다는 것은 저와 너무 멀다고 생각하고 있었습니다. 이런 저를 하나님은 세계를 바라보고 세상에 축복의 좋은 소식을 전하는 자로 부르시고 선서시키신 것이었습니다.

그런데 바로 그해에 하나님은 또 다른 위대한 일을 하셨습니다. 그것은 1970년에 에스더를 독일로 보내신 것입니다. 물론 당시의 저는 꿈에도 모르는 일이었습니다. 저에게 대학 입학은 시골 나무꾼이 될 사람이 대학생이 되어 세계 만민에게 복을 나눠 주는 사람이 되는 큰 도약이었듯이 에스더에게 있어서 독일행은 독일과 세계에 하나님의 축복을 나눠 주기 위한 큰 도약이었습니다. 하나님께서 저와 에스더에게 큰 뜻을 두시고 그 뜻을 차근차근 이뤄 가셔서 하나님의 퍼즐이 하나하나 맞춰져 가고 있었습니다.

* **화공과 동창생들**

저는 화학공학을 제 전공으로 선택했습니다. 법학, 경영학 등은 사람과의 관계를 다루는 과목이라 이 직업을 갖고 정직하게 살 수 없다고 생각해 나에게 적합하지 않고 자연과학이나 공학은 자연과 상대하기 때문에 비교적 정직하게 살 수 있다고 생각했던 것입니다. 그런데 자연과학 학위를 가진 사람이 직장 얻을 기회가 공학 학위를 가진 사람보다 열악하다고 생각했기에 공학, 그중에서도 화공과를 선택했습니다. 하나님께서 배후에서 역사하셔서 제가 화학공학을 택하여 졸업 후 에스더와 결혼하고 이보성 교수님의 도움을 받아 선교사이자 유학생으로 독일에 오도록 인도하신 것이셨습니다.

당시에 학생들은 학과 단위로 대부분의 강의를 함께 들었습니다. 저희 화공과는 40명이었습니다. 이로 인해 같은 학과 동료들과 깊은 유대 관계가 형성되었습니다. 우리 학과 대부분의 동료 학생들은 대전시에 있던 충남고등학교나 대전고등학교 출신이었습니다. 나머지는 공주사대부고나 다른 고등학교에서 왔습니다. 학기 초에 과대표 선거가 있었는데 제 과엔 충남고 출신이 제일 많아 충남고를 졸업한 최윤기 씨가 과대표로 뽑혔습니다. 그는 밝고 명랑하고 사교성이 좋고 다른 사람을 배려하는 좋은 성격을 갖고 있어서 과대표로 적합하였습니다. 최윤기 씨는 우리 교회에 몇 차례 나왔었습니다. 후에 그는 좋은 직장에서 리더십을 잘 발휘하여 상무로 근무하였습니다.

심종찬 씨도 얼마 동안 우리 교회에 나왔었는데 하나님이 축복해 주셨을 것을 믿습니다.

2학년인가 3학년 때는 대전고등학교 출신인 김환영 씨가 과대표가 되었습니다. 김환영 씨도 밝고 친절하고 침착하고 신실한 친구였습니다. 그리고 그는 학구적이고 탐구적인 학생이었습니다. 그는 충남대학교 간호학과 여학생을 사귀어 결혼했습니다. 저는 후에 그 부인이 독실한 기독교인이라는 소식을 들었습니다. 하나님께서 김환영 씨와 그의 자녀들을 믿음으로 인도하시고 풍성하게 축복해 주셨을 것이라고 믿습니다.

저희 과 동창 중 유재욱(일 년 뒤 졸업), 김수영, 심준택, 김진웅 씨는 대학 공부를 시작했을 때 이미 기독교인이었습니다. 김진웅 씨는 차분한 성격에 신앙생활을 오래 해 신앙이 흔들리지 않았습니다. 김진웅 씨는 우리 교회에 얼마 동안 나왔었습니다. 저는 김진웅 씨와 좋은 교제를 가졌고 그의 우정에 대해 항상 감사하게 생각합니다. 심준택 씨는 공주사범대학의 부속 고등학교 출신입니다. 그는 활동적이고 쾌활한 성격을 가졌습니다. 대전고 출신인 최대영 씨는 저의 초청으로 우리 교회에 얼마 동안 나왔고 수양회에도 참석하였습니다. 그의 온화한 모습이 그립습니다. 김수영 씨도 이미 신자로서 아주 밝고 쾌활한 친구였습니다. 저의 초대로 우리 교회에 얼마 동안 나왔었습니다.

강호 씨는 UNESCO 써클 활동에 적극적으로 참여한 매우 쾌활한 대전고 출신이었습니다. 당시 그는 신앙이 없었는데 UNESCO 회원이었던 안은경 씨의 초청으로 우리 교회에서 얼마 동안 일대일 성경공부를 하였습니다. 충남대학교를 졸업하고 ROTC 출신 군 장교가 되었고 학생 때부터 연애하던 건축공학과 이기남 씨와 결혼했습니다. 이 부부는 미국에 가 강호 씨가 그곳에서 박사 학위를 받았습니다. 강호 씨가 미국에 있을 때 대전고등학교 선배의 초청으로 미국교회 내의 한인들의 그룹 성경공부 모임에 초대받았습니다. 이 그룹을 통해 그는 극적으로 기독교 신앙을 영접하였습니다. 그가 미국에서 박사 학위를 마쳤을 때 독일 보쿰에 있던 저를 방문하여 그의 극적인 회심에 관해 이야기했습니다.

저도 잘 알듯이 강호 씨는 술을 좋아했습니다. 예수님을 믿고 난 어느 날 강호 씨는 술을 한 모금 마셨더니 알코올이 그의 내부에서 맹렬한 불처럼 타오르는 것처럼 느꼈습니다. 그때부터 신비하게도 술과 담배를 입에 대기도 싫어져 끊게 되는 체험을 하였습니다. 이로써 그는 사울이 바울이 되는 것 같은 극적인 회심을 체험하였습니다.

독일에 있던 저를 방문하고 얼마 후 그는 충남대학교에 새로 신설된 환경공학과 교수로 채용되었습니다. 그리고 《죽으면 죽으리라》의 저자 안이숙 사모의 남편인 김동명 목사를 미국에서 초청하여 대덕 연구단지에 교회를 세웠습니다. 그러자 이 교회에 박사들이 많이 참석하였습니다.

강호 씨는 교수로서 학생들을 가르치며 부지런히 연구해서 수많은 논문을 발표했습니다. 또한 그는 침례신학교 야간반을 다닌 후 목사로 안수를 받았습니다. 그리고 그는 이웃 나라와 아프리카 선교에도 적극적으로 헌신하고 있습니다.

한명희 씨는 저보다 3년 일찍 입학하였지만 군대 다녀온 후 다시 복학하여 우리와 같이 강의를 들었습니다. 그는 저의 초청을 받아 성경공부를 하고 신앙을 갖게 되었습니다. 그리고 그는 독일에서 간호사 선교사로 일했던 김영서 씨와 결혼했습니다. 결혼 후 그는 평신도 선교사로 김영서 씨와 함께 미국 시카고로 파송되었습니다.

2. 고마우신 교수님들

* 김병우 철학 교수님

그 당시 대학 1학년 학생들은 많은 일반 교양과목 강의를 들었습니다. 이를 위해 특별히 강의실 건물을 지어 교양학부라고 불렀습니다. 교양과목으론 한국어, 영어, 윤리, 철학, 세계 문화사, 제2외국어 등과 그 외로 체육과 군사훈련이 있었습니다.

우리 화공과 학생들에게 철학을 강의하신 분은 김병우 교수님이었습니다. 교수님은 프랑스 철학자 데카르트(Descartes)에 대해서 강의를 하면서 데카르트가 어떻게 하나님의 존재를 믿을 수 있었는지 설명했습니다.

데카르트는 모든 것을 의심했습니다. 또한 그는 하나님의 존재를 의심했습니다. 그러나 그는 의심하는 "내"가 존재한다는 사실은 부인할 수 없다는 것을 깨달았습니다. 아이러니하게도 그가 신을 의심했다는 사실은 신이 존재했다는 증거였습니다.

그 강의를 통해 교수님은 학생들이 하나님을 믿을 수 있도록 돕고자 하셨을 것입니다. 김병우 교수님은 강의 중에 학생들에게 누군가 성경을 선물로 주면 버리지 말고 받아 읽으라고 권면했습니다.

당시 저의 신앙은 초기 단계였습니다. 저는 1970년 5월쯤 철학 강의 후 김병우 교수님 연구실에 찾아가서 어떻게 우리가 성경에 나오는 기적 이야기를 믿을 수 있는가 여쭤보았습니다. 교수님께서 설명하시기를 "성경의 기적 이야기는 우리가 예수님을 믿도록 하는 데에 의미가 있다."라고 말씀하셨습니다. 놀랍게도 제 질문은 교수님의 설명으로 답을 얻었습니다. 그 이후로 저는 성경 이야기와 저의 과학적 사고 사이에 모순을 느끼지 않았습니다.

저는 왠지 김병우 교수님은 한국의 유명한 시인 김동명의 아들이 틀림없다고 느꼈습니다. 대학 입시를 준비하면서 한국 문학사에서 시인 김동명에 대해 알았기 때문입니다. 제가 교수님께 김동명 시인의 아들이신가 여쭤보았을 때 교수님은 "그렇습니다."라고 대답했습니다. 그리고 아버지는 개신교 신자이셨고 자기는 천주교인이라고 말씀하셨습니다. 아버지가 개신교 신자인데 왜 천주교인이 되셨는지 물었을 때, 가톨릭교회가 기독교의 본줄기이기 때문이라고 대답하셨습니다. 저는 더 묻지 않았습니다. 저에게는 개신교 기독교인이든 가톨릭교인이든 중요하지 않고 예수님을 제대로 믿는 것이 중요했기 때문이었습니다.

시인 김동명(1901~1968) 님은 일제강점기 일본 아오야마(青山)대학에서 신학을 공부하고 한국에서 시인으로 활동했습니다. 일제강점기 당시 그는 한국식 이름을 일본식으로 바꾸라는 창씨개명을 거부하였습니다. 그리고 그는 시골로 물러나 시를 썼습니다. 독립 후 서울 이화대학교 교수로 일했습니다.

수업 시간에 김병우 교수님은 이정복 철학 교수님이 어떻게 하나님을 믿을 수 있었는가에 관해서도 이야기했습니다. 충남대 교수로 재직 중이던 이정복 교수님은 독일로 건너가 뮌헨대학교 막스 뮐러 교수님을 지도교수로 하여 박사 학위를 받았습니다. 이정복 교수님이 박사과정 졸업시험인 구술시험을 치르려고 했을 때 구술시험을 잘 치를 수 있을지 확신이 서지 않았습니다. 그래서 독일어가 부족한 이유로 필기시험을 보겠다고 요청했습니다. 그리고 필기시험을 허락받아 합격하였습니다. 시험에 합격한 후 그는 매우 감사했습니다. 하지만 그는 누구에게 감사해야 할지 몰랐습니다. 이정복 교수님이 귀국하고 김병우 교수님에게 자신의 경험을 설명했고, 김병우 교수님은 하나님께 감사하는 것이 바르다고 말하며 하나님을 믿도록 도왔다고 했습니다.

2년 후 저는 김병우 교수님이 우리 대학생 교회에 와서 영문과 학생 안은경 씨로부터 창세기를 겸손히 배우시는 것을 보았습니다. 저는 철학 교수이신 그분이 어떻게 겸손하게 하나님의 말씀을 배울 수 있을지 궁금했습니다. 그래서 제가 물었을 때 그분은 "저는 학생입니다."라고 대답했습니다.

김병우 교수님은 후에 개신교 기독교 대학인 한남대학교로 직장을 옮기셨다고 들었습니다.

* 체육 민창기 교수님, 국어 사재동 교수님, 영어 박영의 교수님
하나님은 체육 민창기 교수님을 통해서도 저를 많이 격려해 주셨습니다. 민창기 교수님은 우리 과 체육 시간에 대학 입학시험 성적에 관해 이야기했습니다. 아마도 교수님은 우리 입학시험 채점을 하셨고 제 입학시험의 각 과목의 점수에 대해서도 알고 있었던 것 같습니다. 학기 말에 교수님은 제게 체육 A 학점(최고 학점)을 주시고 모든 동료 학생들 앞에서 제게 A 학점을 준 이유를 설명했습니다. 즉 제가 체육 수업에 적극적으로 참여했기 때문에 A 학점을 받을 자격이 있다는 것이었습니다. 교수님의 판단 기준은 당시로선 혁명적이었습니다. 당시 대부분의 교수들은 다른 학생들과 비교하여 점수를 주던 시대였습니다. 저는 이 교수님의 설명으로 크게 고무되었습니다.

국어 시간엔 사재동 교수님이 충청 지역의 고전 연구를 통해 이제까지의 통설과 다른 연구 결과를 수업 시간에 강의하셨습니다. 재미있었던 것은 술 마시는 것을 찬양하는 강의였습니다. 인터넷을 찾아보니 독실한 불교 신자였던 사재동 교수는 원래 승려가 되려고 했었다고 합니다. 하나님의 축복이 교수님과 그 자손들에게 있을 것을 믿습니다.

대학 1학년 영어는 박영의 교수님이 강의해 주셨습니다. 이 교수님은 제게 아주 친절하게 대해 주셨습니다. 제가 후에 석사과정 졸업논문으로 "참나무의 열분해 연구"를 영어로 써서 제삼자의 정정 없이 제출하여 통과되었는데 후에 박영의 교수님이 보시고 제게 논문 제출하기 전에 가지고 왔었으면 영어 정정을 해 줄 수 있었다고 말씀하셨습니다. 박영의 교수님의 따뜻함에 감사드립니다.

* 화공과 교수님들
충남대학교는 유성으로 이전하기 전엔 의대만 빼고 모두 대전시 중구

문화동에 있었습니다. 그때의 문리대 자리에 현재 충남대학교 의대와 대학병원이 있습니다. 저는 충남대가 유성으로 이전하기 전에 대학에 다녔고 연구 조교 시절도 문화동에서 근무하였습니다. 그리고 연구 조교 시절엔 화공과 실험장치들을 유성으로 옮기기 위한 서류 작성을 하시던 주혁종 선배 조교님을 도왔습니다. 제가 화학공학과에서 연구 조교로 근무했을 땐 경기고등학교와 서울대를 졸업하신 임홍빈 교수님이 학과장이셨는데 이분은 아주 친절하셨습니다. 그래서 우리는 그분을 국제 신사라고 부를 수 있습니다.

홍원표 교수님은 공업화학을 가르치셨고 학생들이 졸업 후 취직하도록 회사에 소개해 주셨습니다.

김진선 교수님은 무기화학을 가르치셨고 본부 교무과 등에서 많은 일을 하셨습니다. 안타깝게도 이분은 제가 연구 조교로 일할 때 돌아가셨습니다.

맹기석 교수님은 캐나다 맥길대학교에서 박사 학위를 받고 돌아오신 고분자 전문가로 우리에게 유기화학과 고분자공학을 가르쳤습니다.

이보성 교수님은 연세대를 졸업했고 우리 대학에서 근무 중 독일 카를스루에대학교에 유학하여 박사 학위를 받았습니다. 그리고 우리에게 열역학과 단위공학을 가르쳤습니다. 이보성 교수님이 저의 석사과정 지도교수이셨기에 나중에 그분에 대해 더 써야 할 것 같습니다.

최홍식 교수님은 충남대학교 화공과 1회 졸업생으로 제가 대학 1학년에는 화학과 물리화학을 가르쳤습니다. 이분은 결강하는 일이 거의 없었고 또 연구에 열중이셨습니다. 안타깝게도 이 교수님은 제가 독일에서 박사과정 중에 있을 때 아직 젊으신 나이에 소천하셨습니다.

주혁종 선배님은 저보다 3~4년 일찍 학사과정을 마쳤고 저의 학부 때부터 조교로 근무하셨습니다. 이분은 제게 친절한 형과 같았습니다.

1978년 1월 제가 독일에 유학 왔을 때 주혁종 선배님은 도르트문트대학교에 연구차 와 계셨습니다. 저는 이분을 도르트문트대학교 화공과에서 1978년 1월 2일 만나 뵈었습니다. 그리고 저와 이분과 저의 아내 에스더는 함께 성경을 읽고 하나님께서 우리와 대학의 모든 분들을 축복해 달라고 하나님께 기도했습니다. 당시 이분은 아직 예수님을 믿지 않았지만 제게 친절했기 때문에 같이 기도하였습니다. 이분은 이 연구를 마치고 한국으로 돌아가 충남대 공대 고분자공학과 교수가 되셨습니다.

3. 다시 태어나 기쁨에 넘쳐 세례받기까지

* 저의 영적 식목일: 난생처음 예수님 이름으로 하나님께 기도 (1970년 4월 5일)

저희의 대학 입학식 날은 1970년 3월 2일 월요일이었습니다. 입학식이 끝난 후 저는 대학 도서관으로 가는 언덕길을 가고 있었습니다. 이 언덕길에서 당시 대전 UBF(현 대전 열방선교교회) 책임목자이셨던 서덕근 님이 제게 말을 걸어오셨습니다. 이분은 이수민 선생님이 저에 대해 말해 주어서 저를 안다고 말했습니다. 이수민 선생님은 제 고등학교 독일어 선생님이었습니다. 그리고 서덕근 님은 저를 대학생성경읽기(UBF)에 초대했습니다. 그러나 저는 "그럴 시간이 없어요!"라고 대답하고 도서관으로 들어갔습니다. 그 당시 저는 전공 공부에만 집중하기로 마음먹었던 때였습니다.

그 후 약 한 달이 지났습니다. 당시 한국인들은 밥을 짓고 온돌방을 따뜻하게 하고자 산에서 나무를 베어 땔감으로 썼기 때문에 산들은 나무가 없는 민둥산이 되어 있었습니다. 그래서 정부는 4월 5일을 식목일로 정하고 나무심기를 장려하였습니다. 그해 식목일은 일요일이었습니다. 대학 당국이 학생들에게 나무를 심으러 학교에 나오라고 했기에 저는 오전 9시경에 괭이를 들고 대학에 갔습니다. 그리고 도서관 뒤에 나무 몇 그루를 심는 것을 보았습니다. 그 후 저는 도서관으로 가는 중에 다시 서덕근 님을 만났습니다. 이번에는 이수민 선생님도 계셨습니다. 이수민 선생님은 한남대학교(당시 대전대학)를 졸업하시고 예산고등학교에서 교사로 근무하시면서 충남대학교 화학공학과 맹기석 교수님을 지도교수로 하여 석사과정에 등록하셨습니다. 저는 예의상 이수민 선생님을 개인적으로 만나 뵙고자 어디서 만날 수 있는지 물었습니다. 선생님은 오후 3시에 UBF 회관으로 오면 만날 수 있다고 하셨습니다. 당시 대전에 있는 UBF 대학생 교회는 일요일 오후 3시에 예배를 드렸습니다. 그래서 저는 이수민 선생님을 만나러 UBF 대학생 교회에 갔습니다. 교회는 대전고등학교의 동쪽 울타리 가까이에 있었습니다. 거기 계신 모든 분들이 제게 친절했습니다. 서덕근 님은 소리를 지르지 않고 평범한 음성으로 설교했습니다. 그래서 그 설교가 제 귀에 거슬리지 않았습니다.

예배 끝 순서로 모두 둘씩 기도하게 되었습니다. 저는 대전간호학교 2학년이었던 조경숙 씨와 기도하게 되었습니다. 조경숙 씨는 제게 기도하는 방법을 친절하게 설명했습니다.

"기도를 시작할 때 하나님이 내가 그분에게 말하고 있음을 알 수 있도록 '하나님!' 하고 부릅니다. 그런 다음 우리가 감사한 일이나 하나님께 부탁하는 말들을 합니다. 그리고 마지막으로 우리가 예수 그리스도를 통해서만 하나님께 나아갈 수 있기 때문에 '예수님의 이름으로 기도합니다. 아멘.' 하고 말하고 기도를 마칩니다."

이분의 친절한 설명을 듣고 저의 인생 처음으로 하나님께 기도할 수 있었습니다. 이 기도를 시점으로 저는 하나님과 예수 그리스도를 믿기 시작했습니다. 그리하여 그날은 제게 영적 식목일이 되었습니다.

* 요한복음 1장 1절과 14절 통해 하나님이 인간으로 오신 예수님 영접(1970년 4월 6일)

이날 주일예배 후 서덕근 님은 주중 매일 저녁 시간에 대학생 교회에서 열리는 영어 회화 시간에 저를 초대했습니다. 저는 영어를 많이 배웠지만, 발음에는 신경 쓰지 않았습니다. 그래서 저는 영어 회화를 배우고 싶었습니다. 그래서 그다음 월요일부터 저녁 영어 회화 시간에 참석했습니다. 먼저 30분쯤 영어 회화를 배우고 그다음 한국어로 요한복음을 배웠습니다.

첫날은 요한복음 1장 1~18절을 배웠습니다. 놀랍게도 저는 그날 요한복음 1장 1절과 14절을 통해 예수님이 원래 하나님이시고 사람의 몸으로 이 땅에 오셨다는 것을 믿을 수 있었습니다.

> "영접하는 자 곧 그 이름을 믿는 자들에게는
> 하나님의 자녀가 되는 권세를 주셨으니"
> (요한복음 1장 12절)

> "말씀이 육신이 되어 우리 가운데 거하시매
> 우리가 그 영광을 보니 아버지의 독생자의 영광이요
> 은혜와 진리가 충만하더라"
> (요한복음 1장 14절)

이것은 별것 아닌 것 같았지만 제 인생에 있어선 아주 중요한 사건이었습니다. 저의 중학교 시절에 가톨릭 친구 이재범과 하나님이 계신 것을 어떻게 알 수 있는가에 대해 진지하게 토의하고 나서 내린 저의 결론은 하나님이 없다고 증명할 수도 없고 있다고 증명할 수도 없다는 것이었습니다. 그런데 요한복음 1장 말씀공부로 바른 해답을 찾은 것이었습니다.

* 예수 믿는 놀라운 기쁨 체험: 서울 은평구 불광동 수양회에서 (1970년 5월 중순)

5월 중순경, 제 고향 친구이자 제 방의 집주인인 이은춘이 입영할 예정이었습니다. 그래서 저는 같은 방을 쓰던 고향 친구 서용성과 함께 주말에 이은춘의 입대 이별 파티를 가질 것을 계획했습니다. 그런데 서덕근 님이 제게 대전대학 권영자 님과 함께 주말에 열리는 서울지구 봄 수양회에 참석하자고 제안했습니다. 저는 이은춘에게 양해를 구하고 서덕근 님과 함께 서울 불광동 수양관에서 열린 서울지구 수양회에 참석했습니다. 제 친구 이은춘에게는 정말 미안한 결정이었습니다. 이 수양회에 참석한 대부분의 학생들은 종로센터에서 온 서울대학교 학생이었습니다. 모두가 친절하고 밝았습니다. 당시 서울대 2학년이었던 이강복 (현 쾰른의 아브라함 선교사) 님도 그곳에 있었고 제게 매우 친절했습니다. 이전까진 이성적으로 예수님을 믿었는데 하나님께서는 이들의 친절과 성령의 역사를 통해 제 마음의 문을 여셔서 저는 감성적으로도 예수님을 기쁨으로 믿게 되었습니다.

이때까진 저는 주일예배에는 참석하지 않았었는데 이 행사에 참석한 이후 저는 기쁨으로 대전의 주일예배에 참석하기 시작하였습니다. 그리고 6월에 있었던 대전 근교 매포에서 있었던 대전지구 봄 수양회도 기쁨으로 참석하였습니다.

* 나 중심에서 하나님 중심 신앙으로 전환: 여름 성경학교에서 (1970년 7월)

대학의 여름 방학은 7월 10일경 시작되었습니다. 저는 여름 방학 때는 고향집에 내려가 대학 입시를 준비할 때처럼 용굴산 절터에서 집중적으로 공부할 계획이었습니다. 하지만 서덕근 님은 방학 동안 대전에 머물면서 주간 영어 잡지《TIME》으로 영어 공부할 것을 제안했습니다. 한 일주일쯤《TIME》으로 영어 공부를 하고 나선 서울에서 오신 사라 배리(Sarah Barry) 선교사님의 사도행전 강의 여름 성경학교가 일주일 동안 매일 있었습니다. 강의 전에 각자 기초공부 문제를 풀어야 했고, 그 다음에 강의를 듣고 나서 강의 소감을 써서 다음 강의 시간 후에 발표해야 했습니다. 그러니 일주일 내내 온종일 이 성경학교를 위해 시간을 들여야 했습니다. 저는 신앙의 초보자로서 성경학교가 그 정도로 시간을 요구하는지 몰랐습니다. 그래서 저는 시간적 피해의식에 사로잡혀 어느 날 나도 모르게 눈물이 나왔습니다. 그런데 그 눈물과 함께 저의 마음이 영의 세계에 활짝 열렸습니다. 그리고 저는 나를 향한 하나님의 사랑을 체험하고 큰 기쁨을 느꼈습니다. 그것은 저에게 나 중심에서 하나님 중심으로 바뀌는 영적 체험이었습니다.

하나님은 제가 4월 5~6일에 지적으로 예수님을 하나님의 아들로 영접하게 도우셨고 그다음 서울지구 봄 수양회를 통해 감성적으로 하나님 은혜를 체험하여 기쁨을 누리도록 하시고 그다음으로 이 여름 성경학교를 통해 저의 신앙이 나 중심에서 벗어나 하나님 중심이 되도록 하여 하나님 나라의 기쁨을 만끽하도록 도우셨던 것입니다.

* 여름 수양회(1970년 8월 초)

8월 초 서울 숭실대에서 여름 수양회가 열릴 예정이었는데, 여름 성경학교에서 하나님 중심의 신앙을 체험한 저는 기쁨에 차서 동료 학생들을 기쁨으로 여름 수양회에 초대하였습니다. 그래서 대전고등학교 출신 최대영 씨가 참석했습니다. 최대영 씨는 다른 사람들에 대한 따뜻한 마음을 가진 사람입니다. 하나님은 그와 그의 가족을 축복하십니다. 제가 초청하였던 예산여고 출신 간호학과 정구희 씨도 이 수양회에 참석했습니다.

우남식 씨는 예산 이웃 마을인 당진에서 왔습니다. 이분은 1970년 봄, 저와 거의 같은 시기에 우리 학생 교회에 나오기 시작했습니다. 기독교에 대해서 통 몰랐던 그분은 성경공부를 통해 그리스도인이 되었고 하나님 안에서 축복된 삶으로 인하여 기쁨에 넘쳤습니다. 그래서 같은 과 많은 학생들을 성경공부에 초대했습니다. 1970년 여름 수양회 참석자 명단에 보면 그의 학과 동료들인 이한우, 황상도, 박종진 님이 수양회에 참석했습니다.

* 지상 낙원에서 사는 행복을 누리며

1970년 봄 학기는 저에게 축복받은 학기였습니다. 이 학기에 영적인 눈이 한 걸음 한 걸음 열리고 주 예수 안에서 새로운 사람이 되었기 때문입니다. 저는 절 향한 하나님의 크신 사랑 때문에 큰 기쁨을 체험했습니다. 예수 그리스도를 믿는 신앙은 저에게 세상에 대해 완전히 새로운 눈을 주었습니다. 대학 캠퍼스를 중심으로 한 이 세상은 낙원 같았고 캠퍼스를 걷는 것은 낙원에서 산책하는 것 같았습니다. 그리고 아직 예수 그리스도를 믿지 못하는 학생들에게 구원의 복음과 하나님의 축복이 절실히 필요하다는 것을 깨달았습니다. 그래서 저는 1970년 6월경부터 학생들을 우리 교회에 초대하기 시작했습니다. 특히 여름 방학이 끝나자 저는 본격적으로 학생들을 초대했습니다. 먼저 우리 학과 학생들을 초청했습니다. 우리 화학공학과에는 40명의 학생이 있었습니다. 그들 중 약 반 이상이 한 번씩은 우리 교회에 왔었습니다. 저는 예산 촌에서 왔습니다. 그래서 우리 과 학생 외에는 개인적으로 아는 사람이 거의 없었습니다. 그래서 그해의 모든 신입생 명단을 받아 살펴보았습니다. 명단을 통해 간호학과 정구희 씨가 제 고향 예산여고 출신이라는 것을 알게 되었습니다. 저는 용감하게 간호학과 강의실에 들어가 그 정구희 씨를 우리 교회에 초대했습니다. 그러자 이분은 약 일 년 동안 우리 교회를 방문하여 예수님을 믿었습니다.

1970~1971년 겨울 방학이 시작되었을 때 우리는 성경의 첫 번째 책인 창세기를 배웠습니다. 창세기 1장은 하나님께서 모든 피조물과 사람을 창조하시고 창조된 사람과 다른 피조물들을 보시고 "심히 좋았더라"라고 말씀하셨습니다(창세기 1장 31절). 하나님께서 우리 각 사람을 아주 멋지게 창조하셨고 우리를 매우 귀하게 여기시기 때문에 각 사람은 하나님 앞에 절대적으로 좋은 존재 의미와 가치를 갖고 있습니다. 몸을 다쳤다거나 사람 눈에 좀 예쁘지 않게 보이더라도 하나님은 그 사람도 아주 멋지게 창조하셨고 참 아름답다고 보시기 때문에 열등감을 가질 이유가 전혀 없습니다. 저는 오른쪽 다리 환도뼈가 탈골되어 절뚝거려서 콤플렉스를 가졌었습니다. 그러나 창세기 1장 31절 말씀을 통해 하나님이 저를 매우 아름답고 귀하게 여기시는 것을 깨달았습니다. 이 성경 말씀은 저를 열등감에서 해방시켰고 형언할 수 없는 기쁨을 주었습니다. 또 창세기에 나오는 요셉의 이야기는 하나님이 제 인생을 최선의 길로 인도하셨다는 것을 가르쳐 주었습니다. 제가 다리를 다치지 않았다면 초등학교를 2년 더 빨리 마칠 수 있었겠지만 중학교에 가지도 못하고 농사꾼이나 나무꾼으로 일했어야 했을 것입니다. 1960년대에는 한국 인구의 약 90%가 농부였습니다. 가난하고 못 배운 사람에겐 농사꾼이나 나무꾼 외엔 다른 직업을 가질 기회가 거의 없었습니다. 이런 때에 저는 다리를 다쳐 초등학교를 4년간 쉬고 같은 나이 또래들보다 2년 늦게 5학년과 6학년을 다님으로 인해 6학년 때 연소희 선생님을 담임 선생님으로 만날 수 있었습니다. 그리고 이 선생님은 제가 중학교에

갈 수 있게 저를 도우셨습니다. 그리고 예산중학교와 예산농업전문학교 2년을 다닌 뒤 새로 생긴 예산고등학교 3학년으로 편입하여 다니게 되었고 예산고등학교 1회 졸업생이 되었습니다. 예산고등학교 백승탁 교장 선생님은 고등학교 학비를 면제해 주시고 대학의 등록금도 약속해 주셨습니다. 예산고등학교에서 이 약속이 없었다면 감히 대학에 갈 엄두를 못 내었을 것입니다.

저는 무엇보다도 저희 어머니, 형님 그리고 누님들을 통한 하나님의 도움을 잊을 수 없습니다. 저의 가정은 가난했지만, 이분들은 사랑과 헌신으로 저를 키우고 지원했습니다.

하나님께서는 또 박연수, 이재범, 이은춘과 같은 친구들을 통해서도 그들의 우정과 친절로 저를 격려해 주셨습니다. 이수민 선생님과 서덕근 목자님, 조경숙 선교사님을 통해 하나님께선 제가 예수님을 믿도록 구체적으로 도와주셨습니다.

화공과 교수님들, 특히 저의 석사과정 지도교수이셨던 이보성 교수님의 도움과 친절에 감사드립니다. 또한 화학공학과의 동료 학생들에게도 감사드립니다.

하나님은 저를 구원하고 축복하기 위해 이렇게 많은 사람들을 동원하셨습니다. 물론 제가 예수님을 믿고 나자 조금도 걱정하지 않는 초인이 되었다는 것은 아닙니다. 나는 여전히 평범한 사람이었습니다. 때때로 나는 하나님의 보살핌을 믿지 않고 내 미래에 대해 걱정하고 근심하기도 했습니다. 하지만 하나님이 도와주셔서 하나님의 보살핌에 대한 저의 믿음을 새롭게 했기 때문에 다시 큰 기쁨과 확신을 얻고 힘차게 앞으로 나갈 수 있었습니다. 이러한 기쁨은 예수님을 영접하고 신뢰하면 누구나 누릴 수 있습니다. 그러니까 복음은 모든 사람에게 유효한 기쁜 소식입니다.

물론 하나님은 사람마다 그 사람에게 맞게 다르게 도우십니다. 예를 들어, 하나님은 저의 처가 될 에스더가 가난한 가정 사정 때문에 중학교 졸업 후 진학을 하지 못하자 간호보조사로 독일로 보내시고 그곳에서 예수님을 믿도록 인도하셨습니다. 하나님의 도움의 길은 각양각색이지만, 기본 진리는 동일합니다. 하나님은 모든 사람을 아주 잘 창조하셨고 모든 사람을 아주 사랑하십니다. 그리고 하나님은 모든 사람에게 영생과 행복한 삶을 주시고 싶어 하십니다.

* 1971년 여름에 세례(침례)받았습니다

그 당시 우리 대학생 교회 주일예배는 오후 3시에 있었습니다. 그래서 저는 오전엔 저희 대학생 교회 설교자이셨던 서덕근 님을 따라 우리 대학생 교회 근처에 있는 대흥침례교회 주일예배에 참석했습니다. 당시 우리 대학생 교회는 세례를 주지 않았습니다. 그래서 대흥침례교회 안종만 목사님으로부터 침례받기 위한 준비 과정을 1971년 여름에 2~3번 참석했습니다. 이 목사님은 제가 구원받았다는 확신을 갖는 성구가 무엇인지 물었습니다. 그때까지 나는 그에 대해 별생각을 하지 않았었습니다. 저는 우리 대학생 교회에서 성경공부 첫날 성경 구절을 기억하고 안종만 목사님께 "요한복음 1장 1절, 14절, 18절"이라고 대답했습니다. "태초에 말씀이 계시니라 이 말씀이 하나님과 함께 계셨으니 이 말씀은 곧 하나님이시니라", "말씀이 육신이 되어 우리 가운데 거하시매 …", "본래 하나님을 본 사람이 없으되 아버지 품속에 있는 독생하신 하나님이 나타내셨느니라" 이 세 구절은 예수님이 원래 하나님이라고 말합니다. 하나님은 예수라는 사람이 되어 우리에게 하나님을 나타내셨습니다.

이 성구는 이후로 잊을 수 없는 말씀으로 저의 마음에 남았습니다. 그 침례 수업이 끝나고 저는 1971년 7월 25일에 침례를 받았습니다. 목사님은 저를 물에 완전히 담그고 다시 일으키셨습니다. 이 침례는 제가 저의 죄 때문에 예수님과 함께 죽었고 예수님과 함께 부활함을 보여 주는 것입니다.

하나님은 에스더도 1974년 1월 5일에 독일 비텐의 침례교회에서 아이켈 목사님으로부터 다른 18명의 간호원 선교사님들과 함께 침례를 받도록 인도하셨습니다. 이는 하나님께서 저희 둘을 부부로 만세 전에 정하시고 우리가 한마음으로 주를 섬기고 복음을 전하도록 예정하신 하나의 증거입니다.

4. 행복하고 축복된 대학 시절(대학 2학년부터 졸업 때까지)

* 충남대학교 요회

당시 대전에는 침례신학대학과 일반 대학으로 충남대학교와 대전대학(현재 한남대학교) 두 대학이 있었고 3년제였던 대전간호학교가 있었습니다. 1970~1971년 가을 학기 초에 서덕근 님은 대학생들 자체 모임으로 충남대학교 요회와 대전대학(현 한남대학교) 요회 그리고 간호학교 요회를 만들어 요회를 인도하는 책임자로 학생들 중에서 요회 목자와 동역자를 세웠습니다. 그래서 저는 충남대 요회 목자로 임명되었습니다.

1971년 3월에 2학년 새 학기가 시작되자 저는 학생들을 적극적으로 성경공부와 주일집회에 초대하기 시작했습니다.

대전대 학생 서혜민 씨가 호수돈여고 동창생인 충남대 법대생 윤영기 씨를 이야기해서 저는 윤영기 씨의 강의실에 가서 그분을 성경공부에 초대했습니다. 그러나 돌아온 대답은 다른 계획 때문에 시간이 없다는 것이었습니다. 당시 대구의 정도열(정 갈렙) 님이 우리 교회에서 인턴십으로 머물고 계셨습니다. 저는 이분과 함께 윤영기 씨를 다시 만났습니다. 정도열 님은 윤영기 씨에게 이렇게 말했습니다.

"사람은 모두가 성공적인 삶을 살기 원하지만, 바른 우선순위 없이 시간을 쓰기 때문에 원하는 성공을 거두지 못하지요. 성공적인 삶을 살고 싶다면 바른 우선순위에 따라 살아야 합니다."

이분의 조언은 윤영기 씨에게 통찰력을 주었습니다. 그래서 윤영기 씨는 기꺼이 우리 교회에 나와 정도열 님으로부터 창세기를 배웠습니다. 그리하여 하나님의 사랑과 큰 기쁨을 체험한 윤영기 씨는 손장원, 박성자, 최석희 등의 친구들을 우리 교회에 초대했습니다.

저와 우남식은 예산과 당진 촌 출신입니다. 우리의 언어와 행동은 촌티를 보여 주었겠지만 스스로는 이것을 깨닫지 못하였습니다. 윤영기, 손장원, 박성자 님은 대전 출신입니다. 그들은 우리의 시골뜨기 행동에 대해 서로 이야기하고 웃었습니다. 이것을 후에 박성자 씨가 우리에게 말해서 알았습니다.

  대학 2학년 때 저는 일요일 아침에 한두 번 손장원 씨와 그의 어머니가 다니는 교회 예배에 참석했는데 누군가 제가 이해하지 못하는 말로 기도하였습니다. 손장원 씨가 그 사람이 방언으로 기도했다고 설명했습니다. 그 당시 나는 방언기도에 대해 통 몰랐습니다.

  손장원 씨의 어머니는 믿음이 견고하셨습니다. 그리고 넓은 마음을 가지셨고 친절하셨습니다. 손장원 씨의 아버지는 은행 지점장이셨습니다. 하나님은 손장원 씨의 어머니의 믿음과 기도를 축복하셨습니다. 그리하여 자녀들이 어려서부터 믿음으로 자라고 후에 남편도 예수님을 믿으셨습니다. 손장원 씨의 오빠 손장권 씨는 고려대학교에서 공부하고 그곳에서 사회학 교수로 근무하였습니다. 결혼 직후 그의 부인은 서울 외교부 여권과에서 근무했습니다. 1977년 말에 제가 독일에 오기 위해 여권을 신청할 때 부인께서 저를 도와주셔서 여권을 빨리 받을 수 있었습니다. 그분의 친절한 도움에 감사드립니다. 하나님께선 손장원 씨의 어머니를 통해 축복의 역사를 시작하셨고, 손장원 씨를 통해 축복의 역사를 계속하고 있습니다.

  박성자 씨는 집안의 장녀였습니다. 장녀답게 그분은 다른 사람을 잘 품어 주어 함께 선교를 위해 일하도록 했습니다. 그리고 대학을 졸업하고 임열수 씨와 결혼하고 헌신적으로 대학생 교회를 위해 봉사했습니다. 후에 남편과 함께 미국의 신학대학에서 공부한 후 서울에서 남편과 교회를 개척해 협동 목사로 일하였습니다. 그녀의 남편 임열수 씨는 복음 신학 대학원 대학교의 총장으로 수고했었습니다.

최석희 씨는 충남대학교에 저와 같은 해에 입학해 경영학을 전공했습니다. 이분은 매우 겸손한 분입니다. 이분은 같은 과 후배 김명자, 김현숙 등 여러 학생들을 도왔습니다. 졸업 후 서울 외환은행 본점에서 근무했습니다.

안은경 씨는 다른 사람의 감정을 잘 이해했기 때문에 감정 상하지 않게 다른 사람을 잘 돕는 분입니다. 그리고 이분은 아주 충성스러운 분입니다. 우리 대학생 교회에 오시던 날부터 충성스럽게 교회를 섬겼습니다. 안은경 님은 철학교수이신 김병우 교수님도 초청해서 일대일로 창세기 성경공부를 가르쳐 주었습니다. 졸업 후 금산중학교에서 영어 교사로 잠시 일하다 1977년부터 저희 대학생 교회에 자원해서 아주 적은 보수에도 full time으로 일하였습니다. 그리고 후에 우남식 님과 결혼했습니다. 그리고 우남식 님을 잘 내조해 인천 대학마을교회를 개척하고 섬겼습니다.

저와 거의 비슷한 시기에 대학생 교회에 나온 우남식 씨는 과 1년 후배인 김용대 씨를 성경공부에 초대하여 도왔습니다. 김용대 씨는 대전고등학교를 나와 해군사관학교에 입학하였다가 모종의 이유로 사관학교를 중퇴하고 충남대학교 공업교육학과에 입학한 재능 있는 학생이었습니다. 이분은 다른 사람들에 대한 이해심이 넓으신 분입니다. 그래서 모두가 이분을 좋아했습니다. 한정희 씨도 그를 좋아하고 후에 결혼했습니다. 김용대 씨는 고등학교 교장을 지내고 은퇴하셨습니다. 이분은 대전 열방선교교회의 두 장로 중 한 분이십니다.

그분의 아내 한정희 씨는 사람들의 감정을 잘 이해하고 도와주는 분입니다. 그리고 대전 열방선교교회 권사님으로 교회를 충성스럽게 섬기십니다.

* 충남대학교 의대-농대-법경대 학생 요회

1971~1972년 가을 학기 초에 서덕근 님은 충남대학교 요회를 두 요회로 나눠 공대-문리대 목자로 우남식 씨를 세우시고 의대-농대-법경대 목자로 저를 세우셨습니다. 이렇게 충남대에 두 요회가 생긴 것은 물론 충남대 학생들이 많이 나왔기 때문이기도 하지만 다음과 같은 에피소드도 한 역할을 했습니다.

1971년 봄, 저는 농학과에 다니는 임인섭[4]이라는 신입생을 성경공부에 초청했습니다. 임인섭 님은 당시 아직 예수님을 믿지 않았습니다. 성경공부를 위해 저희 교회에 올 때 이분은 성경공부 한다는 것을 다른 학생들이 알지 못하도록 성경을 신문지로 싸서 들고 왔습니다. 한번은 제가 강의 쉬는 시간에 강의실로 찾아가 그분과 합심기도를 했습니다. 그분은 당시 동료 학생들에 대해 매우 부끄러웠다고 후에 제게 말했습니다. 그러나 그분이 예수님을 영접하고 믿음과 용기가 생겨 저를 이어 요회목자가 되고 적극적인 전도자가 되어 농대와 법대와 의대 학생들인 김주연, 윤기상, 양명숙, 유순옥 님 등을 도와주어 믿음으로 인도하고 제자로 살도록 도와주었습니다.

---

4. 임인섭, 《화장실에서 부르는 노래》, 코람데오, 2000, 198-202쪽 참조

우리 대학교회가 1970년 가을 처음 요회 모임을 시작했었을 때 저는 전 충남대학교 학생 요회 인도자인 요회목자로 임명받았고 친구 우남식 씨는 세계선교 사업부장으로 임명받았습니다. 그런데 1971년 가을 학기 초 어느 날 우남식 씨와 저는 우연히 우리 공과대학 복도에서 만났습니다. 우남식 씨는 그가 성경을 가르치던 김용대 씨를 충남대 요회목자로 세우자고 제안했고 저는 제가 성경을 가르치던 임인섭 씨를 요회목자로 세우자고 대답했습니다. 우리가 합의를 못 하고 합심기도 할 때 우남식 씨는 김용대 씨를 요회목자로 세워 달라고 기도하였고 저는 임인섭 씨를 세워 달라고 기도했습니다.

그런데 그 이야기가 어떻게 서덕근 님에게 들어갔는지 서덕근 님은 1971년 충남대 요회를 가을 학기부터 둘로 나눠 충남대학교 공대-문리대 요회는 우남식 목자님에게 요회목자를 그리고 손장원 씨에게 요회동역자 직분을 맡기고, 농대-법대-의대는 제게 요회목자를 그리고 최석희 씨를 요회동역자로 맡기셨습니다. 그리고 후에 김용대(현 대전 열방선교교회 장로) 씨와 임인섭 씨는 각각 요회의 요회목자가 되었습니다. 이 일을 통해 제가 얼마나 미성숙한 신자인지를 깨달았습니다. 그러나 하나님은 저의 미성숙을 쓰셔서 최선으로 바꾸어 역사하셨습니다. 하나님은 저의 미성숙한 신앙을 이용해 충남대에 두 요회가 탄생하도록 하여 더 많은 충남대학교 학생들을 구원하는 데 쓰셨습니다.

그 후 임인섭 씨는 대학을 졸업하고 군에 입대하였습니다.

그런데 두세 달 후 고속도로 휴게소에서 저는 이분을 만났는데 그는 건강 검진 과정에서 의외로 병역 면제를 받았다고 말했습니다. 그리고 그의 고향 교회분이 그에게 목사가 되기 위해 신학을 공부하도록 권했다 합니다. 그래서 그는 이미 서울에 있는 총회신학교에 입학해 신학생이 되어 있었습니다.

　신학을 공부한 후 임인섭 님은 서울 목동과 일산과 파주에 세운 세 충만한교회에서 사역하고 계십니다(현 목동, 일산 그리고 파주 충만한교회 담임 목사 임다윗). 그리고 세계 각처에서 선교하시는 선교사님들을 적극적으로 지원하고 계십니다.

　제가 직접 성경공부를 도와드린 분 중에 의대생 김혜순 씨가 있습니다. 그런데 저는 이분에게 성경을 잘 못 가르쳤지만 이분은 인내심을 갖고 배웠고 후에 유능한 의사가 되어 서울에서 혜성내과의원으로 개업하여 많은 환자들을 도왔습니다.

　저는 대학 4학년 때 군대 복학생인 한명희 님을 성경공부에 초청했습니다. 이분은 저보다 3년 전에 화학공학과에 입학하셔서 공부하다가 군에 입대하여 복무한 후 제대하여 다시 복학한 분입니다. 이분은 겸손히 저의 초청을 받아들여 성경공부를 통해 신자가 되었습니다. 나중에 이분은 독일에서 간호사 선교사로 일하셨던 김영서 님과 결혼하시고 부부가 선교사로 미국 시카고로 가셨습니다.

* **감사한 선배들**

　저는 이 대학생 교회에 계셨던 선배님들에 대해서도 감사한 일이 많습니다. 먼저 허선일 님께 감사드립니다. 이분은 저보다 5~6년 일찍 충남대학교 화학공학과에 입학하셨지만 3년 후 군 복무를 하고 1970년 다시 복학하셨던 분입니다. 그분은 다정한 친구처럼 친절했습니다. 이분은 제게 《일용할 양식》 책자도 주시고 여러모로 도와주셨습니다. 이 분은 다른 사람들이 그의 도움을 거의 알아차리지 못하도록 뒤에서 조용히 도와주셨습니다. 그래서 많은 분들이 그분께 감사하고 있습니다.

박희영 님은 저보다 2년 선배로 충남대학교 의대생이었습니다. 저는 여전히 그의 친절하고 웃음을 머금은 얼굴을 기억합니다.

임열수 님은 대전대학 영문과 학생이었습니다. 그는 학업과 주님 일을 위해 잠을 적게 자고 헌신적으로 일하셨기에 종종 코피를 흘리셨습니다. 졸업 후 대전의 한 중학교에서 영어 교사로 일했습니다. 그리고 우리 교회의 박성자 씨와 결혼하여 첫아이로 귀여운 딸을 낳았습니다.
1976년 개혁운동이 일어나자 이분은 학생 선교를 위해 헌신한 것에 대한 피해의식으로 얼마간 고생하셨습니다. 그러던 중 근무하던 중학교의 이사장이요 목사이셨던 김신옥 목사님이 이분의 믿음과 재능을 알아보시고 임열수 님을 미국에 보내 신학 박사 학위를 받도록 도왔습니다. 유학 후 이분은 복음신학대학의 설립 총장으로 또 서울의 한 복음교회 목사로 일하셨습니다. 이분의 경우를 보더라도 주님과 하나님 교회를 위한 헌신은 헛되지 않음을 보여 줍니다.

이기향 님은 당시 대전간호학교에 다녔습니다. 저희 어머니가 제게 필요한 쌀과 반찬거리를 가져다주시기 위해 대전에 오셨을 때 이기향 님은 어머니를 우리 교회에 모셔서 예수 그리스도를 믿으시도록 준비시켜 주셨습니다. 이기향 님께 감사합니다.
학업을 마친 이기향 님은 간호사 선교사로 독일로 가셨습니다. 그 후 서울의 종로 학생 교회 출신 이강복 님과 결혼하셨고, 독일선교 지부장으로 독일에 파송받으신 이강복 님과 협력하여 서독 선교를 위해 헌신하였습니다.

저희 어머니는 1979년 1월 31일에 돌아가셨는데 그 전에 셋째 누님께서 어머니를 도와 신앙을 갖게 되셨고 하늘나라가 열린 것을 보시고 하늘나라에 가셨습니다.

* 교회 내의 대학 친구들

대전대학(현 한남대학교) 물리학과 신입생 김영환 님은 캠퍼스 체육대회가 끝난 1970년 어느 봄날 동료들과 함께 저희 모임에 왔습니다. 그 당시 이분은 기독교인이 아니었지만, 성경공부를 통해 신앙을 갖게 되었습니다. 졸업 후 저의 모교인 예산고등학교에서 얼마 동안 교사로 근무하고, 그 후 대전에 있는 고등학교에서 근무하였습니다. 이분은 교회에 오던 첫날부터 오늘까지 주님과 교회, 부모 그리고 학생 가르치는 일에 충실했습니다. 그의 부인이신 임보영 님도 변함없이 충성스럽게 주님과 교회와 가정과 주위 사람들을 섬겼습니다. 이 부부는 변함없이 서로를 사랑하며 서로를 매우 존경합니다. 제가 대전교회를 방문하였을 때마다 이 가정에서 식사와 침실 제공 등의 섬김을 많이 받았습니다. 저는 이 부부가 양가의 부모님들을 마음으로 공경하며 잘 섬기시는 것을 보고 은혜를 받았습니다. 또 이 부부의 세 자녀들도 부모님을 잘 공경하며 사랑하는 것을 보고 감동을 받았습니다.

* 대전 대학생 교회의 시작

여기서 제가 예수님을 만나 신앙생활을 시작했던 곳 대전 대학생 교회 시작을 간단히 소개합니다.

대전에 있는 우리 대학생 교회의 초기의 명칭은 기독대학생센터(Christian Student Center)였습니다. 그 후 대학생 성경읽기(University Bible Fellowship)로 바뀌었다가 개혁 후 2003년에 국제 대학생 선교회(Campus Mission International) 산하의 "열방선교교회"로 바뀌었습니다.

미국 장로교 선교사로 1950년대 중반에 사라 배리(Sarah Barry, 1930년생) 선교사와 멀리센트 허니커트(Melicent Huneycutt) 선교사가 한국에 파송되어 왔습니다. 사라 배리 선교사님은 1961년 4월에 광주에서 대학생 선교를 위한 CSC(Christian Student Center) 역사를 시작했고, 멀리센트 허니커트(1926~2020, Vergeer 씨와 60세에 결혼) 선교사님은 1962년 11월에 대전에서 그해 6월에 이미 시작한 대전대학(현 한남대학교) 신입생 7명의 모임과 합하여 대전 CSC 역사를 시작했습니다.

멀리센트 허니커트(Melicent Huneycutt) 님은 한미성이란 한국 이름을 가진 시인이자 선교사였습니다. 이분은 서정주 시인과 친하였고 1962년 서정주 시인의 시집 《신라초》를 영어로 번역하여 출판하기도 하였습니다.

대전 CSC 모임의 초창기 7명 중 한 분이신 김정일 씨는 후에 명륜 CMI 교회의 담임 목사로 사역하며 국제 신학 대학원 대학교 총장으로 활동했습니다.

대전 CSC는 이처럼 대전대학(현 한남대학교)에서 출발하였습니다. 1980~2000년 초반까지 대전 CMI의 책임사역자이셨던 홍덕순 님과 한남대 이수민 교수님, 복음신학대학교 임열수 총장님도 대전대학 출신으로 우리 대전 대학생 교회에서 헌신하셨던 분들입니다. 1970년에 김영환, 이광복, 김은옥, 서혜민, 우영수 대전대학 신입생들이 많이 와서 성경을 공부했고 저의 일 년 후배인 이일영, 한정희 등 많은 분들도 이 대학 출신입니다.

대전간호학교에서도 많은 분들이 와서 성경을 공부했습니다. 저희 같은 학년으로는 양신영(2학년 때 미국으로 이민), 허유강, 김영숙 그리고 1년 후에 입학한 임보영, 신영묘, 이만우 등 많은 분들이 성경공부 하고 예수님을 영접하고 주께 헌신했습니다.

여섯 번째 이야기: 대학 연구 조교 시절

"이르시되 추수할 것은 많되 일꾼이 적으니
그러므로 추수하는 주인에게 청하여
추수할 일군들을 보내어 주소서 하라"

(누가복음 10장 2절)

1. 연구 조교 생활

연구 조교 신분증
1974년 3월부터 1977년 2월 말까지 근무했습니다.

저는 1974년 2월 충남대학교를 2등으로 졸업했습니다. 저는 1973년 12월 서울에 있던 과학원 석사과정 입학시험을 봤는데 실패했습니다. 나중에 깨달은 것이었지만 하나님께선 제가 후에 에스더 선교사와 결혼하여 독일 선교사로 쓰임받도록 우선 대전에 머물기를 원하셨습니다.

과학원 시험에 떨어진 저는 충남대학교 대학원 화공과 석사과정을 같은 과 졸업생 김환영, 심준택 씨와 함께 들어갔습니다. 그리고 화공과 연구 조교로 1974년 3월부터 1977년 2월까지 2만 원의 월급을 받으며 근무하였습니다. 석사과정 등록금은 면제받았습니다. 우리 과에는 과 선배이신 주혁종 님이 정식 조교로 근무하고 계셨습니다. 당시 정식 조교는 7만 원 정도의 월급을 받았던 시대였습니다. 동기생인 김환영 씨는 맹기석 교수님을 지도교수로 택하고 공업교육과 연구 조교로 근무하고 심준택 씨는 섬유공학과에서 근무했습니다. 대학원 과정을 마친 김환영 씨는 한국원자력연구소에서 책임연구원으로 근무하였습니다. 그는 재능 있는 훌륭한 연구원이자 아주 친절한 분입니다. 나는 그가 화내는 것을 본 적이 없습니다. 심준택 씨는 다른 사람들을 즐겁게 해 주면서 대화를 나누는 은사가 있으며 사업가로서의 재능을 가진 분입니다.

제 지도교수이셨던 이보성 교수님은 열렬한 연구파였습니다. 독일 카를스루에대학에서 박사 학위를 위해 밤낮으로 연구실에서 연구하셨습니다.

제가 대학 2학년이었던 때 이보성 교수님은 우리에게 열역학을 가르쳤습니다. 열역학이라는 단어는 그리스어 열(thermós)과 힘(dýnamis)에서 유래했습니다.

열역학의 첫 번째 법칙을 에너지 보존 법칙이라고 합니다. 에너지가 한 형태에서 다른 형태로 전환될 수는 있지만, 손실이나 더할 수는 없다는 것입니다. 쉽게 말하면 "아무것도 없이는 아무것도 생길 수 없다."라는 것입니다. 따라서 존재하는 모든 것, 우주이든 생명이든 모든 것들은 "무"에서 생길 수 없다는 것입니다. 그러므로 모든 것이 있으려면 첫 번째 원인이 있어야 합니다. 그러므로 초월적인 하나님에 의해서 세계가 "창조"되어야 합니다. 오직 "창조주 하나님"만이 열역학 제일 법칙을 초월해서 무에서 유를 창조하실 수 있습니다.

열역학의 두 번째 법칙은 모든 시스템은 외부의 영향이 없이는 시간의 흐름에 따라 무질서한 방향으로 간다는 것입니다. 이 유명한 법칙은 "엔트로피 법칙"이라고도 합니다. 여기서 엔트로피는 시스템의 무질서 정도를 의미합니다. 시스템의 무질서가 클수록 엔트로피가 높아집니다. 엔트로피의 법칙은 하나님의 개입이 없이는 우주 전체가 불가역적으로 무질서한 상태로 향하고 있다고 말합니다.

열역학 법칙에 따르면 단순히 생명이 없는 상태에서 질서 있는 생명체가 생겨난다는 것은 불가능한 것입니다.

저는 이 수업을 통해 교수님께서 진리를 찾고 있다는 것을 느꼈습니다. 제가 가끔 전도하면 교수님은 아직은 연구에 힘쓸 때이고 퇴직하면 그때 가서 믿어도 된다고 말씀하셨습니다. 가톨릭 수녀 한 분이 이 교수님을 꾸준히 전도해 교수직 퇴임 후 가톨릭 신자가 되셨습니다.

저의 책상은 교수님들 방 한쪽에 놓여 있었습니다. 그리고 화학공학과 실험실은 강의실이 있는 본관에서 약 40m 떨어져 있는 별채였습니다. 저는 한편으로 학생들의 실험을 지도하고 다른 한편으로 학과의 행정 업무를 처리했습니다.

일 년 후쯤 이보성 교수님께선 저를 위해 실험실 복도 마지막 부분을 벽으로 막아 작은 방을 만들어 주셔서 대학원 2학년 때부터 저는 그곳에서 잤습니다. 별채인 실험실에 샤워실도 있었고 실험용 가열기로 먹을 것을 요리할 수도 있었습니다.

1974년에 당시 박희범 총장님과 몇 명의 연구 조교들과 만남이 있었습니다. 이분은 이전에 서울대학교 경제학과 교수로 재직했던 분으로 박정희 대통령 밑에서 1968년 교육부 차관으로 재직하신 후 경제 문제에 대한 대통령 고문을 역임했었습니다. 그리고 1973년 2월 박정희 대통령에 의해 충남대 총장으로 임명되어 1977년 2월까지 재직했습니다. 연구 조교를 고용한 아이디어는 이분에게서 나온 것 같습니다. 문화동에 있던 충남대학교를 유성으로 옮기도록 결정되게 수고한 것도 이분이라고 생각합니다.

연구 조교와의 만남에서 이 총장님은 다음과 같이 말했습니다.
"막스 베버(Max Weber)는 그의 저서 《프로테스탄트 윤리와 자본주의 정신(Die Protestantische Ethik und der Geist des Kapitalismus)》에서 개신교도들이 서구 국가 경제 발전의 원인이라고 설명했습니다. 개신교들은 칼빈의 가르침에 따라 열심히 일하여 부를 창출하고 검소하게 살았습니다. 이렇게 절약하여 모아진 돈은 경제 발전을 위한 자본이 되었습니다. 개신교들이 아니고 경제가 부흥한 유일한 예외는 일본입니다. 한국도 근면하고 절약하는 정신만 있으면 부자 나라가 될 수 있습니다."
이 총장님의 이야기를 통해 저는 하나님이 국가 부의 진정한 원인이라는 것을 다시 한번 깨달았습니다.

저는 1976년 8월에 "참나무의 탄소화"라는 주제로 석사 학위를 받았습니다.

2. 사람들 행복을 위한 생활

저는 충남대학교 화공과에서 연구 조교로 근무하면서 저희 대학생 교회 사역에 계속 동참할 수 있었습니다. 우남식, 김영환 등 다른 남자 졸업생들은 입대하여 2년 반 동안 군 복무를 해야 했습니다. 자매 졸업생인 손장원 씨는 한국어 교사로 근무했고 최석희 씨는 외환은행원으로 서울에서 근무했습니다. 1년 후배 안은경 씨와 윤영기 씨는 각각 중고등 학교 교사로 근무했습니다. 저의 선배 임열수 씨는 영어 교사였는데 저의 일 년 후배인 박성자 씨와 결혼했습니다.

조준찬 님은 의예과생이던 1975년 봄에 우리 교회 근처인 대흥동에 있는 작은 방에서 몇 달 동안 저와 같이 자취 생활을 했습니다. 그것이 제가 한국에서 셋방을 얻어 생활한 유일무이한 경우였습니다. 이분은 대학을 졸업한 후 대구에서 내과 의사가 되어 개업하셨습니다. 그리고 4대째 믿는 가정 출신의 부인과 결혼하여 교회 장로로서 하나님께 충성하십니다.

저녁에 저는 교회 기도 모임에 참석하든가 일대일 성경공부로 다른 사람을 도왔습니다. 이일주 씨와 강영숙 씨는 공주 간호학교를 나온 분들로 선교사 훈련을 받기 위해 공주에서 일부러 오셨습니다. 약 두 달 동안 이일주 후보는 저한테서 강영숙 후보는 손장원 님한테서 성경을 일대일로 배웠습니다. 그 후 두 사람은 서울 종로 본부에서 얼마간 선교사 훈련을 받고 간호사 선교사로 독일로 파견되었습니다.

이동주 씨는 이일주 선교후보의 사촌입니다. 이일주 후보를 만나러 교회에 왔다가 성경공부 하고 예수님을 믿고 변화되어 금요회를 섬김으로 주님께 헌신하고 후에 대전간호학교 출신 김숙 씨와 결혼하고 미국 선교사로 파송받았습니다.

1976년 6월경에 전국 UBF 내에 문제가 있었습니다. 이창우 님이 (미국으로 이주하신 후 성함이 Samuel C. Lee로 바뀝니다) 당시 전국 UBF의 사무총장이셨습니다. 이분은 UBF의 창시자는 아니었지만 UBF가 전국적으로 성장하고 서독과 미국으로 선교사를 파송하는 데 크게 지도력을 발휘하신 분입니다.

1974년과 1975년에 서독 간호사 선교사들 주최로 스위스 제비스에서 열렸던 서독 수양회와 1975년 독일 프랑크푸르트 수양회에 독일 간호사들과 한국 간호사들을 많이 동참시켜 성공적으로 마쳤습니다. 그 후 1975년의 미국 나이아가라 학생 수양회도 성공적으로 끝나자 이창우 님께서 마음이 좀 높아지셔서 한국 내 시니어 사역자들이었던 서울지구 대학교회 사역자들에게 좀 심한 육체적 훈련을 주었습니다. 그래서 1976년 6월경 4명의 시니어 대학교회 사역자가 이를 시정할 것을 요구했고, 이창우 님이 이를 거절하자 그들은 자신들이 사역하던 한양대, 연세대, 고려대 그리고 전주의 대학교회들을 UBF에서 분리해서 그 이름을 ESF(Evangelical Student Fellowship)라고 명했습니다.

저는 이 사건을 통해 하나님 말씀의 가르침에 따라 교회를 처치하지 않고 인간 본성에 따라 교회를 치리한다면 분산된 의사결정 구조나 중앙 집중적 의사결정 구조 모두 문제가 생긴다는 것을 깨닫게 되었습니다. 그러므로 가톨릭교회의 중앙집권적 통치제도가 더 나은지 개신교적 분산 통치제도가 더 나은지 간단하게 말할 수 없습니다. 그러므로 우리는 신중하게 하나님의 뜻을 잘 살피고 바른길을 따르는 것이 필요합니다. 이를 위해서는 열린 마음과 다른 사람들의 의견과 감정을 이해하되 성경의 진리에 기초해서 하나님이 주시는 지혜로 모임을 인도하는 것이 필요합니다. 저는 이 사건을 통해 어느 사람이 아니라 하나님만이 우리 교회의 진정한 지도자라는 것을 깊이 깨닫게 되었습니다.

사람들이 잘못된 결정을 하고 잘못된 행동을 해도 이 가운데서도 하나님은 자기 뜻을 행하십니다. 물론 사람들의 거짓이나 잘못에 대해 하나님이 책임진다는 말은 아닙니다. 사람은 실수와 잘못을 저지르지만, 하나님은 실수도 잘못도 저지르지 않으시고 가장 선한 길로 모든 것을 인도하여 모든 일이 합력하여 선을 이루게 하십니다. 그러므로 우리는 우리의 잘못을 인정하고 하나님의 용서를 받아들이고 다른 사람을 용서해야 합니다. 과거의 잘못에 대해 회개했으면 하나님이 용서하셨으니 미래를 향해 긍정적으로 나아가야 합니다.

서독의 선교사님들은 한국에서의 문제로 불안해했습니다. 그래서 이창우 님은 서덕근 님을 서독에 보내어 선교사님들을 안심시키려 하셨습니다. 서덕근 님은 1976년 말 독일 영사관에 3개월간 여행비자를 신청하고 자신의 서독 여행 기간 동안 제가 대전교회의 설교를 맡고 교회를 돕도록 말씀하셨습니다. 그 당시 저는 화공과 연구 조교로서 대학의 직원이었으므로 화학공학과 과장이셨던 임홍빈 교수님께 저의 사정을 설명해 드리고 약 3개월 동안 교회를 위해 일할 수 있도록 해 달라고 양해를 구했습니다. 그러자 교수님은 기꺼이 양해해 주셨습니다. 그리하여 1976년 12월부터 1977년 2월까지 3개월 동안 화공과 연구 조교였지만 우리 교회에서 전임으로 일할 수 있었습니다.

그런데 서덕근 님은 비자를 못 받으셔서 서독에 못 가시게 되셨습니다. 그리고 제게 학생회 리더들과 일대일 성경공부를 통해 학생회를 돕는 일을 맡기셨습니다. 그리고 서덕근 님은 주로 직장 근무하는 분들을 도우셨습니다.

서덕근 님은 자매들 중에서도 전임으로 교회를 도울 분을 구했는데 안은경 님이 자원했습니다. 그리하여 이분은 금산중학교 영어 교사직을 사임하고 1977년부터 전임으로 교회를 섬기기 시작하셨습니다.

당시 저희 대학생 교회에는 약 20명의 학생 리더들이 있었습니다. 저는 그들에게 일대일로 성경을 가르쳤습니다. 그러면 이 학생 리더들은 다른 학생들에게 일대일로 성경을 가르쳤습니다. 저는 성경 말씀과 저와 성경을 공부한 형제자매들의 저에 대한 사랑을 통해 하나님의 사랑을 깊이 체험하고 기쁨이 차고 넘치게 되었습니다. 이 기쁨 때문에 1977년 3월 1일 자로 대학에 연구 조교직 사표를 내고 학생들 성경공부 가르치는 일로 1977년 한 해를 주님께 드리기로 하였습니다. 그리고 저는 충남대뿐만 아니라 한남대, 간호학교, 목원대학에 자주 심방하며 학생 리더들을 격려하였습니다.

저와 일대일 성경공부 하신 분들은 한남대 학생으로 이수철, 그의 남동생 이수영, 박주훈, 정숙희 등과, 대전간호학교의 류경순, 이복순(미국 시애틀의 배 에스더), 목원대학의 김정희(현재 독일 다름슈타트의 황마리아), 충남대학의 이동주(시애틀 이 여호수아), 구기욱(구정원 님의 남동생), 한성수(캐나다 한 마태), 김명자(캐나다의 한 한나), 홍명희 등입니다. 이분들은 후에 세계 각지에 흩어져 복음을 전파하고 하나님 말씀을 가르침으로 하늘의 복을 나눠 주는 분들이 되었습니다.

일곱 번째 이야기: 에스더와 결혼하고 독일로

"아담이 가로되 이는 내 뼈 중의 뼈요 살 중의 살이라
이것을 남자에게서 취하였은즉 여자라 칭하리라
이러므로 남자가 부모를 떠나 그의 아내와 연합하여
둘이 한 몸을 이룰찌로다"

(창세기 2장 23~24절)

"세번째 가라사대 요한의 아들 시몬아 네가 나를 사랑하느냐 하시니
주께서 세번째 네가 나를 사랑하느냐 하시므로
베드로가 근심하여 가로되 주여 모든 것을 아시오매
내가 주를 사랑하는 줄을 주께서 아시나이다
예수께서 가라사대 내 양을 먹이라"

(요한복음 21장 17절)

1. 우리의 결혼

1977년 초여름 어느 날, 서덕근 님과 김영환 님이 누군가의 결혼에

대해 이야기하는 것을 언뜻 들었습니다. 그래서 아마 김영환 님이나 누군가의 결혼에 관해 이야기하고 있는가 보다 하고 별 관심을 두지 않았습니다. 당시 저는 학생들과 성경공부 하는 가운데 은혜를 충만히 받아 결혼 등엔 별 신경을 쓰지 않고 있었습니다. 그런데 두 분이 상의한 것은 저와 서독 백길례(결혼 후 이름을 에스더로 바꿔 최 에스더가 됨) 선교사와의 결혼에 대한 상의였습니다. 저의 석사과정 지도교수님은 독일 카를수르에 대학에서 박사 학위를 하신 분이었기에 저는 독일 유학을 계획하였지만, 구체적인 길이 안 열렸었습니다. 그런데 하나님께서 저의 유학생 선교사의 길을 백길례 님과의 결혼을 통해 정확하게 하나님 때에 열고 계셨습니다. 우리 교회에서 서독에 파송하였던 이기향 선교사님이 우리 학생 교회 책임자이셨던 서덕근 님께 편지를 보내 저와 1970년부터 독일에서 간호보조사로 근무하고 있는 백길례 님이 결혼하고 제가 독일에 오는 것을 제안하신 것이었습니다. 서덕근 님은 이를 김영환 님과 먼저 상의하시고 나서 제게 이 결혼을 제안하셨습니다. 저는 즉각 좋다고 하고 백길례 선교사에게 결혼 의사를 묻는 편지를 보냈습니다. 사실 저는 1975년부터 백길례 선교사와 선교를 격려하는 차원에서 몇 차례 편지 교환을 하였었습니다. 그래서 저는 백길례 선교사가 예수님을 사랑하고 선교 사명이 투철하다는 것을 알았고 또 백길례 선교사가 중학교 졸업자라는 것도 알고 있었습니다.

저는 결혼 제안을 받고 제가 오른쪽 다리를 다쳤고 귀가 약간 잘 안 들린다고 저의 취약점을 솔직하게 쓰며 독일 대학생 선교를 위해 저와 결혼에 동의할 자유의사가 있는지 묻는 편지를 보냈습니다.

한편 백길례 선교사는 이화자 선교사님으로부터 저와의 결혼 제안을 받은 후 일주일간 기도하고 나서 "예, 하나님의 도움으로."라고 결혼 승

낙 편지를 제게 보냈습니다.

　이 결혼 결정 후 우리는 자주 편지를 교환했습니다. 당시 한국과 독일 간 편지는 약 일주일이 걸려 도착했습니다. 저는 낮과 저녁에는 학생 리더들을 일대일로 성경을 열심히 가르쳤고, 늦은 밤에는 대략 3일에 한 통씩 편지를 썼습니다. 또 대략 3일에 한 통씩 백길례 선교사의 편지를 받았습니다. 우리의 사랑은 첫사랑이었는데 결혼 결정 후 편지를 나누면서 우리의 사랑은 급속도로 뜨거워져 갔습니다. 당시 우리가 교환했던 편지들은 저희들의 서신집 《사랑해 뜨겁게 영원히》에 수록되어 있습니다. 이 서간집은 저희가 주님을 사랑하고 또 서로를 사랑한다는 사랑 고백의 기록입니다.

　백길례 선교사는 이기향 님과 함께 도르트문트대학 화학공학과에서 연구하고 계셨던 제 석사과정 지도교수였던 이보성 교수님을 방문하여 저의 약혼자로 자신을 소개하고 독일인 지도교수의 초청장이 필요하다고 설명했습니다. 이보성 교수님은 저의 지도교수로서 "안전공학" 전공이신 쉐커(Schecker) 교수님을 소개해 주셨고 쉐커 교수님은 저를 박사과정 학생으로 초청장을 써 주시기로 약속했습니다. 당시 한국에선 외화를 절약하기 위해 자비 유학생에겐 여권을 내주지 않던 시대였습니다. 그래서 백길례 선교사가 다른 한국 간호사한테 돈을 빌려 쉐커 교수님께 일만 마르크를 맡기고 쉐커 교수님이 제 비행기 삯과 체재 비용을 대 주는 내용으로 초청장을 써 주셔서 이 초청장으로 제가 여권 수속을 할 수 있게 하셨습니다.

　백길례 선교사는 결혼하기 위해 1977년 10월 7일 한국에 도착할 예정이어서 저와 서덕근 님은 김포 공항으로 마중 나갔습니다. 당시 한국의 국제 공항은 김포에 있었습니다. 저는 그녀의 편지를 많이 받았었지만 직접 만나 본 것은 아니었습니다. 그래서 백길례 선교사가 어떻게 생겼는지 호기심으로 1974년도 발간된 서독 간호사 선교사들의 《사람들의 빛》이라는 간증집에 실린 백길례 선교사의 여권 사진을 찾아 보았습니다. 그 사진의 모습은 별로 예쁘게 나와 있지 않았습니다. 그러나 백길례 선교사가 김포 공항 여행자 출구로 나왔을 때 직감적으로 제일 먼저 백길례 선교사를 알아보고 달려갔습니다. 그녀는 정말 예쁘고 우아했습니다. 사진과는 아주아주 달랐습니다.

저는 다른 사람 환영할 때 꽃을 선물하는 것을 몰라 빈손으로 공항에 갔었는데 김 요한 목사님이 빨리 꽃을 구해 선물하라고 하셨습니다. 모르는 분에게 구걸하여 받은 시원찮은 꽃 한 송이를 백길례 선교사에게 주었는데 백길례 선교사는 그 꽃을 좀 부끄럽게 여기는 것 같았습니다.

1977년 10월 7일 우리 첫 사진과 10월 15일 결혼식 사진

우리는 고속버스로 우선 대전교회에 들렀다가 백길례 선교사는 전라남도 장흥 고향집에 내려가 어머니와 가족들을 찾아뵙고 다시 대전으로 올라왔습니다. 그리고 대전 비래리 아파트에 있던 서덕근 님 댁에서 기거했습니다. 그 당시 저는 대전 중구 대흥동에 있는 우리 교회에서 기거하고 있었습니다. 백길례 선교사는 낮에는 서덕근 님과 성경공부를 했습니다. 저는 이전과 같이 학생 리더들에게 성경을 일대일로 가르쳤고 저녁에는 백길례 선교사와 밖으로 나가 식당에서 같이 식사하고 비래리 아파트로 데려다주고 우리 교회로 돌아왔습니다.

어느 날 저녁, 우리는 대전역 근처의 일본식 식당에서 저녁을 먹고 비래리 아파트로 걸어갔습니다. 우리는 비래리 아파트 근처에 있는 서울-부산 고속도로 인터체인지 앞 벤치에 머물렀습니다. 우리는 그곳에 너무 오래 머물렀기 때문에 밤 12시 통행금지 시간이 거의 다 되었습니다. 그래서 백길례 선교사를 아파트로 들여보낸 후 저는 근처 한 여인숙에 가서 하룻밤을 자야 했습니다.

1977년 10월 15일 저희 결혼식 날은 토요일이었습니다. 에스더의 어머니, 오빠, 새언니, 친언니와 친척분들이 결혼식을 위해 먼 전남에서 대전으로 오셨습니다. 제 편에선 어머니, 형님, 형수, 네 누님, 둘째 외숙모와 몇 친지들께서 오셨습니다. 또한 연소희 선생님(초등학교 6학년 담임하셨던 은사)과 임인섭 님(저의 첫 성경공부 제자, 현 파주 충만한교회 담임 목사) 그리고 화학공학과를 대표하여 맹기석 교수님이 참석했습니다. 서울 UBF에서 전요한 목사님(한국 UBF 사무총장), 이 사무엘 목사님(한양 UBF 목사), 이강복(이기향 선교사 남편), 김숙철 선교사(전 서독 UBF 지부장) 등이 참석했습니다. 군에서 얼마 전에 제대한 우남식, 김영환 씨도 물론 결혼식에 참석했습니다. 그리고 고향 친구로 이은춘(현 공주 소 농장주)과 중고교 친구 이덕호 님(예산고 동문, 후 공주대학교 수학과 교수)이 참석했습니다.

서덕근 님이 설교하셨고 유 마리아 님이 축가를 불러 주셨습니다. 우리 부부는 우리에 대한 예수님의 사랑에 정말 감사하여 다른 사람들과 학생들을 예수님께로 인도하고 싶었기 때문에 요한복음 21장 15절을 우리의 결혼 요절로 잡았습니다.

2. 에스더의 신앙 간증
(1990년경에 발표한 독일어 원본을 번역한 것)

I. 예수님 없었던 나의 삶(1948~1974년)

저는 1948년 7월 15일 전남에서 셋째이자 마지막 자녀로 태어났습니다. 저의 아버지는 매우 조용하시고 수입이 없는, 소위 양반이었습니다. 반면에 어머니는 세 자녀를 위해 최선을 다해 매우 적극적으로 열심히 일하는 분이셨습니다. 그러나 저는 어머니보다 아버지를 훨씬 더 좋아했습니다. 제겐 언니와 오빠가 있었지만, 언니는 저보다 17살 위였고 오빠는 저보다 14살이나 나이가 많았기 때문에 저는 외동딸처럼 자랐습니다. 저희 할머니는 제가 사랑스럽고 말을 잘 듣는다고 칭찬하셨습니다.

제가 7살이 되었을 때, 어머니가 매우 아프셔서 제가 어머니를 대신해서 일해야 했습니다. 저는 아침 일찍 밥을 짓고 나서 학교에 갔습니다. 모든 사람들이 저를 안쓰럽게 생각하였고 똑똑한 아이라고 칭찬했습니다.

　중학교가 집에서 약 8km 떨어져 있어서 저는 걸어서 학교에 다녀야 했습니다. 어느 날 부모님이 제때 수업료를 내지 못하여서 저는 수업 시간 중에 학교에서 집으로 보내졌습니다. 이때 저는 학교 친구들 앞에서 매우 창피했습니다. 그래서 집으로 가면서 많이 울었습니다.
　그때까지 저의 세계는 밝은 세상이었습니다. 그러나 이 사건은 저의 가슴에 지울 수 없는 깊은 상처를 남겼습니다. 저는 점점 말없는 아이가 되어 갔습니다. 누가 무엇을 물으면 저의 대답은 "예" 또는 "아니오"가 전부였습니다. 이때부터 저는 "부자는 되지 않을지언정 가난해서 괴로움은 당하지 말자."라는 것을 저의 삶의 좌우명으로 삼았고, 돈 버는 것이 저의 인생의 목적이 되었습니다.

　제가 중학교를 졸업하고 얼마 후 아버지는 병들어 고생하셨지만, 돈이 없어서 병원에 모셔 갈 수 없었습니다. 저는 여러 가지 일들을 하거나 수공예 기술을 배워 아버지와 가족들을 돕기 위해 노력했습니다. 그러던 어느 날 저는 돈을 벌기 위해 간호보조원으로 독일에 가기로 결정하고 간호보조원 양성소에 들어갔습니다. 그리고 그 과정을 마친 후 1970년에 독일에 왔습니다. 저는 그때까지 돈을 벌어서 아픈 아버지와 가족을 도우면 행복할 것이라고 굳게 믿었습니다. 무엇보다도 내 내면의 상처가 치유될 것이라고 믿었습니다.
　그러나 그것은 사실이 아니었습니다. 독일에서의 삶은 저를 행복하게 하지도 만족시키지도 못했습니다. 오히려 이국에서 외로웠고 슬펐습니다. 오늘날 생각해 볼 때 그때의 저의 삶은 삶다운 삶이 아니라 어둠 속에서 절망하며 방황하는 삶이었습니다.

II. 예수님과의 저의 삶 (1974년 이후부터)

1973년에 저는 박옥희 목사님을 방문하였는데, 그분은 제가 독일에 도착한 해부터 제게 UBF에서 나온 《일용할 양식》 성경읽기 보조용 책자를 우편으로 꾸준히 보내 주셨었고 저의 거듭남을 위해 줄기차게 기도하셨습니다.

저는 그분을 통하여 제가 근무하던 비텐(Witten) 바로 옆 도시 보쿰(Bochum)에서 근무하시던 이기향 선교사님을 소개받아 함께 창세기 공부를 시작하였습니다. 저는 창세기 1장 1절과 31절에 나오는 하나님의 말씀에 크게 감동을 받았습니다. "태초에 하나님이 천지를 창조하시니라", "하나님이 그 지으신 모든 것을 보시니 보시기에 심히 좋았더라 …" 하나님께서는 자신의 기쁨을 위해 저를 창조하셨습니다. (우리가 하나님의 기쁨을 위해 살 때만이 우리가 진정으로 행복하게 살 수 있습니다.) 그러나 저는 하나님을 위해 살지 않고, 저 또는 가족을 위해 살았습니다. 이 성경 말씀을 통해 저는 하나님 안에서 나의 참된 존재 의미를 발견하고 뛸 듯이 기뻤습니다.

그 후 창세기 12장 1~2절 말씀을 통하여 하나님께서 저를 통해 다른 사람들에게 하나님의 복을 전달하고자 하시는 뜻을 영접하고 믿음의 첫 걸음을 내디뎠습니다. 그리고 1974년 스위스의 제비스(Sewiss)라는 소도시에서 열린 여름 성경수양회에서 예수님을 개인적으로 만났습니다. 이때 이창우 목자님의 설교 중 요한복음 1장 4절 "그 안에 생명이 있었으니 이 생명은 사람들의 빛이라"라는 말씀을 통해 저는 예수님을 인격적으로 만났습니다. 이제까지 저는 숨을 들이쉬고 내쉴 수는 있었습니다. 그러나 그것은 참된 삶이 될 수 없었습니다. 왜냐하면 예수님 없는 삶은 참된 인생의 의미를 모르는 삶이기 때문입니다. 예수님 없는 저의 삶은 어두웠습니다. 저는 하나님과 멀리 떨어져 살았고, 자기중심적으로 생각하며 돈을 중심으로 죄 가운데서 살았었습니다. 그러나 예수께서는 저에게 주 안에서의 새로운 삶을 주셨고, 저의 어둡던 마음을 아주 밝게 해 주셔서 외국에서 사는 슬픔과 외로움의 고통에서 저를 해방하시고 참 기쁨으로 살게 해 주셨습니다. 제가 예수님을 삶의 구주로 영접하자, 사죄의 은혜를 깊이 체험하였습니다. 이 예수님의 은혜와 사랑에 감격한 저는 평생 예수님을 위해 살고자 방향을 잡았습니다.

1977년 저는 하나님의 인도로 최지성(스데반) 선교사와 결혼을 하였고, 최지성 선교사는 1978년 1월 1일에 우리 선교교회 사상 첫 형제 선교사로 독일에 도착하였습니다. 이로써 저는 독일 대학생 선교라는 구체적인 사명을 받고 이를 위해 기도하게 되었습니다.

이 선교 사명을 잘 감당하기 위해 저는 한국 여권을 반납하고 1983년에 독일 시민권을 받았습니다. 그러나 제 진짜 국적은 한국도 독일도 아니라 천국입니다. 은혜롭고 오래 참으시는 아버지 하나님은 9년 동안 저를 도르트문트 대학생 선교에 써 주셨고, 1987년부터 보쿰 대학생들을 구원하기 위해 저를 쓰고 계십니다. 저는 독일어를 잘 못하고 대학생이 되어 본 적이 없지만, 전능하신 하나님께서는 하나님 구원 역사를 위한 기도의 여종으로 저를 사용하시기를 원하십니다. 하나님께서 저를 도우셔서 제가 하나님께서 주신 사명을 잘 감당할 수 있도록 기도합니다.

"그 안에 생명이 있었으니 이 생명은 사람들의 빛이라"

(요한복음 1장 4절)

3. 제주도 신혼여행

친구 우남식 님이 결혼식 비용과 여비를 교회 차원에서 조달해 주어서 우리는 경비 걱정 없이 결혼식을 올리고 신혼여행을 갈 수 있었습니다. 결혼식 날 저녁 우리는 유성 장병호텔에서 신혼 첫날밤을 지내고 다음 날 주일 우리 교회에서 예배드린 후 기차를 타고 제주도로 신혼여행을 떠났습니다. 우리는 대구의 경북대학교 캠퍼스와 부산의 부산대학교 캠퍼스를 잠깐씩 들러 보고 부산에서 "페리호"를 타고 제주도로 갔습니다. 제주도에 새벽에 도착한 우리는 우선 여관방을 잡고 성경을 읽고 합심기도 했습니다. 그런 다음 한라산을 올랐습니다. 한라산의 높이는 1,947m인데 산 중턱까지 버스를 타고 올라간 다음 걸어서 산봉우리를 향해 갔습니다. 등산할 때에도 저는 여전히 결혼식 정장을 입고 있었습니다. 그러나 에스더는 등산에 맞는 옷을 입고 있었습니다. 정상에는 키가 작은 초목만 있었습니다. 산 정상 가까이에선 우리는 가파른 바윗길을 올라가야 했습니다. 산봉우리에 우리가 도착하여 보니 화산호인 백록담에 물이 말라 있었습니다. 그 주간 하나님은 우리 신혼여행을 위해 좋은 날씨를 주셨습니다. 그래서 한라산 위에서 멀리까지 볼 수 있었습니다. 저는 독일을 향해 "독일은 우리의 빵이다!"라고 소리쳤습니다. 이 말의 뜻은 "우리가 영생의 빵을 독일인에게 나눠 주겠습니다."라는 뜻입니다. 여하튼 우리 둘은 사랑과 기쁨과 비전이 충만했습니다.

왼쪽: 1977. 10. 20. 제주도 한라산 정상에서
오른쪽: 1977. 10. 21. 서귀포 천지연 폭포수 앞에서

한라산을 다녀온 그다음 날 우리는 버스를 타고 서귀포로 가서 천지연 폭포를 구경했습니다. 그 당시 제주도는 별로 발전하지 않았고 관광객도 많지 않았고 비용도 저렴하여 여유롭게 여행할 수 있었습니다.

이 제주도 여행을 마치고 저희는 전남 장흥에 계신 에스더의 가족분들에게 인사드리기 위해 에스더의 고향집을 방문할 계획이었습니다. 하지만 에스더의 오빠께선 친척들과 잔치를 할 수 있도록 나중에 우리가 방문하기를 원했습니다. 그래서 저희는 에스더의 고향 가족들을 방문하지 않았습니다. 그 후에 에스더의 가족분들을 방문하지 않은 것이 저는 두고두고 후회가 됩니다.

저희는 제주도에서 돌아오는 길에 충남 예산군 신례원의 저의 고향집으로 가 저의 어머니와 가족들을 찾아뵈었습니다. 신례원에서 내려 내 생애 처음으로 택시를 타고 저의 생가로 갔습니다. 제가 대학에 가기 전까진 저의 생가엔 방이 셋이었는데 이때엔 대문 바로 옆에 네 번째 방이 있어서 그곳에서 하루를 자게 되었습니다. 집이 두세 채밖에 없는 터진 목에 약 1km 정도 떨어진 다른 마을에서 전선을 끌어오려면 비용이 많이 들어 전기가 아직 들어오지 않았기 때문에 밤에는 기름 등잔불을 켜야 했습니다. 에스더는 제가 아주 오래된 옛날 시대 사람이라고 놀렸습니다. 그 말은 사실입니다. 저는 본디 우리 생가 앞 용굴산의 나무꾼으로 살 자였었기 때문입니다. 그러나 우리 하나님은 저를 가난과 저주에서 건져 내시고 많은 사람들에게 하나님의 축복을 나눠 주는 사람이 되도록 큰 은혜를 베푸셨습니다.

우리는 신례원 생가에서 하룻밤을 잔 후 토요일에 대전으로 돌아왔습니다. 일주일 동안 신혼여행을 한 것입니다. 그리고 우리 신혼부부는 비래리의 서덕근 님 아파트의 한 방에 에스더가 독일로 돌아갈 때까지 머물렀습니다. 그리고 대전시 중구 대흥동 동사무소에 대전시 대흥동 488-17 주소로 결혼 신고를 했습니다. 당시 한국은 결혼신고서를 제출한 날짜를 결혼 날짜로 서류에 기록하기 때문에 우리 결혼식 날은 서류상으로 10월 27일로 되어 있습니다. 에스더는 11월 8일 독일로 출국하였습니다.

4. 여권 신청

저는 백길례 선교사를 독일로 보내고 유학생 신분으로 독일로 가기 위해 여권과 비자를 신청하고자 하였습니다. 저의 지도교수였던 이보성 교수님은 여행사에 맡기면 여권과 비자 신청을 도와준다고 말씀하셨습니다. 그래서 서울에 있는 한 여행사를 찾아갔더니 그곳 여행사분은 독일에서 받은 초청장으로 여권과 입국 비자를 받기 어렵다고 부정적으로 말했습니다. 그래서 저는 부정적으로 생각하는 사람의 도움을 받지 않겠다고 마음먹고 여권과 비자를 받기 위해 저 스스로 뛰기로 하였습니다. 그리하여 손장원 님으로부터 외무부 여권과에 근무하는 시누이 김명수 씨를 소개받아 직접 찾아뵙고 도움을 요청했습니다. 김명수 씨는 담당 직원에게 부탁했고 저는 여권을 빠르게 받을 수 있었습니다. 이 여권을 받는 과정과 김명수 씨의 도움은 저희의 편지집 《사랑해 뜨겁게 영원히!》에 자세히 기록되어 있습니다. 김명수 씨께서 도와주신 것 감사드립니다. 그리고 독일 비자는 시간이 오래 걸려 외무부 여권과에서 한독 정부 간에 체결된 협약에 따라 협정인을 받고 1977년 12월 31일 독일로 출국하였습니다.

여덟 번째 이야기:
도르트문트대학 선교 이야기

"하나님이 자기 형상 곧 하나님의 형상대로 사람을 창조하시되
남자와 여자를 창조하시고
하나님이 그들에게 복을 주시며 하나님이 그들에게 이르시되
생육하고 번성하여 땅에 충만하라, 땅을 정복하라,
바다의 고기와 공중의 새와
땅에 움직이는 모든 생물을 다스리라 하시니라"
(창세기 1장 27~28절)

"너희는 세상의 빛이라 산위에 있는 동네가 숨기우지 못할 것이요"
(마태복음 5장 14절)

1. 도르트문트대학 선교 준비

*** 간호사 선교사들을 통한 서독 선교의 시작과 저의 독일행**
제가 독일 유학생 선교사로 사역을 시작하기 전에 우리 간호사 선교

사님들이 하신 선교사역을 간단히 살펴보겠습니다.

우리 대학 선교교회의 독일선교 시작은 대전 대학생 교회 출신인 서인경, 설동란, 이화자 간호사 선교사를 1969년 7월 17일 서독으로 파송하면서부터 시작되었습니다. 이 선교사들에 이어 1972년 5월 12일에 역시 대전교회 출신 김숙철 간호사 선교사가 독일에 도착하였고 1972년 6월 29일엔 대전교회 출신 이기향 간호사 선교사가 독일에 도착했습니다. 이기향 님은 우리 대전교회에서 홍덕순 목사님과 성경공부를 통해 예수님을 인격적으로 영접하신 후 1972년 7월부터 보쿰의 "광부 병원(Bergmannsheil Krankenhaus)"에서 약 3년 동안 근무했습니다. 그때 이분은 보쿰 근처 하겐이나 다른 곳에 근무하던 이순희, ○관연, 유재관, 이미애 등의 간호사들을 성경공부로 도왔습니다. 그 후 이기향 님은 1976년 초 부퍼탈로 이사하여 그곳 병원에서 근무했습니다.

1978년 1월 달력

월	화	수	목	금	토	일
						1
2	3	4	5	6	7	8
9	10	11	12	13	14	15
16	17	18	19	20	21	22
23	24	25	26	27	28	29
30	31					

독일에서 나의 첫날

1977년 마지막 날 오후 1시 24분에 저는 김포 공항에서 KAL기를 타고 일본 도쿄로 날아가 그곳에서 8시간을 기다린 다음 일본 JAL기로 갈

아팠습니다. 당시는 자유주의 국가와 공산국가 사이의 냉전 시대로 자유주의 국가의 비행기는 중국이나 소련과 같은 공산주의 국가의 상공을 비행할 수 없었습니다. 저의 비행기는 알래스카의 앵커리지에 급유를 위해 착륙했었는데 그곳은 하얀 눈으로 덮여 있었습니다. 저를 태운 비행기는 1월 1일 오전 8시 34분 프랑크푸르트 공항에 착륙했습니다. 그때까지 독일엔 여성 선교사들만이 사역하고 있었는데 제가 남자 선교사 제1호였습니다.

1월 1일 새벽에는 기차도 별로 다니지 않기 때문에 레다에서 살던 에스더는 31일 저녁에 기차로 프랑크푸르트 공항에 도착하여 대기실에서 새우잠을 자고 저를 맞았습니다. 이기향 님과 장숙희 님은 장숙희 님이 운전하는 딱정벌레(Volkswagen Käfer) 자동차를 타고 부퍼탈에서 공항으로 저를 마중 나왔습니다. 이기향 님은 그날 야간 근무를 하고 잠도 주무시지 못하고 오신 것이었습니다. 우리가 딱정벌레 차를 타고 부퍼탈 선교 센터에 도착하자 이화자 님도 오셔서 반갑게 맞아 주셨습니다.

저희는 그곳에서 하나님께 감사 기도를 드린 후 에스더와 저는 기차를 타고 이화순 님이 근무하는 립슈타트(Lippstadt)라는 도시의 병원 기숙사로 갔습니다. 립슈타트는 레다-비덴부르크와 가까이에 있는 도시입니다. 이화순 님은 우리와 레다에서 온 다른 간호사 선교사들이 하룻밤을 머물 수 있도록 간호사 기숙사 빈방을 예약해 놓았습니다. 그 모임은 그해의 성탄 축하 모임으로 저의 도착일 때문에 이때로 정했던 것입니다. 당시 레다와 립슈타트 선교사들이 독일 선교사들 중에서 가장 북쪽에서 근무했기 때문에 이 두 지구를 독일 북부지구라고 불렀습니다. 그리고 이화순 님이 이 지구의 지역장을 맡았습니다.

* 도르트문트대학교 개척 기도회

저와 에스더는 1월 2일 월요일 오후에 도르트문트대학교를 방문하여 저의 박사과정 지도교수이신 쉐커(Prof. Dr. Schecker) 교수님께 인사 드렸습니다. 또한 충남대학교 화학공학과 저의 선배 조교이셨던 주혁종 교수님을 그곳에서 만나 뵈었습니다. 그 당시 그분은 도르트문트대학교 화학공학과에서 연구하고 계셨습니다. 그곳에서 우리 셋은 하나님께 감사 예배를 드렸습니다. 저는 엉터리 독일어로 마가복음 1장 1절을 읽고 하나님께서 이 대학을 축복하시고 학생들에게 복음의 역사를 시작하실 것을 선포하고 합심기도 하였습니다. 저와 에스더는 우리가 마침내 하나님께서 약속하신 독일, 그중에서도 사역지 도르트문트대학교에 도착했기 때문에 하나님께 매우 감사했습니다.

그 당시 저희가 하나님께 감사한 마음은 고향을 떠나 약속의 땅 가나안에 도착한 아브라함의 감사나 미국 개척자 조상들(Pilgrim's Fathers)의 감사와 비교될 수 있습니다.

아브라함은 하나님의 부르심을 받아 고국을 떠나 약속의 땅 가나안에 도착했을 때 하나님께 정말 감사해서 그곳에 감사의 단을 쌓았습니다.

신앙의 자유를 찾아 1620년 겨울에도 그리 춥지 않은 유럽에서 메이플라워(Mayflower) 미국에 온 개척자들(Pilgrim's Fathers)은 미국에서의 첫 겨울 추위의 혹독함에 그들 중 약 절반이 추위와 병으로 사망했습니다. 그러나 그들은 감사한 마음으로 1621년 가을에 3일 동안 추수

감사절을 지내며 하나님께 감사드렸습니다. 이것이 미국 추수감사절의 시작입니다. 오늘날도 미국의 추수감사절은 3일간 공휴일이며 가장 중요한 명절의 하나입니다.

저는 하나님께서 저와 에스더를 죽음과 지옥의 권세에서 구해 주시고 하늘나라 황태자와 황공주로 세워 주시고 하늘나라 복을 나눠 주는 선교사로 독일로 인도해 주셔서 너무나 감사했습니다. 또한 에스더와 함께 하나님을 섬길 수 있어서 너무나 행복했고 기뻤습니다.

* 레다(Rheda)에서의 첫 주일예배와 성경공부 모임

그때까지 독일의 간호사 선교사들은 독일의 여러 도시에 흩어져 근무했고 또 격주마다 주일에도 근무해야 했기 때문에 일요일에 정기적으로 예배를 드릴 수가 없었습니다. 하지만 대전에서 매주 주일예배를 빠짐없이 드려 왔던 저에게는 일요일에 예배를 드리지 않는다는 것은 상상할 수 없는 일이었습니다.

그래서 우리 부부는 1978년 1월 8일 일요일부터 매주 주일예배를 드리기 시작했습니다. 예배 참석자는 우리 두 명이었고 장소는 레다(Rheda)의 간호사 기숙사 안 우리 방이었습니다. 에스더는 8일 오후 근무였기 때문에 우리는 에스더가 근무를 마친 저녁 9시에 예배를 드렸습니다. 저는 마가복음 1장 1~9절 말씀을 갖고 "복음의 시작"이라는 제목으로 독일어로 설교했습니다. 저의 독일어는 형편없었습니다. 하지만 에스더는 마치 훌륭한 설교인 것처럼 제 설교를 들어 주었습니다. 그리고 에스더는 로마서 1장을 공부하고 쓴 소감을 발표했습니다.

그날 제가 발표한 그 주의 감사 제목은
첫째(1월 2일), "대학에서 주혁종 선배님과 함께 개척예배 본 것에 감사"
둘째(1월 4일), "간호사 기숙사에 방 하나를 더 쓸 수 있어서 하나님께 감사"였습니다.

이날부터 우리가 레다에 있는 동안 에스더 기숙사 방에서 일요일마다 하나님께 예배를 드렸습니다. 저는 성경에 나오는 아브라함을 생각합니다. 아브라함은 수년 동안 주로 아내와 단둘이 하나님을 예배했습니다. 하나님은 그의 예배를 은혜롭게 받아 주시고 아브라함 가정을 축복하셨습니다.

당시 에스더는 레다에 있는 기독병원(Evangelisches Krankenhaus)의 간호사 기숙사에서 살고 있었습니다. 시청에서 저희 둘이 방 하나를 쓰는 것은 좁다고 판단해 기숙사 다른 방(318호실) 하나를 더 받았지만 에스더는 제가 그 방을 사용하지 않는 것을 보고 한 달 후에 방을 돌려주었습니다.

이기향 님이 아직 대전간호학교 학생시절 홍덕순 님과 성경공부를 시작했을 때 아파서 기숙사 방에 머물렀습니다. 당시 그곳 기숙사 규칙에 따르면 남자는 아무도 여학생 기숙사 방에 들어갈 수 없었습니다. 그러나 홍덕순 님은 용감하게 여학생 기숙사 방에 들어가서 이기향 님에게 성경을 가르쳤습니다. 당시 이기향 님은 우리 교회에서 동역하고자 결정하지 않은 상태였습니다. 이 성경공부를 통해 이기향 님은 하나님의 은혜를 깊이 체험하고 우리 교회에서 하나님께 헌신하기 시작하셨습니다. 저는 이 이야기를 기억했기 때문에 제가 간호사 기숙사에서 살 수 있다는 것이 신기하게 느껴졌습니다.

에스더의 인도로 주중에 간호사들과 그룹 성경공부를 했습니다. 마리온(Marion), 엘리노아(Ellinor), 푸린(Purin), 가비(Gaby), 빌프리데(Wilfriede), 김동옥, 김희자 님 등과 김동옥 님의 남편 김두규 님이 이 성경공부 모임에 참석했습니다. 엘리노아는 당시 약 35세였고 마리온은 20살 정도였고, 푸린은 필리핀 간호사로 약 25세였습니다.

그룹모임 외에 에스더는 푸린에게는 마가복음을, 김희자 님에겐 창세기와 로마서를 일대일로 가르쳤습니다.

저는 에스더를 충성스러운 성경 선생으로 사용하여 주신 하나님께 감사드립니다. 에스더는 하나님께 매우 소중한 하나님의 딸입니다.

저는 도르트문트대학교 화공과 영혼들을 위해 기도하기 시작했습니다. 예를 들면 글렌쯔 호스트(Glenz Horst, 화학공학과 쉐커 교수 밑의 조교), 필거 베른드(Pilger Bernd, 쉐커 교수 밑의 기술자), 켈러 게어트(Keller Gert, 화공과 다른 교수 밑의 기술자), 주혁종 씨 등입니다.

* 뮌스터 대학과 보쿰대학에서의 독일어 과정

1987년 초 저의 지도교수이신 한스-게오르그 쉐커(Hans-Georg Schecker) 교수님께서 뮌스터대학까지 친히 가셔서 저를 위해 기숙사 방을 신청하셨습니다. 이렇게 수고하신 교수님과 교수님 가족을 하나님께서 축복하시기를 기도합니다. 하지만 저는 에스더와 함께 있고 같이 기도하는 것이 다른 무엇보다 더 중요하다고 생각했기 때문에 기숙사로 들어가지 않기로 하고 1978년 2월 13일 월요일부터 새벽 5시 30분쯤 집을 나와 레다에서 기차를 타고 뮌스터로 통학했습니다.

독일어 과정 학생들은 각 나라에서 온 학생들이었습니다. 쉬는 시간엔 저의 귀에 터키어, 페르시아어, 프랑스어, 영어 등 전 세계의 다양한 언어가 섞여 들려 시끄러웠습니다.

2월 16일 목요일에 저는 뮌스터대학 의대 1학기 독일인 학생 "하인즈(Heinz)"와 대화를 나누었습니다. 저는 이 학생과 대화하고 주소를 받은 후 그를 아직 성경공부에 초대하지 않았음에도 불구하고 온 세상을 이미 얻은 듯 기뻤습니다. 그다음 3월 5일에는 알트프리드 크루젠바움(Altfrid Krusenbaum)이란 학생을 만났고 그를 위해 기도했습니다.

저의 독일어 과정 학생 중에 유정란이라는 한국 여학생이 있었는데 이분은 제게 보쿰대학교의 독일어 과정이 뮌스터대학의 독일어 과정보다 좋다고 말했습니다. 그래서 저는 도르트문트대학의 외국 학생 담당관이신 쉬미트(Schmidt) 씨께 부탁하여 4월 초부터 보쿰대학교의 독일어 과정에 참석할 수 있게 되었습니다. 그 당시 독일은 경제적으로 부유해서 외국 학생들은 대학의 초급부터 무료로 독일어를 배웠습니다.

에스더는 4월 1일 자로 도르트문트에 있는 병원에서 새로운 일자리를 찾으려고 여러 병원에 구직 원서를 냈습니다. 그러나 일자리를 얻지 못하자 도르트문트의 남부 위성도시인 쉬베르테(Schwerte)에 있는 기독 양로원에 일자리를 얻어 그곳으로 이사하였습니다. 레다에서 에스더의 동료 간호사인 마리온(Marion) 님이 폴크스바겐 폴로(VW Polo) 차로 저희와 저희 짐을 태우고 쉬베르테(Schwerte) 간호사 기숙사로 우리를 데려다주었습니다. 그때까지 에스더는 간호사 기숙사에서 살았기 때문에 짐이 별로 없었습니다. 에스더는 쉬베르테에서 5월 중순경 저희들의 첫아이 스데반을 임신했습니다.

저는 보쿰대학에서 독일어 과정이 시작되기 전인 3월 말이나 4월 1일쯤 어학과정을 위한 셋방을 찾고자 보쿰에 갔습니다. 그리고 그곳에서 중앙대학교를 졸업하고 유학 온 윤순기 씨를 만났습니다. 그는 학생 기숙사 "아우프 뎀 파펜부르그(Auf dem Papenburg)"에 사는 중앙대 출신 동료 김준영 씨 방에 임시로 머물러 있었습니다. 저는 그 방에서 하룻밤을 자고 다음 날 그와 함께 셋방을 찾으러 나갔습니다. 당시 독일에서 셋방을 찾는 방법을 알지 못했던 우리는 셋방을 찾지 못하였습니다. 저는 하나님께선 제가 쉬베르테에서 에스더와 같이 살면서 함께 기도하는 것을 원하신다는 것을 깨달았습니다. 그래서 저는 쉬베르테(Schwerte) 간호사 기숙사에 계속 살면서 기차로 도르트문트를 거쳐 보쿰으로 통학하였습니다.

쉐커 교수께서 저를 위해 도르트문트의 학생 기숙사 방을 신청해 놓았었는데, 도르트문트대학 학생복지센터에서 제게 1978년 6월 1일 자로 도르트문트 동산-길(Ostenbergstrasse) 99번지의 학생 기숙사 142호실 방이 나왔다고 통지를 보내왔습니다. 그래서 저는 그 기숙사에 가 보았는데 대학에서 너무 멀리 떨어져 있다고 생각되었습니다. 그래서 하나님께서 제가 대학 개척보다 먼저 에스더와 함께 합심기도 하기를 원하신다고 생각되어 기숙사에 입주하지 않았습니다. 그런데 사실은 그 기숙사는 대학까지 걸어서 5분이면 갈 수 있는 가까운 기숙사였습니다.

하나님께서 그 당시 거리를 멀다고 느끼게 하셨던 것입니다. 저는 한국 대학 기숙사들이 캠퍼스 안에 있는 것을 생각했기 때문에 그 기숙사가 대학에서 멀다고 느낀 것이었습니다. 하나님은 저의 잘못된 느낌을 통해서도 제가 에스더와 함께 거하며 기도하도록 인도하셨습니다.

보쿰대학의 독일어 과정엔 초급과 중급 과정이 있었고 한 과정은 한 학기간 계속되었습니다. 여자분이시고 독일어 과정의 책임자이신 스트라트만 박사님(Ms. Dr. Stratmann)은 독일어 초급 과정을 가르쳤습니다. 저는 초급 과정을 배우고 있었는데 약 한 달 후, 이분은 제게 중급으로 월반할 것을 제안했습니다. 중급은 핼메만 여선생님(Ms. Hälmemann)과 쿠나우 여선생님(Ms. Kunau)이 가르쳐 주셨는데 저는 재미있게 독일어를 배웠습니다.

* 아내와 저의 이름을 독일식 이름으로 바꾼 이유

대부분의 한국인들은 "최"라는 성을 영어나 독일어로 "Choi"라고 쓰고 외국인들은 이것을 "초이"라고 발음합니다. 저는 독일인들이 제 성을 정확하게 발음할 수 있도록 여권 신청서에 "Choe"라고 썼습니다. 그러나 독일식 발음에 맞게 하고자 한 저의 시도는 절반의 성공에 그쳤습니다. 저는 영어 자음 "ch"를 생각하고 Choe라고 썼는데 "ㅊ" 발음을 독일어로 좀 더 정확하게 표기하려면 "tsch"를 써야 합니다. "Ch"을 독일인을 "흐"로 발음하여 "Choe"를 "희"로 또는 "호에"로 읽기 때문입니다. 그 결과로 저를 처음 사귀는 독일인들은 저희 성을 바르게 발음하지 못합니다.

독일로 파송받기 전에 한번은 성경에 나오는 첫 순교자의 이야기를 다룬 메시지를 제가 주일에 전하면서 스데반이 성령에 충만했다는 사실에 감동을 받았지만 스데반과 같이 일찍 순교하는 것은 원치 않았습니다.

그런데 서덕근 님은 제게 독일 선교사로 파송하시면서 최 스데반이란 이름을 제안하신 것이었습니다. 저는 한국 이름을 좋아해서 이 제안이 마음에 들지 않았습니다. 또 순교자 스데반같이 일찍 죽는 것도 싫었습니다. 그래서 계속해서 독일 학생들을 성경공부에 초대하면서 제 이름을 "명환"이라고 소개하였습니다. 그러나 그들은 제 이름을 잘 발음하지 못하고 우물우물하였습니다. 그것은 제 한국 이름이 독일인에게 발음하기 어렵기 때문이었습니다. 결국 제 이름을 "스데반(Stephan), 발음 때문에 스데반이라고 기록했습니다"이라고 소개하자 그들은 즉각 "Hallo, Stephan!" 하며 저를 친한 친구처럼 불렀습니다. 그래서 그 이후로 저는 "Stephan"이라고 저를 소개했습니다. 독일선교에서 독일식 이름으로 변경하는 것이 중요함을 깨달은 저는 서덕근 님께 아내의 이름을 아내가 좋아하는 "에스더(Esther)"라는 이름으로 바꾸면 어떨까 문의했습니다. 서덕근 님도 좋은 생각이라고 하여 아내 이름도 Esther로 부르기 시작하였습니다.

첫아들이 태어났을 때 저희는 제가 독일 파송 때까지 대전 대학생 교회에서 불리던 이름 "지성(Siseong)"이라는 이름을 주었습니다. 그 후 저희 가족들 전부 독일 시민권을 신청하였는데 저는 박사과정이 아직 안 끝났다고 기다려야 한다고 해서 우선 에스더와 지성이만 독일 시민권을 받았습니다. 이때 독일선교를 위해 백길례라는 이름을 최 에스더로 바꾸고 지성에게 "바울"이라는 이름을 주자고 제가 에스더에게 제안했습니다. 에스더는 이미 바울이라고 불리는 장 바울 선교사가 도르트문트에 있으니 아들에게 "스데반"이라는 이름을 주자고 하였습니다. 에스더는 저를 사랑하기에 스데반이라는 이름을 좋아했던 것입니다. 그래서 첫째 아들 이름은 스데반(Stephan)으로 개명하였습니다. 박사 학위를 받은 후 저도 독일 국적을 취득하였는데 아들과의 차별화를 위해 "Stephan Myeong-Hwan" 즉 "스데반 명환"으로 제 이름을 변경했습니다. 하지만 독일인들은 이중 이름 중 주로 첫째 이름만 사용하기 때문에 사람들은 저를 그냥 스데반이라고 부릅니다. 그래서 약간의 혼선도 있었습니다. 예를 들어, 저와 저의 첫째 아들의 투표 통지서엔 두 사람 다 Stephan Choe라고 적혀 있었습니다.

2. 도르트문트 첫 가정교회: 동산-길 22번지 (1978. 8. 15. ~ 1981. 9. 28.)

* 동산-길 22번지로 이사

우리는 1978년 8월 15일 쉬베르테 간호사 기숙사에서 도르트문트대학에서 남쪽으로 걸어서 한 10분 걸리는 동산-길(Ostenbergstrasse) 22번지로 이사했습니다. 그날은 화요일이었고 가톨릭 신자들의 기념일인 "마리아 승천일(Maria Himmelfahrt)"이었습니다. 우리의 셋방은 "카리우스 꽃집(Blumen Karius)" 주인 소유의 셋방이었는데, 카리우스 씨는 밭에 꽃을 재배하여 판매하였습니다.

저희가 들어간 아파트는 한국식으로 2층에 있었습니다. 두 개의 방이 있는데 두 방 사이엔 문이 없는 입구가 있었고 작은 화장실에 샤워 시설이 있었고 작은 부엌이 있었습니다. 전체 면적은 약 40㎡ 정도 되었습니다. 하지만 우리는 저희에게 이 아파트를 주신 하나님께 매우 감사했습니다.

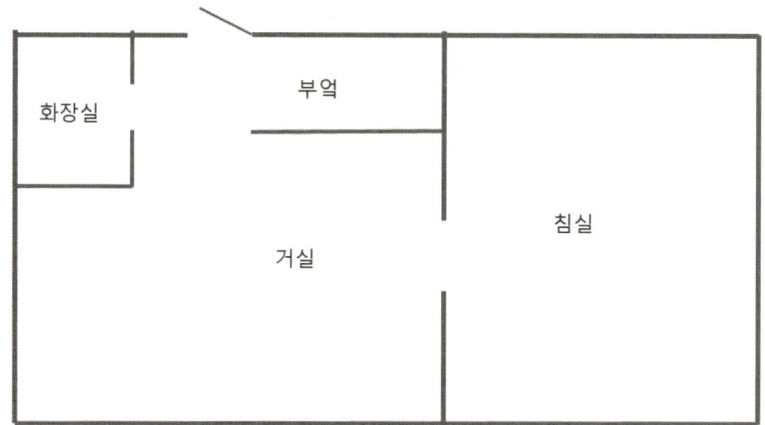

도르트문트 첫 가정교회의 구조(약 40㎡): 1978. 8. 15. ~ 1981. 9. 28.

한국식으로 2층 오른쪽 아파트가 저희 가정교회입니다.

저는 도르트문트-바롭(Barop)에서 전차를 타고 도르트문트역에서 내려 기차로 갈아타고 보쿰 본역에서 내려 다시 전차를 타고 보쿰대학의 어학과정을 참석하였습니다. 처음에는 값을 절약할 수 있는 한 달 치 기차표나 전차표가 있다는 것을 몰라 매일 표를 샀습니다. 에스더는 1970년부터 독일에 살았지만 필요한 날만 여행했기 때문에 이를 몰랐습니다.

* 에센-보쿰-도르트문트대학교 학생 선교

저보다 두 달 늦게 독일 책임 선교사로 오신 이강복 님과 당시 독일 지부장이셨던 허유강 님은 독일 선교지구를 도르트문트-보쿰-에센, 부퍼탈-쾰른, 프랑크푸르트 및 슈투트가르트 5개 지구로 나누어 선교사들이 지구별로 힘을 합하여 캠퍼스 선교에 힘쓰도록 방향을 정했습니다. 이 방향에 따라 저와 에스더는 1978년 5월 중순부터 에쎈에서 근무하던 허유강, 오현금, 이복음 님들과 루르지역 에쎈-보쿰-도르트문트 지역 학생 선교를 위해 함께 일하기 시작했습니다.

허유강 님은 제가 대학 입학한 1970년부터 대전간호학교를 다니셨고 우리 대전 대학생 교회에서 성경공부를 통해 예수님을 믿게 되어 우리 교회의 간호학교 학생 리더로 일했습니다. 그리고 3년간의 공부를 마치고 1974년 1월 8일 간호사 선교사로 독일에 파송되었습니다. 당시 많은 한국 간호사들이 돈을 벌기 위해 서독에 왔지만 이분은 선교를 위해 독일 베를린에 오셔서 영혼 구원을 위해 불타는 마음으로 일하셨습니다. 김정녀(현재 미국 콜럼버스의 이 그레이스) 님과 정복례(현재 프랑크푸르트의 허 에스더) 님도 그 열매입니다. 그 후 에쎈(Essen)으로 직장을 옮겨 낮에 대학생들을 성경공부에 초대하기 위해 일부러 밤 근무를 하였습니다. 이란 학생인 에브라임(Ebraim Analonyi) 형제와 엘리(Eli, Ellenore Beter) 자매님이 허유강 님의 초청을 받아 스위스 제비스(Seewis)에서 1978년 9월 19~22일에 열렸던 여름 수양회에 참석했습니다. 허유강 님은 에쎈대학 학생인 바바라 헤벤스트레이트를 위해 오랫동안 기도하며 도왔고, 레기네(Regine), 가브리엘레(Gabrielle) 등과 같은 다른 학생들도 성경공부 또는 주일예배에 초대했습니다.

저와 함께 독일어 수업을 듣던 윤순기 씨는 우리와 성경공부를 하고 예수님을 믿고 함께 학생 선교를 위해 열심히 일했고 스위스 제비스(Seewis)에서 열린 여름 수양회에도 참석했습니다.

오현금(결혼 후 장 사라) 님은 고등학교를 졸업하고 간호보조사로 독일에 오셔서 1975년 황양림 님과 성경공부를 통해 신앙을 갖게 되었습니다. 1978년에 이분은 에쎈-쿠퍼드레(Essen-Kupferdreh)에서 근무하며 애식, 영희 코르높스키(Y.H. Kornowski) 등 친구들을 성경공부로 도왔습니다. 영희 코르높스키 이분은 한국 무용의 재능이 있어서 에쎈 음악대학에서 춤을 공부하기 시작했다가 페터 코르높스키(Peter Kornowski) 씨와 결혼하고 가족을 위해 학교를 그만두었습니다. 그렇지만 이분은 여가 시간을 활용해 계속해 재능을 개발하고 에쎈에서 한국과 아시아 문화를 소개하는 문화재단(Kulturbund)에서 일하고 있습니다.

10월 초에 PNDS라는 외국인 학생들이 전공을 공부 시작하기 전에 독일어 능력 시험이 있는데, 현재는 DSH(Deutsche Sprachprüfung für

Hochschulzugang)라고 합니다. 이 시험으로 문법, 받아쓰기, 텍스트 복제 및 구술시험이 있었는데 저는 별 어려움 없이 합격했습니다. 이 시험 후에 저는 도르트문트대학 화공과 강의실에 들어가 강의를 들었습니다. 그런데 빨리 말씀하시는 교수님의 강의가 귀에 안 들어오고 머리가 아팠습니다. 그래서 독일어 코스를 좀 더 다닐 걸 하고 후회하기도 하였습니다.

* 저의 어머니가 돌아가셨어요

1979년 2월에 저희의 첫아이가 태어날 예정이었습니다. 에스더는 우리가 도르트문트로 이사한 후에도 임신한 몸으로 여전히 기차를 타고 쉬베르테로 통근해야 했습니다.

저는 한국에 계신 어머께 독일로 오셔서 아이가 태어나면 좀 돌보아 주십사 하고 부탁했습니다. 어머니는 한국에 계신 형님의 아이들을 돌봐야 하지만 오셔서 아이를 봐 주시겠다고 하셨습니다.

한번은 쾰른에 계시던 독일 책임 선교사님께서 우리에게 방문 오셔서 아이가 태어나면 한국에 계신 어머니께 아이를 보내 돌봐 달라 부탁하라고 제안했습니다. 사실 일부 선교사님들은 한국에 계신 부모님께 그들의 첫아이를 보냈습니다. 그러나 저는 그 제안을 즉석에서 거절했습니다. 저는 부모 된 우리 스스로가 우리 아이들을 키워야 한다고 생각했기 때문입니다. 사실 아기 돌보는 것이 저희 형편에선 어렵긴 하지만 저희에겐 큰 기쁨이었습니다.

그런데 2월 초에 형님께서 제게 전화로 어머니께서 1979년 1월 19일에 뇌졸증으로 돌아가셨다고 말씀하셨습니다. 형님은 제가 한국에 오기 위해 비싼 비행기 표를 사야 하고, 한국에서의 장례는 3일장이었기 때문에 제때 올 수도 없었을 것이며, 또 너무 슬퍼하지 않도록 제게 늦게 알려 주신 것입니다.

저는 우리 교회의 레나테 의사 선생님과 함께 2000년 1월 초에 병이 났던 박 사무엘 님을 한국에 데려다주어 병원에 입원시키고 약 한 달간 한국에 머물렀습니다. 이때 예산 대륜에 사시는 넷째 누님 댁을 방문하였던 1월 7일, 넷째 매형 차를 제가 몰고 넷째 누님과 함께 저희의 생가 근처인 신례원리 동막골에 묻혀 계신 부모님의 무덤을 방문했습니다.

아버지가 일찍 돌아가심으로 청상과부가 되신 저의 어머니는 어려운 논밭일을 하여 6명의 자녀들을 키우셨습니다.

저는 어머니가 돌아가시기 얼마 전에 셋째 누님과 넷째 누님의 도움으로 교회에 나가셨고 예수님을 믿으셨다고 들었습니다. 어머니는 뇌졸중으로 갑자기 쓰러지셨는데 그때 꿈에서 어머니는 하늘이 열려 있고 천사들을 보았다고 했습니다. 그리고 평화롭게 잠드셨습니다. 이것이 셋째 누님께서 제게 들려준 이야기입니다. 물론 어머니께서 일찍 돌아가신 것은 저희들에게는 안타까운 일입니다. 그렇지만 자식들을 키우기 위해 고생하신 어머니가 며칠 사이에 평화롭게 잠들도록 하심으로 어머니께서 고통 없이 하늘나라에 가 축복된 영생을 누리게 해 주신 하나님께 감사합니다. 우리 하나님은 은혜로우십니다.

몇 년 후에 저희 첫째 누님과 둘째 누님도 뇌졸증으로 돌아가셨습니다. 셋째 누님은 이 두 누님께서 돌아가시기 전에 예수님을 증거하였고 첫째, 둘째 누님들은 믿고 돌아가셨다고 했습니다. 넷째 누님은 부드러움으로 다른 사람을 믿음으로 살도록 격려하는 분인데, 언니들을 믿음으로 인도하기 위해 많은 수고를 하셨습니다.

저와 넷째 누님은 부모님 묘를 방문한 다음 저희가 태어나고 성장한 터진목에 있는 저희 생가에 가 보았습니다. 그 집에는 어떤 할머니가 아들과 함께 살고 있었습니다. 저는 고등학교를 마칠 때까지 그 집에서 자랐었습니다.

* 오현금 님 도르트문트로 이사하고 조유강 님 한국으로 귀국

1978년 6월부터 저희는 에쎈, 보쿰, 도르트문트의 학생들을 성경공부와 교회 예배에 적극적으로 초청했습니다. 허유강 님은 병원 야간 근무 후 아침에 도르트문트에 오셔서 학생 선교를 위해 저희와 합심기도 하고 에쎈으로 돌아가셔서 잠을 잤습니다. 우리가 성경공부에 초대한 학생들의 반응은 좋았습니다. 그러나 우리는 우선 한 도시의 학생들을 돕는 것이 더 효과적이라는 것을 깨달았습니다. 왜냐하면 에쎈이나 보쿰의 학생들은 시간과 거리상 도르트문트에서 있는 주일예배에 참석하기 어려워하기 때문입니다. 그래서 우선 도르트문트대학 선교에 집중하기로 하고 에쎈에서 근무하던 오현금 님이 도르트문트-홈부르크에 있는 성모병원(Marienhospital)에 일자리를 얻어 1978년 12월 29일에 도르트문트로 이사했습니다. 허유강 님은 남편 조성기 씨와 같이 서울대 학생 선교를 위해 일하고자 1979년 4월 4일 한국으로 귀국했습니다.

오현금 님은 도르트문트로 이사 오신 후 많은 학생들을 하나님의 말씀으로 도왔습니다. 이분의 초청으로 아디(Adi Satria)라는 인도네시아 유학생이 1979년 1월 21일 예배에 참석하고 성경을 배우고 우리와 함께 학생 선교를 위해 일하기 시작했습니다. 오현금 님은 또한 김애식, 데트렙 하우어캄프(Detlef Hauerkampf), 그리고 친구인 영희 코르놓스키(Y.H. Kornowski) 님을 성경공부로 도왔습니다. 에쎈 음대에서 바이올린을 공부하던 이숙빈 님도 1979년 봄부터 오현금 님과 성경공부를 시작하고 여름 수양회에도 참석했습니다. 데트렙 하우어캄프는 1979년 6월 23일 오현금 님으로부터 요한복음 공부를 시작했습니다. 오현금 님은 그 외에도 마티나(Mattina), 희숙(Heesook), 가비(Gaby), 테오(Theo) 등을 도왔습니다.

1980년 마르틴(Martin R) 씨가 도르트문트대학을 졸업하고 이사 가면서 우리 가정교회 옆방이 비자 이 방으로 오현금 님이 들어오셔서 사시게 되었습니다. 이분은 때때로 작은 스데반을 돌보아 주어 에스더는 야간 근무 후에 잠을 잘 수 있었습니다. 그런데 한번은 오현금 님이 잠깐 다른 일에 눈을 두고 있을 때 아기 스데반이 창문에 올라갔다가 2층 창문에서 바깥으로 떨어졌습니다. 다행히 떨어진 곳에 위험한 것이 없어서 별로 다치지 않아서 다행이었습니다.

저의 지도교수이신 쉐커(Schecker) 교수님은 "물리화학 공정공학 및 안전공학"이라는 연구 분야의 교수님으로 그 밑에 한 명의 여비서와 서너 명의 조교들과 실험실 기술자를 거느리고 계셨습니다. 저는 그분의 조교 두세 명과 같은 방을 썼고 그 교수님이 속한 실험실에 저의 실험 기구들이 있었습니다.

저는 한국에서의 학위 인정시험으로 열역학, 열공정공학, 공업화학 이렇게 세 과목 시험을 치러야 했습니다. 그래서 1년 동안 이 시험 준비를 하고 시험을 치르고 통과했습니다.

* 첫째 아들 탄생과 아이 돌보기와 스타인에케(Steinecke) 부부

1979년 2월 에스더는 출산 예정일보다 일주일 빨리 진통이 올 것 같다며 화요일 낮에 도르트문트 시립병원으로 갔습니다. 당시 저희 집엔 전화가 없었던 때였습니다. 그날 화요일 초저녁에 우리가 기도모임을 가진 후 오현금 님이 공중전화로 병원에 전화해 보았더니 처가 벌써 아이를 분만했다고 해서 병원으로 오현금 님과 같이 갔습니다. 병원 의사는 처를 한번 진찰해 보고 아직 출산 예정일이 많이 남았으니 집에 돌아갔다가 후에 오라고 했다고 합니다. 하지만 처는 아무래도 곧 분만할 것 같아 병원에 계속 머물렀고 정말 진통이 와 번개같이 아이를 분만한 것이었습니다.

당시 출산휴가는 출산 후 한 달 정도였습니다. 그런데 얼마 전 도르트문트로 이사해 살던 저희에게는 아기를 돌봐 줄 사람이 없었습니다. 에스더는 건강상의 문제와 갓난아기 때문에 쉬베르테로 출퇴근하는 것은 어려웠습니다. 따라서 에스더는 몇 달 동안 직장을 쉬었습니다. 저는 도르트문트-홈브룩(Hombruch)에 있는 사회복지 사무소에 가서 지원 가능성에 대해 문의했습니다. 그분들은 사회복지사를 저희와 연결해 주었고 사회복지사는 저에게 장학금 받을 수 있도록 주선해 주었습니다. 제가 장학금을 받으려면 두 교수님의 추천이 필요했습니다. 제가 열역학 인정시험을 치렀던 슐츠(Schulz) 교수님은 저의 시험 합격을 근거로, 쉐커 교수께서는 제가 그 교수님 밑에서 하던 연구조수의 활동을 근거로 추천서를 써 주셨습니다. 그래서 저는 첫해에는 한 달에 800마르크씩 장학금을 받았고, 그다음 해에는 500마르크씩 받았습니다.

몇 달 실업 기간 후 에스더는 도르트문트-회어데에 있는 베타니엔 기독병원에 새 직장을 구했습니다. 저희에게 아기 돌보미가 없었기 때문에 에스더는 야간 근무를 했습니다. 에스더는 가능하면 낮 동안에 아이를 직접 돌보고자 하였던 것입니다. 그러나 에스더는 밤 근무를 마치고 아침에 집에 돌아오면 우선 자야 했습니다. 그런데 우리는 방 두 칸짜리 작은 아파트에서 살고 있었고 두 방 사이에는 여닫는 문이 없는 문이 있었습니다. 에스더는 아기 스데반이 자기 옆에 누워 있게 하고 자려고 했습니다. 그러나 에스더는 아기 때문에 제대로 잠을 잘 수 없었습니다. 그래서 제가 대학에 가지 않고 한 방에서 아기를 보고 에스더는 다른 방에서 잤습니다. 원래 아기들이 시끄럽게 군다고 아이들을 싫어하던 저는 저희 아이를 돌보는 것이 박사 학위를 위해 준비하는 것보다 더 중요한 일로 여겼습니다. 그래서 에스더가 밤 근무 끝나고 돌아오는 날에는 대학에 가지 않고 기쁨으로 아기를 보았습니다. 저는 아기가 최대한 조용히 놀게 하려고 노력했지만 쉽지 않았습니다. 에스더는 아이가 노는 소리에 자주 깨었습니다. 스데반이 걸을 수 있게 되자 에스더가 잠을 자기가 전보다 훨씬 더 힘들어졌습니다. 어떤 때는 제가 스데반을 데리고 대학 실험실에 가기도 하였습니다. 저의 동료 조교들과 저의 지도교수님은 아이를 예뻐해 주시고 저를 잘 이해해 주셨습니다. 이에 대해 하나님께 감사드립니다. 또 제가 시간 낭비한다고 생각하지 않고 오히려 아이 돌보는 것을 귀하게 생각할 수 있도록 해 주셨던 하나님께 감사드립니다.

창이 보이는 다락방이 스타인에케 부부의 아파트

1980년 초가을경 에스더가 밤 근무를 하고 집에 돌아오자 에스더가 잠을 잘 수 있게 하기 위해 저는 대학에 가지 않고 스데반을 데리고 저의 집 앞 동산-길(Ostenbergstrasse)에서 왔다 갔다 했습니다. 그때 동산-길(Ostenbergstrasse) 21번지에 사시는 일제 스타인에케(Ilse Steinecke) 부인께서 그것을 보셨습니다. 이 부인은 제게 스데반을 무료로 보아 주시겠다고 제안했습니다. 저는 마치 천사를 만난 것 같았습니다.

그분의 남편 폴크마 스타인에케(Dr. Volkmar Steinecke) 씨는 도르트문트-회어데(Dortmund-Hörde)에 있는 철강회사 회쉬(Hoesch-Werke)의 높은 지위에서 근무했고 클라우스탈(Klausthal)대학에서 통계학 강의도 했습니다. 스타인에케 부인은 이미 얀(Jan)이라는 남자아이를 시에서 위탁받아 키우고 있었습니다. 이 부인은 스데반에 이어 요한네스(Johannes)와 우리 선교사들의 자녀들인 손장원 님의 딸 마리아, 그리고 오현금 님의 딸 미라와 저희 둘째 아들 디모데도 무료로 돌보아 주셨습니다. 그분의 딸인 헬가(Helga)도 자신의 어머니와 함께 많은 아이들을 돌보아 주었습니다. 이 부인은 우리 아이들이 성인이 될 때까지 아이들의 생일 때마다 손수 만드신 생일 케이크를 가져다주셨습니다. 스타인에케 부인과 현재 베를린에서 의사로 근무하는 마리아는 서로 자주 연락하고 있습니다.

스타인에케 부부는 아이슬란드와 스칸디나비아와 같은 북유럽 국가를 좋아했고 여행했습니다. 남편은 도르트문트시-아이슬란드 문화교류 단체의 회장도 하셨습니다. 그렇지만 이분들은 텔레비전이 없는 세 개의 작은 방이 있는 다락방 아파트에서 살았습니다. 이 집에는 비교적 넓은 정원이 딸려 있습니다. 이분들은 말과 행동이 겸손하고 친절했습니다.

스타인에케 남편분이 1995년에 병으로 돌아가셨습니다. 남편분께서 돌아가시기 이틀인가 사흘 전에 부인께서 저에게 전화를 걸어 그분과의 마지막 신앙 상담을 부탁하셨습니다. 왜냐하면 이분들은 어떤 피치 못할 사정으로 신교교회에서 탈퇴하셨기 때문에 이분을 마지막 시간에 도와줄 목회자가 필요했던 것이었습니다. 그래서 저와 이분 단둘이서 대화를 하게 되었습니다. 저는 그분에게 우리 죄를 위한 예수님의 죽음과 우리의 부활을 위한 예수님의 부활을 설명했습니다. 그리고 저는 이 복음을 믿으시는지 물었고 이분은 고개를 끄덕이셨습니다. 그리고 구체적인 이야기는 아니나 잘못을 회개하시는 말씀을 짤막하게 하셨습니다. 이틀 후에 이분은 하늘이 열린 것과 천사를 보았다는 소식을 그 부인에게서 들었습니다. 그리고 이분은 잠드셨습니다. 저는 그분께 평화를 주시고 천국으로 인도하신 하나님께 감사합니다.

이분이 잠드신 후 독일과 스칸디나비아 국가에서 온 많은 사람들이 도르트문트-스톡쿰에 있는 발도르프 학교에서 열린 추도식에 모였습니다. 그리고 많은 분들이 그가 얼마나 친절하고 헌신적으로 다른 사람들을 도왔었는지 이야기했습니다.

3. 도르트문트 둘째 가정교회: 바롭역-길(Baroper Bahnhofstrasse) 73번지 시절(1981. 9. 28. ~ 1984. 5. 31.)

* 가정교회를 옮긴 이유

저희 가정은 1978년 8월 15일 쉬베르테에서 도르트문트시 동산-길(Ostenbergstrasse) 22번지에 있는 셋방으로 이사했습니다. 그 후 몇 명의 후속 유학생 선교사님들이 한국에서 와서 우리와 합류했습니다. 그리고 독일인 대학생 선교 동역자들도 생겼습니다. 그래서 저희가 살던 아파트가 너무 좁아 바롭역-길 73번지에 큰 방을 포함하여 네 개의 방과 주방, 욕실, 발콘이 있어 도합 145㎡의 아파트로 1981년 9월 26일 토요일에 이사했습니다.

도르트문트에서의 두 번째 가정교회
바롭역-길 73번지(Baroper Bahnhofstrasse 73) 1층 전부

우리 가정교회는 그 건물의 1층이었고 그 앞에는 도르트문트-바롭(Dortmund-Barop)이라는 철도 간이역이 있는데, 당시 간이역 건물은 야채와 과일을 파는 과일상회(Fruchtbörse)로 쓰였습니다.

저희 위층 왼쪽에는 양로원에서 간호사로 일하시던 당코 부인과 퇴직자이신 그 남편이 살았습니다. 이 부부는 우리에게 매우 친절했고 때때로 스데반을 돌보아 주셨습니다.

저는 1981년 9월 28일부터 10월 8일까지 만성중이염 때문에 도르트문트 시립병원에서 귀 수술을 받았습니다.

어느 시점인가 저희 침실에 작은 벌레가 나타났습니다. 저희가 주워다 쓰고 있던 매트리스에서 나왔든지 그렇지 않으면 이 집에서 나왔을 것입니다. 벌레는 밤에 벽을 따라 천장으로 기어 올라가 우리 위에 떨어져 피를 빨았습니다. 그래서 우리는 시 보건당국에 전화했더니 시 직원이 와서 약을 온 집 안에 뿌렸습니다. 그 후 벌레는 완전히 사라졌습니다.

* 결혼기념일에 첫 운전면허 시험에서 낙방

에스더는 1983년 3월에 두 번째로 임신했습니다. 그해 9~10월에 스데반은 간염에 걸려서 6주 동안 도르트문트-벤닝호펜(Dortmund-Benninghofen)에 있는 시립 어린이병원의 격리된 방에서 혼자 지내야 했습니다. 저는 매일 그곳으로 자전거를 타고 가서 그와 함께 레고 같은 놀이를 해 주었습니다. 에스더는 임신 때문에 배가 불러 온몸을 끌고 버스를 타고 그곳에 갔습니다.

그해 봄 대전의 모교회는 하나님의 일을 위해 차를 사라고 1,000마르크를 보내 주었습니다. 그래서 우리는 오리 자동차라고 불리는 프랑스 자동차 디아네(Dyane)-6를 구입했습니다. 그러나 우리 중에 운전면허증이 있는 사람은 한국에서 운전면허증을 받은 손장원 님 한 사람밖에 없었습니다.

손장원 님은 한국의 연습장에서만 운전 연습을 했기 때문에 일반 거리에서의 운전이 서툴러서 천천히 운전하였습니다. 루드거 님은 면허증은 없지만, 촌에서 차를 운전해 보았기에 운전을 잘하고 운전법규도 알고 있었습니다.

어느 날 저녁 손장원 님과 저와 루드거 셋이서 우리 둘의 운전 연습을 위해 텅 빈 도르트문트대학 주차장으로 손장원 선교사가 조심조심 운전해 갔습니다. 그곳에 도착하자 저는 먼저 운전 연습을 하고 싶었지만, 도르트문트 학생 교회 책임자인 제가 다른 사람에게 양보해야 한다고 생각해서 손장원 씨가 먼저 연습하도록 하였습니다.

손장원 씨가 한 30m쯤 운전했을 때 갑자기 경찰차가 오더니, 경찰이 누가 운전하였는지 물었습니다. 손장원 씨가 운전했다고 대답했더니 운전면허증을 보여 달라고 했습니다. 손장원 씨가 면허증을 집에 두고 왔다고 대답하자 집으로 가서 면허증을 보여 달라고 하였습니다. 그래서 손장원 씨가 조심조심 천천히 차를 몰고 갔더니 경찰이 루드거 님에게 대신 운전하라고 하였습니다. 그러나 루드거 씨는 운전면허증이 없다고 대답했습니다. 루드거 씨가 경찰 아저씨가 운전해 주면 어떠냐고 했더니 그것은 허락되지 않는다고 했습니다. 집에 온 손장원 씨가 국제운전면허증을 보여 주자 "조심해서 운전하세요!" 하고 경찰은 가 버렸습니다. 저는 이 사건을 통해 성경의 가르침대로 남에게 양보하는 것이 진리요 생명의 길임을 깨달았습니다.

제가 운전학교에 등록한 후 일반 도로에서 50시간 이상 운전연습을 하자 면허시험 날짜인 10월 15일이 되었습니다. 먼저 운전학원에서 이론시험을 치렀는데 쉽게 합격했습니다. 다음은 운전 실기시험이었습니다. 저는 왼쪽 운전석에 앉고 저의 오른쪽 좌석에는 운전 선생님이 앉고 뒷좌석엔 시험관이 앉았습니다. 저는 30분 정도 거리를 문제없이 운전했습니다. 그리고 제 앞에 있는 교차로만 직진하여 건너면 저는 운전면허증을 받게 될 것이었습니다. 그런데 저의 왼쪽 차선에 서 있던 짐차가 파란불이 들어오자 좌회전하고 있었는데 제가 그 옆을 지나 직진하고자 하였습니다. 저의 운전 선생님이 우리 차와 짐차와의 충돌을 피하고자 브레이크를 밟아 저희 차가 멈추어 섰습니다. 짐차가 왼쪽으로 꺾어 갈 때 그 옆을 지나는 것은 짐차와 충돌할 위험이 있기 때문이었습니다. 그 짐차가 꺾어 지나간 후 우리 차는 그 건널목을 건너 길가에 차를 멈추었고 운전시험관은 저를 질책했습니다. 물론 저는 시험에 떨어졌습니다. 제가 집에 돌아와 에스더 선교사에게 면허시험에서 떨어진 이야기를 했을 때 에스더는 낙담하였습니다. 왜냐하면 만삭이 가까웠던 에스더는 제가 면허시험에 합격하여 그날부터 우리가 차로 스데반을 방문할 수 있기를 바랐기 때문이었습니다. 그리고 그날은 바로 우리 결혼기념일이었습니다. 그래서 저는 여전히 자전거로 스데반을 심방하고 배가 나온 에스더 선교사는 버스로 방문해야 했습니다.

* 디모데(Timothée)의 출생

1983년 12월 둘째 주 주말에 레에(Rehe)에서 독일 연말 수양회가 있어서 저는 금요일 오후에 다른 선교사들과 함께 베스터-발트 지역에 있는 레에에서 열리는 수양회에 참석했습니다. 에스더의 출산 예정일은 크리스마스 무렵이어서 저는 안심하고 수양회에 참석하였습니다. 하지만 에스더는 일찍 출산할 수도 있다는 것을 느껴서 집에 머물렀습니다. 집에 머물러 있던 에스더가 토요일에 진통을 느꼈습니다. 그래서 에스더는 스데반의 보모인 일제(Ilse)의 남편 폴크마 씨에게 도르트문트 중심에 있는 성 요한 병원(St. Johanneshospital)에 데려다 달라고 부탁하여 병원으로 갔습니다.

이번에도 에스더는 별 어려움 없이 짧은 시간에 둘째 아들을 순산했습니다. 제가 일요일에 수양회에서 돌아왔을 땐 에스더는 이미 아기를 옆에 데리고 있었습니다. 에스더 선교사와 아기 순산을 돌봐 주신 하나님께 감사합니다. 에스더는 두 번째도 아들을 원했기 때문에 아들을 낳은 것을 기뻐했습니다. 스데반은 동생이 생긴 것을 기뻐했습니다. 저도 물론 기뻐하였습니다.

둘째의 이름을 우리는 사도바울과 충성스럽게 동역하였던 디모데의 프랑스식 이름 Timothée를 주었습니다. 디모데는 섬세한 감수성을 가졌고 똑똑하며 엄마의 성격을 많이 닮았습니다. 스데반은 충성스럽고 노력형으로 저를 많이 닮았습니다. 스데반은 동생을 학교에 데려가 동생을 자랑하였습니다. 디모데는 유치원에 가는 것보다 형과 함께 놀기를 더 좋아했습니다.

4. 도르트문트 세 번째 가정교회: 헬레넨산-길(Helenenbergweg) 7번지 시절(1984.6.1. ~ 1987.2.28.)

1986.7.31.부터는 교회로만 사용했습니다.

도르트문트 헬렌넨산-길 7번지(처 에스더와 아기 디모데)

도르트문트에서 세 번째로 저희가 가정교회로 쓴 헬렌넨산-길(Helenenbergweg) 7번지 아파트는 건평이 60㎡로 방 2개의 아파트였으며 "안 데어 팔름바이데(an der Palmweide)" 전차 정류장에서 약 50m 떨어져 있는 조용하나 교통이 편리한 곳이었습니다. 아파트는 방바닥에 전기 난방 시스템이 되어 있어서 한국의 온돌방 같은 느낌을 주었습니다. 길 건너편엔 약간 경사진 언덕과 숲이 있었습니다. 눈이 많이 온 겨울에 스테반과 디모데는 그곳에서 눈썰매를 탔습니다. 스테반이 다녔던 동산초등학교는 마가렛 교회(Magarethenkapelle)라는 오래된 교회 바로 옆에 있었습니다.

어느 날 정오에 스테반은 부러진 우산을 들고 학교에서 집으로 돌아왔습니다. 그리고 어떤 소년들이 우산을 망가뜨렸다고 말했습니다. 에스더는 스데반의 안전에 대해 매우 걱정했습니다. 몇 년이 지나 우리는 보쿰으로 이사했습니다. 스데반은 여름 방학 때 한국을 방문해 한양대 학생 교회에서 당시 한국에 계셨던 이 리디아 선교사님으로부터 성경을 배웠습니다. 한국에서 돌아온 후 스데반은 전에 우산을 스스로 고장 내 놓고 다른 아이들이 고장 내 놓았다고 엄마에게 거짓말을 한 것에 대해 용서를 구했습니다. 물론 우리는 그의 회개와 정직한 용기에 기뻐했습니다.

바롭-길(Baroper Straße) 204번지
1986. 8. 1. ~1987. 2. 28. 동안 저희가 살았던 셋방입니다.

헬렌넨산-길(Helenenbergweg) 셋방을 가정교회로 쓰다 1986년 8월 1일부터 저희 가정은 바롭-길(Baroper Strasse) 204번지의 집 다락방으로 이사하여 교회와 저희의 거처를 분리하였습니다.

당시 어느 주말에 주말 수양회가 있었는데 아이들이 집에 있겠다고 해서 집주인에게 필요할 때는 아이들을 좀 돌봐 달라고 부탁하고 수양회에 참석하고 일요일 오후에 돌아왔습니다. 디모데가 우리가 온 것을 보고 기뻐서 집에서 쏜살같이 제게로 뛰어왔습니다. 저는 디모데를 못 보고 차 뒤의 짐 싣는 칸에서 짐들을 꺼내고 차의 해치를 닫는 순간 디모데가 순식간에 제게 달려왔기 때문에 해치가 그의 머리에 부딪혔습니다. 그의 머리에서 피가 나자 저희는 매우 놀라서 곧바로 디모데를 병원으로 데리고 갔는데 의사는 진단해 보고 부상이 심한 것이 아니라고 하여 놀란 가슴을 진정시켰습니다.

1978년 2월 28일 우리 가정이 보쿰으로 이사한 후, 도르트문트 학생 교회는 대학에서 북동쪽으로 약 800m 떨어진 포겔포트스-길 18번지에 있는 하니발 고층 건물의 땅층 아파트로 이사했습니다.

* 저의 박사 학위

제 박사 학위 논문 제목은 "가연성 액체 혼합물의 인화점에 관한 연구"였습니다. 여기서 인화점은 점화원으로 인해 연소가 일어나기에 충분한 인화성 가스가 액체 위에 형성되는 최저 온도를 의미합니다. 예를 들어, 인화성 액체가 밀폐되어 있지 않고 열려 있는 방에서 담배를 피우면 불이 나거나 폭발할 수 있습니다. 제가 논문을 발표할 당시에 많은 인화성 액체의 인화점이 이미 알려져 있었습니다. 그러나 이들 혼합물의 인화점은 대부분 아직 알려지지 않았었습니다. 이 혼합물의 인화점을 알기 위해서 여러 액체들의 혼합물을 일일이 실험으로 확인하기엔 수고와 시간이 걸리는 일이었습니다. 그래서 저는 순수한 가연성 액체의 인화점을 기초로 혼합물의 인화점을 계산하는 식을 제안하고 이 식과 몇몇 액체의 혼합물을 실험으로 측정하여 저의 계산식이 유용함을 증명하는 논문을 썼습니다.

전에도 잠깐 이야기하였지만 제가 박사 학위 논문 준비를 시작했을 때 저희 첫아기 스데반을 봐 줄 보모가 없었습니다. 그래서 저는 에스더가 야간 근무를 마치고 집에 돌아와 잠을 자는 동안 스데반을 가끔 실험실에 데리고 가기도 했습니다. 그리하여 1985년 연초에 박사 논문 쓰기를 마쳤습니다. 하지만 제가 독일어로 쓴 논문은 독어 교정이 필요했습니다. 그래서 저의 지도교수 쉐커 교수께서 제 논문의 독일어를 정정하시다가 시간이 오래 걸리자 한 조교에게 독일어 수정을 부탁했습니다. 이 조교는 자신이 해야 할 일들 사이의 틈을 내어 제 논문을 수정해 주었습니다. 그래서 논문 독일어 수정에 약 1년이 걸렸습니다. 도움을 주신 Schecker 교수님과 조교에게 감사드립니다.

그동안 Schecker 교수는 저의 논문의 결과를 전문 저널에 두 번 발표했습니다. 아래는 쉐커 교수 밑에서 그 당시 박사 학위를 한 몇몇 사람들의 제목입니다.

Kalkert, Norbert:

Rindfleisch, H.-N.: *"Untersuchung zur Methodik von Sicherheitsanalysen"; Universität Dortmund; 1984*

Alfert, F.: *"Sicherheitstechnische Kenngrößen von polynären Brennstoff/Luft-Gemischen [Brennstoff-Luft-Gemischen] und selbstzerfallenden Stoffen"; Universität Dortmund; 1985*

Choe, M.: *"Experimentelle und theoretische Untersuchungen zur Flammpunktbestimmmung von Flüssigkeitsgemischen"; Universität Dortmund; 1986*

Mähler, R.: *"Zur Prozeßführung bei der Herstellung von Elastomer-Metall-Verbundelementen"; Universität Dortmund; 1991*

...

1985년 말 충남대학교 이보성 교수님께서 도르트문트대학교 화공과로 제게 텔렉스(Telex)를 보내왔습니다. 청주 충북대학교에 안전공학과가 신설되어 저를 그곳 교수로 초청한다는 내용이었습니다. 그러나 저는 즉시 이보성 교수님께 거절하는 텔렉스를 보냈습니다. 쉐커 교수님은 제 결정을 매우 유감으로 여기셨습니다. 저는 쉐커 교수님을 충분히 이해할 수 있습니다. 이분은 저를 위해 수고를 많이 하셨고 아버지와 같은 마음으로 저를 돌봐 주셨습니다. 또 제가 한국 안전공학의 선구자가 되기를 바라셨습니다. 그렇지만 교수님은 저의 결정을 존중해 주셨습니다.

저는 1986년 6월에 박사 학위를 받았습니다. 이날 저는 Schecker 교수님 연구그룹의 전통에 따라 화학공학과 실험실 옆에 배나무를 심었습니다. 저는 이 연구그룹의 기술자이신 필거(Pilger) 씨가 만든 박사모를 쓰고 색종이로 치장된 실험실용 운반-밴을 탔습니다. 그리고 동료들이 이 밴을 끌어 주었습니다. 그리고 연구그룹에서 저를 축하하는 작은 파티를 열었습니다. 저는 이 모든 것을 하나님이 은혜로 저에게 주신 것이므로 하나님께 감사드립니다. 또한 쉐커 교수님과 이보성 교수님에게 감사드립니다. 또한 쉐커 교수님 밑의 조교들과 여비서 그리고 직원들의 친절과 도움에 감사드립니다.

저는 독일 도르트문트 근처의 회사에 취직하기 위해 구직 원서를 내었습니다. 당시 독일 회사들은 외국인을 잘 채용하지 않던 시대로 쉐커 박사님은 독일 사람이 제게 일자리를 안 주려고 할 것이라고 말씀해 주셨습니다. 사실 그 말 그대로였습니다. 제가 독일 사람처럼 독일어를 유창하게 못 하고 독일 회사에서 필요로 하는 기술이 없었으니 회사들이 저를 채용하지 않는 것도 당연했습니다. 그러나 저는 독일에 머무르기로 결정한 것을 후회하지 않습니다. 청교도들이 미국에 와서 처음에 어려움을 겪었던 것처럼 제가 독일 학생 선교의 개척자로 어려움을 겪는 것은 어쩌면 당연한 일이었습니다. 저는 이러한 어려움에 부닥쳤지만, 독일을 저의 새로운 고향으로 여기고 독일인들에게 하나님의 복을 나눠 주는 삶을 살고자 하였습니다.

그러나 제 아들 스데반과 디모데는 보쿰대학교에서 경제경영학을 공부한 후 좋은 일자리를 얻어 독일과 미국에서 근무하고 있습니다.

아홉 번째 이야기:
도르트문트에서 수고한
하나님의 사람들

아홉 번째 이야기:
도르트문트에서 수고한 하나님의 사람들

"나는 선한 목자라 내가 내 양을 알고 양도 나를 아는 것이
아버지께서 나를 아시고 내가 아버지를 아는 것 같으니
나는 양을 위하여 목숨을 버리노라
또 이 우리에 들지 아니한 다른 양들이 내게 있어
내가 인도하여야 할터이니
저희도 내 음성을 듣고 한 무리가 되어 한 목자에게 있으리라"

(요한복음 10장 14~16절)

1. 도르트문트에서 동역했던 독일, 인도네시아 그리고 한국 학생들

* 아디 사트리아(Adi Satria)와 코르넬리우스(이맘 부바기오, Iman Subagio)

아디 사트리아(Adi Satria)는 인도네시아에서 온 화학공학과 학생이었습니다. 오현금 씨가 1979년 1월 7일 대학 식당에서 이분을 만나 주일예배에 초청했습니다. 그리하여 이분은 1월 21일에 인도네시아 학생인 코르넬리우스(이맘 수바기오, Iman Subagio)와 함께 주일예배에 참석했습니다. 코르넬리우스는 마침 성서의 가르침을 충실하게 가르치는 교회를 찾고 있었습니다. 코르넬리우스는 일주일 후 화학공학과 독일 학생 마르틴 나하트로트(Martin Nachtrodt)를 주일예배로 인도했습니다. 마르틴은 외국 학생들에 대한 목자의 심정이 있었습니다.

그 후 아디는 1979년 2월 9~11일에 열렸던 성경학교에서 축복을 나눠 주는 자로서의 하나님의 부르심을 창세기 12장 2절 말씀에 기초하여 영접하였습니다. 오현금 씨는 하나님의 말씀으로 그를 충실히 도왔습니다. 어떤 면에서 그는 하나님의 구원 역사에서 중요한 역할을 했습니다. 1979년 5월 25~27일에 서독 전체 봄 수양회가 바드-회니겐(Bad Hönigen)에서 열렸습니다. 도르트문트에선 선교사들과 아디와 코르넬리우스가 참석했습니다. 아디는 "새로운 변화" 코르넬리우스는 "사람들은 하나님 말씀이 필요합니다"(누가복음 5장 1절)라는 제목으로 소감을 발표하였습니다. 아디와 코르넬리우스는 2~3년 동안 저희와 동역하며 복음을 전했습니다.

1980년의 제 수첩에는 오현금 선교사가 도운 학생들의 이름을 볼 수 있습니다: Detlef, Mattina, Adi, Sookbin, Young-Hee, Heesook, Gaby, Theo.

* 마르틴 나하트로트(Martin Nachtrodt) – 친절한 전도자
마르틴 나하트로트는 국제 Inter Varsity Fellowship의 독일 자매그룹인 SMD(Student Misson in Deutschland)에서 활동하던 학생입니

다. 그는 겸손하고 친절했습니다. 그는 기독교 가정에서 자랐는데 그의 삼촌 중 한 명은 해외 선교사였습니다. 그래서 외국 학생들에 대한 목자 심정이 많았습니다. 그 당시 그는 하산(Hasan)과 사드롤딘(Sadroldin)이라는 아프간 학생 부부를 돕고 있었습니다. 그 부부는 이미 기독교인이었습니다.

마르틴은 1979년 6월 21일에 저녁에 있었던 성경공부 시간에 누가복음 5장 9~10절을 설교했습니다. 그리고 그는 성경 말씀에 근거하여 학생 선교를 위한 하나님의 부르심을 영접했습니다.

이분은 1979년 7월경에 도르트문트대학교 석사과정을 졸업했습니다. 그리고 마리안네(Marianne) 자매와 약혼했던 그는 일반 직장을 찾을까 하고 있었습니다. 그러다 1979년 8월 23~26일에 뒤셀도르프 YMCA가 운영하는 분데스회에(Bundeshöhe) 수양관에서 열린 저희 여름 수양회에 참석했습니다. 그리고 이 수양회에서 그는 요한계시록 1장 7절 말씀에 근거하여 학생들의 목자로서 부르시는 하나님의 뜻을 영접하였다고 말하였습니다. 저는 그에게 학생 선교를 위해 박사과정을 밟도록 제안했고 그는 그 제안을 받아들였습니다. 그래서 우리는 박사과정 자리와 조교 자리를 그에게 주시도록 하나님께 기도하였습니다. 하나님께서는 1980년 1월에 그에게 박사과정 자리와 조교 자리를 주셨고 1980년 5월 3일 약혼녀 마리안네와 결혼하였습니다. 저와 에스더, 이 아브라함 선교사님 등은 마르틴의 고향에서 있었던 결혼식에 참석하여 그의 새 가정을 축하했습니다. 그의 결혼은 작은 마을에서 기쁨이 넘치는 전통적인 결혼식이요 축하 파티였습니다.

마르틴은 마티아스, 빈프리드 같은 학생들을 믿음으로 인도하기 위해 말씀으로 도왔습니다.

그리고 1986년 박사 학위를 받은 후 뒤셀도르프 단과대학의 기계공학 & 화학공학과 교수가 되었고 그곳에서 계속하여 학생들 선교를 위해 일하고 있습니다.

* 루드거 지켈만(Ludger Sickelmann)과 제1회 도르트문트 성경학교

1979년 6월 중순에 도르트문트 중심가에서 집에 오기 위해 바롭까지 타고 오던 전차 안에서 저는 루드거 지켈만(Ludger Sickelmann)이라는 금발의 물리학과 학생을 만나 그를 성경학교에 초대했습니다. 1979년 6월 20~21일(수~목) 저녁 시간에 저희 가정교회에서 성경학교를 열었고 이를 "성경 아카데미"라고 불렀습니다. 그러나 첫날 저녁에 우리가 초청한 학생 중 한 명도 오지 않았습니다. 그래서 그날 저녁 우리는 성경공부 대신 기숙사에 가서 학생들을 다시 초대했습니다. 그때 우리는 동산-길(Ostenbergstrasse) 99번지 학생 기숙사에 사는 루드거를 만나 그를 다시 다음 날 성경학교에 초대했습니다. 그래서 루드거는 그다음 날 21일 목요일 저녁 우리 성경공부 모임에 왔습니다. 그날 저녁에 마틴 나하트로트(Martin Nachtrodt)는 누가복음 5장 10절을 기초로 하나님의 말씀을 전했습니다. 이날은 마르틴(Martin R.)과 데틀렙 하우어캄프(Detlef Hauerkampf)도 참석했습니다. 이 성경 아카데미에 참석한 학생들은 후에 많은 사람들에게 하나님의 복을 전해 주는 사람이 되었기 때문에 매우 중요한 모임이 되었습니다. 이 성경 아카데미 이후 데틀렙 하우어캄프는 오현금 선교사와 1979년 6월 23일부터 일대일로 성경공부를 하였습니다. 데틀렙은 위생에 신경을 썼기 때문에 자기 포크를 가지고 다녔습니다.

　루드거는 그해 7월 12일 저와 함께 요한복음 공부를 시작했습니다. 마르틴 리쎄는 이미 에스더와 매주 성경공부를 하고 있었습니다.

　루드거는 그해 8월 23일부터 26일까지 뒤셀도르프에서 열린 여름 수양회에 참석하여 은혜받은 말씀 소감을 발표하였습니다. 그는 요한복음 1장 42절 말씀을 기초하여 "네 이름은 이후로 게바라 하리라"라는 말씀을 영접하였는데, 게바라는 말은 번역하면 "반석"입니다. 루드거는 하나님께서 자신을 "반석"과 같이 써 주실 것을 믿는다고 말했습니다. 그 이후로 이분은 학생들을 성경공부로 도와 수많은 학생들을 믿음으로 인도했습니다.

　1982년 8월 11~20일에 루드거는 저와 퀼른의 베라 분더리히(Vera Wunderich), 시그리드 마키탄(Sigrid Marquitan), 볼커(Volker), 박다니엘, 이기향 및 이 아브라함 선교사님과 함께 미국의 나이아가라 수양회에 참석했습니다.

　루드거는 하나님을 충성스럽게 섬겼습니다. 그리하여 그는 발터 네트(Walter Nett), 빈프리드 쉬미트(Winfried Schmidt), 디 & 엘(Di & El) 부부 등과 같은 많은 학생들을 성경공부와 영적 카운슬링으로 도왔습니다. 하나님은 그의 헌신을 풍성하게 축복하셔서 그가 도운 학생들이 주님을 인격적으로 만나 주님의 귀한 일꾼이 되었습니다.

　1984년 3월 18일 일요일에 우리는 루드거가 퀼른에서 전임 목자 훈련을 받기를 원했기 때문에 기도해서 보냈습니다. 루드거는 퀼른에서도 주님을 위해 복음을 위해 헌신적으로 일했습니다.

루드거는 1985~1986년 겨울 학기부터 전공을 바꿔 크레펠트(Krefeld)라는 도시의 단과 대학에서 통신공학을 얼마 동안 공부했습니다. 루드거는 그곳에서도 학생들을 일대일 성경공부에 열심히 초대했습니다. 유르갠 미쉬케(Jürgen Mischke, 3학기), 헤버르트 프린첸(Hebert Prinzen, 3학기), 토마스 숄쯔(Thomas Scholz, 3학기), 로타 슐쯔(Lothar Schulz, 3학기), 호오스트 디프만(Horst Dipmann) 등의 학생들에게 창세기를 일대일로 가르쳤습니다.

루드거는 그가 어디에 있든 사람들에게 하나님의 축복을 나눠 주는 사람입니다. 그는 정말 복의 근원으로 하나님께 쓰임받았습니다.

* 칼-하인즈 호만(Karl-Heinz Hohmann)

1981년 독일 여름 수양회는 1981년 8월 27~30일 프랑크푸르트시에서 북동쪽 나일강 근처에 있는 나움부르그 성(Naumburg Castle)에서 열렸습니다. 우리는 학생 기숙사를 방문하여 학생들을 이 수양회에 초대했는데 이 수양회 하루 전 오현금 선교님이 칼-하인즈 호만 학생을 만나 기도하기 시작하였고 그해 9월 4일 이 학생은 오현금 선교사님과 마가복음을 일대일로 배우기 시작하여 성경공부와 예배에 꾸준히 참석했습니다. 당시 그는 도르트문트 교육대학에서 교사가 되기 위해 공부하고 있었는데 특히 터키어에 대한 언어적 재능을 가지고 있었습니다.

칼-하인쯔는 1981년 12월 31일에 바롭역-길의 가정교회 현관의 작은 방으로 입주하여 살다 약 1년 후 거룩한 수풀-길(Am Heiligen Busch)에 있는 장 바울 & 오현금 선교사 가정집의 방으로 이사할 때까지 살았습니다.

칼-하인즈 호만은 1982년 7월 1일 신앙 간증을 하였습니다. 그는 1956년에 태어났습니다. 그의 어머니는 갑상선 문제가 있었습니다. 중고등학교 시절에 그는 에세이를 잘 썼습니다. 또 클래식 음악과 생물학을 좋아했지만, 스포츠를 좋아하지 않았습니다.

* 발터 네트(Walter Nett)

1981년 11월 중순에 루드거는 배우고자 하는 소원이 있는 학생을 성경공부에 인도하고자 기도하고 있다고 말했습니다. 하나님은 그의 기도에 신속히 응답하셨습니다. 1981년 11월 21일 토요일에 루드거는 에스더와 함께 학생 기숙사에서 발터 네트라는 컴퓨터학과 학생을 초대해 마가복음을 일대일로 가르치기 시작했습니다. 네트(Nett)란 성은 "친절한"이란 뜻으로 그는 친절한 학생이었습니다. 그리고 컴퓨터같이 많은 것을 빨리 배우고 암기하는 학생이었습니다. 그는 매우 충성스러웠고 예수님의 가르침을 용기 있게 따랐습니다. 그는 누가복음 5장의 성경공부를 통해 시몬 베드로의 부르심 이야기를 배웠습니다. 예수님은 베드로의 작은 어선에 올라 해변에 모여 있는 많은 사람들에게 하나님 말씀을 가르치고 나서 시몬 베드로에게 이렇게 말씀하셨습니다. "배를 깊은 데로 저어가 그물을 던지시오!" 베드로가 예수님 말씀대로 그물을 던지자 많은 물고기가 잡혔습니다. 그리고 예수님은 자기 앞에 엎드린 베드로에게 이렇게 말씀하셨습니다. "두려워하지 마십시오. 이제부터는 당신은 사람 잡는(즉 살리는) 어부가 될 것입니다!"

이 성경 말씀에 의거해 발터는 하나님 말씀으로 학생들과 사람들을 사람을 구하는 사명을 위해 부르시는 하나님의 뜻을 받아들였습니다.

1982년 6월 29일 수양회 때 발터는 예수님이 영생의 좋은 소식을 세상에 전하기 위해 12사도를 세우셨듯이 자신도 12명의 학생 사도를 세우겠다고 했습니다.

1982년 여름 발터는 컴퓨터학과를 졸업하였습니다. 그는 학생들이 예수 그리스도를 믿고 예수의 제자로 살도록 돕고자 하였습니다. 그래서 옆 도시 하겐에 있는 방송통신대학교에서 정상 근무의 반만 근무하는 조교 자리를 얻었습니다.

그리고 1982년에 그는 게어드 푸랑켄(Gerd Franken, 컴퓨터 4학기), 라이너 스탈후트(Reiner Stahlhut, 통계 6학기), 라이너(Reiner, 경제학 6학기) 등을 도왔습니다.

쾰른의 이 아브라함 선교사님은 발터를 차기 지도자로 키우기 위해 쾰른 대학교회로 옮길 것을 제안했습니다. 그는 이 제안을 하나님의 부르심으로 영접하고 1983년 중반에 쾰른으로 이사했습니다. 그 후 쾌활한 윈넬(Wynelle)과 결혼했으며 페터(Peter), 에스더(Esther), 다니엘(Daniel) 귀여운 세 자녀를 키웠습니다. 이 가정은 행복했으며 많은 사람들에게 기쁨을 주었습니다.

그 후 발터는 이 아브라함 님을 이어 쾰른 학생 교회의 책임사역자이자 설교자로 오랫동안 하나님의 교회를 섬긴 후에 저희 보쿰 교회에서 성경공부를 통해 믿음을 갖고 성장한 울리케 브링크만(Ulr-ike Brinkmann) 여의사의 남편 에버하르트 그로스(Eberhard Gross) 님에게 책임사역직과 설교직을 물려주고 멩헨글라드바흐(Mönchengladbach)로 이사했습니다.

* 디와 엘 부부

　루디거와 에스더는 1982년 3월 초에 화공학과 7학기생 디를 성경공부에 초대했습니다. 디의 약혼자였던 엘은 10월 22일부터 에스더와 성경공부를 시작했습니다.

　디는 편안한 성격을 가졌고 엘은 감정이 풍부한 성격을 가졌습니다. 그래서 둘은 부부로서 참 잘 어울렸습니다. 두 분의 결혼식이 1983년 6월 두 분이 다니던 교회에서 거행되었습니다. 저희는 이분들의 결혼식에 참석했는데, 교회 예식이 끝난 후 축하 파티에서 교회의 젊은이들이 다양한 축하 프로그램으로 결혼을 축하해 주었습니다.

　엘 님은 에스더와 함께 성경을 열심히 공부했습니다. 그리고 1983년 9월에 마가복음 3장 13~15절 말씀에 근거하여 청소년과 학생들을 위한 하나님의 부르심을 영접하고 성경공부로 학생들과 젊은이들을 적극적으로 돕기 시작했습니다.

　디는 1984년 4월 7일 우리 도르트문트 교회에서 자신의 신앙에 대해 간증했습니다. 그가 어렸을 때 그의 가족은 자기 전에 기도했습니다. 그는 어린 시절에 비교적 수동적이었습니다. 그러나 18세에 그는 고향 교회에 참석하기 시작했습니다. 그런데 그는 자신의 삶이 바뀌는 것이 두려웠습니다. 그는 또한 큰 소리로 기도하는 것을 두려워했습니다. 하지만 그곳에서 조금씩 기도하는 법을 배웠습니다. 그 후 도르트문트대학에 다니게 되어 학생 기숙사에서 공부하고 있을 때 루드거가 그를 성경공부에 초대했습니다. 루드거와 성경을 공부하면서 그는 주님을 신뢰하며 사는 법을 배웠다고 했습니다.

디와 엘 부부는 학생들과 젊은이들을 신앙으로 인도하기 위해 마음을 들여 우리와 함께 일했습니다. 그 후 디가 졸업 후 회사에 취직하여 이 부부는 회사가 있는 곳으로 이사했습니다.

* **독일어 설교문 수정**

1979년 6월경 저는 도르트문트대학 식당 입구에 앉아 있던 유타(Juttah)라는 독일 여학생에게 독일어로 쓰인 저의 설교문의 독일어 수정을 좀 해 달라고 요청했습니다. 그녀는 제 설교문을 수정하고 수정된 설교문을 제게 돌려주면서 설교 시 청중인 학생들을 "양"이라고 부르는 것은 좋지 않다고 말했습니다. 그분의 말이 옳습니다. 인간은 동물이 아닙니다. 이를 통해 아직 하나님을 믿지 않는 학생들에게 설교하려면 그들의 언어와 감정을 이해해야 하는 것을 배웠습니다.

* **보쿰대학교 여리고 행진**

1979년 11월 24일 토요일에 우리 도르트문트 동역자들은 도르트문트의 우리 교회에서 보쿰대학교까지 도보로 왕복하였습니다. 보쿰과 도르트문트 사이의 거리는 약 15~20km입니다. 아직 하나님을 믿지 않는 보쿰대학교 학생들의 닫힌 마음 문을 복음에 대해 열게 하려는 의미에서 우리는 이 도보 행진을 여리고 작전이라고 명명했습니다. 구약 성경은 이스라엘 백성이 여리고 성벽 주위를 7일 동안 행진했을 때 여리고의 성벽이 무너졌다고 기록하고 있습니다. 우리는 이 행진을 하면서 보쿰대학생들의 마음의 장벽이 무너져 성경을 공부하고 예수님을 영접할 것을 믿었습니다. 그리고 이것은 후에 실제로 일어났습니다. 하르트무트(Hartmut), 레나테(Renate) 등 많은 학생들이 마음의 문을 열고 예수님을 영접하고 학생 선교를 위해 우리와 함께 일했습니다.

2. 도르트문트에서 동역한 한국인 선교사들(1979~1986년)

저는 1978년부터 에센, 보훔, 도르트문트 학생 선교를 위해 동역하던 허유강 선교사님과 오 사라 선교사님에 대해선 이미 이야기했습니다. 1979년 4월 4일에 허유강 선교사님은 한국에 영구 귀국하여 남편 조성기 님과 함께 서울시 신림동에서 서울대학교 학생 선교를 위해 일하기 시작했습니다.

이제부터는 유학생 선교사들에 관해서 이야기하겠습니다.

저는 유학생 비자로 독일에 왔습니다. 이미 언급했듯이 당시에 한국 정부는 외화를 아끼고자 자비 유학을 허용하지 않았습니다. 제가 유학생 여권을 받아 독일에 오기 위해서 독일에 계신 저의 지도교수님의 초청장 겸 재정보증서를 받아 제출해야 했습니다.

저는 에스더와 결혼했기 때문에 가족 초청으로 독일에 올 수도 있었습니다. 그러나 하나님은 다른 계획을 갖고 계셔서 저를 에스더의 부부 초청이 아닌 지도교수의 초청으로 유학생으로서 독일에 오게 하심으로써 독일에 오기 위한 여권 신청 과정을 통해 한국에서 유학생 선교사들이 독일에 올 수 있는 선교의 길을 발견하였습니다. 한국에서 많은 유학생 선교사들이 독일에 올 수 있도록 선교의 문을 여는 역할을 제가 할 수 있게 하신 것이었습니다. 물론 에스더나 이기향 선교사님이 처음부터 이런 뜻을 가지고 절 유학생 신분으로 독일에 오도록 계획한 것은 아니었습니다. 독일에서 이기향 선교사님과 에스더는 당시 저의 석사과정 지도교수님이셨던 이보성 교수님이 도르트문트대학에 계신 것을 저를 통해 알고 제가 도르트문트대학에서 박사과정을 밟을 수 있도록 이보성 교수님으로부터 쉐커 교수님을 지도교수로 소개받고 쉐커 교수님의 초청장을 받아 보내 주었습니다. 그리고 제가 이 초청장으로 한국에서 여권을 받기 위해 몸소 뛰는 과정을 통해 유학생으로 독일에 오는 여권을 받는 길을 발견하였습니다.

저의 지도교수님의 초청장엔 재정보증에 관한 글도 적혀 있었는데 제가 독일에 오기 위한 비행기 삯과 공부하는 동안의 모든 비용을 대 주겠다고 적혀 있었습니다. 이 초청장을 받기 위해 에스더는 저의 지도교수님께 10,000마르크를 맡겨야 했습니다. 저의 지도교수님은 1년 후에 저의 건강보험금으로 지출하고 남은 돈을 저희에게 돌려주었습니다.

저는 한국에서 유학생 여권을 받던 경험을 통해 독일인이 초청장 겸 재정보증서를 써 준다면 한국에 있는 우리 동역자들이 유학생 여권을 받아 독일에 유학생 선교사로 올 수 있다는 것을 알고 한국 학생 교회의 졸업생들을 유학생 선교사로 초청하였습니다. 재정보증서를 겸한 초청장을 독일인에게 받기 위해 저희는 아는 독일인들에게 한국의 법을 설명하고 재정적 책임은 제가 지겠다는 각서를 써 드렸습니다. 그리하여 오현금 님의 친구 영희 코르놉스키 씨 남편 페터 코르놉스키 씨께서 안재룡 님의 초청장을 써 주셨고, 윤순기 씨와 저는 보쿰대학교 동아시아학과의 베르너 사쎄(Werner Sasse) 박사한테서 이사현(Paula Kim) 님의 초청장을 받아 보내 주었습니다. 그리고 에스더가 잘 아는 레다

(Rheda)의 발터 라이허르트(Walter Reichert) 박사님한테서 손장원 씨 초청장을 받아 보내 주었습니다.

한편, 한국 대전 학생 교회의 지도자이셨던 서덕근 목자님은 하나님의 역사하심을 알아차리고 대학 졸업생들에게 유학생 선교사로서 독일로 가도록 격려하고 파송했습니다. 그렇게 하여 유학생 선교를 통한 독일 선교가 시작되었습니다.

오늘날 독일에 있는 대부분의 한국 선교사들은 원래 유학생 선교사들이었습니다.

그 후 1988년 서울 올림픽 전후로 한국에서 법이 바뀌어 자비 유학이 가능해졌습니다. 하나님은 유학생 세계선교 역사를 1990년 전후로 헝가리, 러시아를 비롯한 공산권으로 확장하셨는데 인천 대학마을교회 우남식 님은 헝가리에 김 바울 님을, 러시아에 황 제임스 님을 유학생 선교사로 파송하여 그곳에 대학생 선교사역의 깃대를 꽂았습니다. 그 뒤를 이어 수많은 유학생 선교사들이 그곳과 다른 공산권 국가에 파송되었습니다.

유학생 선교사를 통한 역사는 선교사가 어학과정과 대학 공부를 통해 우선 그 나라 말을 익히고 그 나라 문화를 이해한 후 선교를 하므로 가장 효율적인 선교방식이라고 할 수 있습니다.

하나님은 간호사 선교사를 통해 독일선교를 시작하시고 축복하셨듯이 유학생을 통해 독일선교와 세계선교를 시작하고 축복하셨습니다. 그러므로 저희는 하나님께 영광을 돌려드립니다. 하나님의 지혜는 놀랍기만 합니다.

안재룡(안 안드레, Andreas Ahn) 님은 1979년 4월 8일에 도르트문트에 도착했습니다. 안재룡 님이 도착하기 며칠 전 그해 4월 4일에 허유강 님이 한국으로 영구 귀국해서 남편 조성기 님과 함께 서울대학교 대학교회를 섬기기 시작하였습니다.

저희는 안재룡 선교사님이 언제 도착할지 몰랐었기에 마중을 나가지 못했습니다. 안재룡 선교사님은 뒤셀도르프 공항에 도착하여 저희에게 전화를 걸어 도르트문트에 어떻게 올 수 있는지 물었습니다. 저는 뒤셀도르프에서 기차를 타고 도르트문트 역까지 와 택시를 타고 오면 된다고 습관적으로 독일어 단어와 한국어를 혼용해서 답했습니다. 그 때문에 안재룡 선교사님은 뒤셀도르프에서부터 택시를 타고 도르트문트 우리 가정교회까지 오라는 것으로 잘못 이해하였습니다. 그래서 그는 택시비로 약 100마르크를 지불해야 했습니다.

안재룡 선교사님도 제가 보쿰대학교 어학과정을 다녔던 것과 같이 보쿰대학교에서 독일어 과정을 수강했습니다. 그 당시 도르트문트에서 보쿰대학교에 가려면 전차를 타고 도르트문트 역까지 가서 기차로 갈아타고 보쿰 역에서 내려서 전차를 타고 보쿰대학교로 가야 했기 때문에 세 번 표를 끊어야 했고 그 비용이 유학생인 그분에게 만만치 않았습니다. 그래서 안재룡 선교사님은 도르트문트에서 보쿰까지 자전거로 통학했습니다. 도르트문트에서 보쿰대학교까지는 약 15km로 자전거로 40분 정도 걸립니다. 안재룡 선교사님은 원한다면 한국에서 건축가로 일하며 풍족하고 편안하게 살 수 있었습니다. 하지만 독일 학생들에게 예수 그리스도의 좋은 소식을 전하기 위해 유학생 선교사로 와서 가난하게 살았습니다. 이분은 초기에 독일어를 잘 못했지만 크로이츠탈(Kreuztal)이라는 마을에서 온 펠릭스(Felix)라는 학생을 초대해서 성경을 가르쳤습니다. 펠릭스는 크로이츠탈시의 스데반-길(Stephanstrasse)에서 온 학생입니다. 제 이름이 스데반이기 때문에 기억에 남았습니다.

안재룡 선교사님은 그 외에도 아르놀드(Arnold, 1979년 6월부터), 백기석, 쿠어트(Kurt), 세야(Seja), 백선옥, 김석련, 김도실(1980년 3월부터), 빈프리드(Winfried, 1980년 6월부터), 라이너(Rainer) 등을 기도와 성경공부로 도왔습니다.

안재룡 선교사님의 아내이신 윤영기 선교사님(안 룻, Ruth Ahn)은 1981년 2월 12일 목요일에 첫아들 요한과 함께 독일에 도착했습니다.

그리고 독일 도착 10일 후 주일예배 시 다음과 같은 내용의 신앙 간증을 하였습니다:

"우리 교회에 나오기 전 이분은 무엇을 위해 살아야 하는지 몰랐습니다. 그리고 자신의 좋은 계획이 실패했을 때 매우 실망했습니다. 그러다가 1971년 봄에 마가복음과 창세기 성경공부를 통해 예수님을 인격적으로 만났습니다. 성경은 진정한 삶의 의미는 복음으로 세상 사람들을 구원하는 것이라고 가르쳐 주었습니다. 그 후 로마서 공부를 통해 피조물을 사랑하는 것이 아니라 하나님을 사랑하는 개인적인 구원을 체험하였다고 했습니다. 그리고 창세기 12장 2절을 통해 자신과 자신의 가족을 많은 사람들을 위한 축복의 물줄기로 사용하신다는 하나님의 약속을 받아들였다고 했습니다."

하나님께서는 이 가정을 통해 많은 학생들을 믿음으로 인도하셨습니다.

안재룡 선교사님은 학과공부 외 시간에 쾰른의 건축 사무소에서 일했습니다. 그래서 그의 가족은 1982년 6월 26일 쾰른으로 이사했습니다. 이 가정은 쾰른에서 여러 학생들을 믿음으로 인도해 예수님 제자로 살도록 도왔습니다.

안재룡 선교사님이 도르트문트대학에서 1986년 7월 15일 석사과정을 마치고 아헨공과대학교에서 박사과정을 시작했습니다. 그리하여 그의 가족은 1987년 아헨으로 이사하여 아헨공대 학생 선교를 위해 일하고 있습니다.

안재룡 선교사님 가정은 아헨 공대생 중 베르너 타이젠(Werner Teisen) 씨와 귀도 빌름스(Guido Wilms) 씨를 성경공부로 도와 예수님을 인격적으로 만날 수 있게 도왔습니다. 이 두 분은 안재룡 선교사님 가정과 함께 아헨공대 학생 복음화를 위해 일하고 있습니다. 안드레아스의 첫아들 요한은 아헨공대에서 의학을 공부하고 전문의가 되어 베를린에서 근무합니다. 그의 둘째 아들 마가도 충성스럽습니다.

오현금(장 사라, Sara Chang) 선교사님은 1980년 4월 2일 한국으로 날아가 장 바울 선교사님과 결혼하였습니다. 1982년 10월에 이 가정에 첫아기 장미라가 태어나서 우리는 하나님께 감사했습니다. 그 후 아들 장한별을 낳았습니다.

박동옥, 김두규 부부는 이미 레다(Rheda)에서 에스더와 함께 간호사 선교를 섬겼습니다. 이 부부는 독일 학생들에게 복음을 전하는 우리와 동역하기 위해 1980년 4월 21일에 도르트문트로 이사하여 박동옥 님은 도르트문트-홈부르크(Dortmund-Homburg)에 있는 성모병원(Marienhospital)에 취직했습니다. 첫 여자아이 김해진은 이사 당시 이미 1살이었고 그 후 사내아이 김우진이 태어났습니다. 김두규 님은 이야기를 흥미롭게 하는 재능이 있습니다. 그래서 이분의 이야기를 들을 때 우리는 모두 크게 웃었습니다. 이분들은 현재 에쎈에서 사십니다.

이사현(김 파울라, Paula Kim) 선교사님은 대구 대학생 교회에서 파송받아 1980년 3월 23일 일요일 도르트문트에 도착했습니다. 도착하자마자 이분은 보쿰대학교를 하나님께서 맡기신 성지로 생각하고 보쿰대학교 중앙에 있는 포럼광장 바닥에 입 맞추고 기도했습니다. 이분은 한국에서 1,000마르크밖에 안 가지고 왔지만, 하나님을 신뢰하고 생활비를 위해 청소일을 했습니다. 그리고 1983년 10월에 대구에서 김봉기(Joseph Kim) 선교사님과 결혼하셨습니다. 이분은 결혼 후 10월 5일에 저에게 자신의 결혼에 대해 다음과 같은 편지를 썼습니다.

> "저는 지금까지 저를 가장 좋은 길로 인도하신 하나님께서
> 미래에도 저를 가장 좋은 길로 인도해 주실 것을 믿습니다."

하나님은 이분의 믿음을 여러모로 축복하셨습니다.

김봉기(김 요셉, Joseph Kim) 선교사님은 1986년 3월 중순에 독일에 도착하여 3월 16일 예배 시간에 성경 선생이자 기도의 종으로 하나

님을 섬기고, 1년 안에 독일어를 정복하고, 약 4년 안에 박사 학위를 취득하고, 독일인 중에 3명의 전임 사역자와 마리아와 같은 헌신적이고 신실한 기도의 여종 3명을 세우고, 10년 안에 영국을 개척하겠다고 기도 제목을 발표하였습니다.

이 부부는 도르트문트에서 저희와 동역한 다음 저희 가정과 함께 보쿰으로 이사해 레나테 북홀쯔(Renate Buchholz) 님과 울리케 브링크만(Ulrike Brinkmann) 자매님을 성경공부로 도왔습니다.

김 요셉 선교사님은 "존 두이(John Dewey)의 중국문화 교류에 관한 논문"을 써서 보쿰대학교에서 박사 학위를 받고 뒤스부르크에서 사역하고 있습니다. 첫아이 김 사무엘은 미국 하버드대학교 석사과정을 밟고 현재 한국에서 근무하며 결혼하여 두 아이를 키우고 있습니다. 김 요셉 선교사님의 딸 김 요한나는 가정의 전문의 과정을 밟고 있습니다. 이 가정을 통해 하나님께서 독일과 전 세계의 수많은 사람들을 축복받은 삶으로 인도하고자 하십니다.

손장원(한 리브가, Rebecca Han) 선교사님은 1980년 6월 25일 목요일 독일에 도착했습니다. 이날은 1950년 한국 전쟁이 시작된 날이었습니다. 손장원 선교사님은 전쟁의 소식을 전하는 자로 독일에 온 것이 아니라 평화의 소식을 전하는 자로 독일에 왔습니다.

이분은 충남대학교 국문학과를 나와 교사로 몇 년간 일했었습니다. 그런 다음 국문과 대학원을 다니며 조교로 근무했습니다. 그 후 이분은 해외에서 선교사역을 감당하고 싶었지만 국문과를 전공했기 때문에 선교사로 갈 기회가 없었다고 합니다. 하나님은 이분에게 보쿰대학교 동아시아학과의 박사과정을 통해 선교의 문을 열어 주셨습니다.

손장원 선교사님은 1982년 7월 23일 한국으로 날아가 1982년 9월 한상대(한 요셉, Joseph Han) 선교사님과 결혼하고 9월 29일 독일로 돌아왔습니다. 한상대 선교사님은 1983년 8월 14일에 독일에 도착했습니다.

하나님은 이 유학생 선교사 부부에게 마리아와 요한을 자녀로 주셨습니다. 한 요셉 님은 저녁엔 신문을 팔고 낮에는 공부하며 아이들을 돌보았습니다. 그러면서도 이분은 독일 학생들을 일대일 성경공부로 충성스럽게 도왔습니다. 하나님께서 이분의 믿음과 손장원 선교사님의 동역을 넘치게 축복하셨습니다.

한상대 선교사님은 한국에선 전기공학을 하였지만, 전공을 바꿔 조경학을 처음부터 시작하여 5년 만에 학사와 석사과정을 모두 마쳤습니다.

학업을 마친 후 한 요셉 선교사님은 프랑크푸르트의 한 은행에 취직했습니다. 그래서 온 가족이 옆 도시 다름슈타트로 이사하여 다름슈타트 학생 교회를 개척하고 섬겼습니다. 현재 딸 마리아는 의사로 근무하며 오스트리아인 의사와 결혼하여 아들을 낳았고 아들 요한은 경영학을 공부하고 에쎈대학교에서 조교로 근무하며 박사과정을 밟고 나서 베를린에서 근무하고 있습니다.

한 요셉, 손장원 부부는 다름슈타트에서 만프레드 롯(Manfred Roth) 형제님을 성경공부로 도왔습니다. 만프레드는 하나님의 존재에 대해 의심했었습니다. 한 요셉 선교사님은 성경공부를 통해 만프레드가 의심을 극복하고 하나님을 확실히 믿도록 도왔습니다. 그 후 만프레드는 조교로 근무하며 박사과정을 밟아 박사가 되었고 회사에 근무합니다. 그리고 몰도바의 저희 선교교회의 딴야(Tanja) 자매와 결혼하고 네 자녀를 두고 있습니다. 한 요셉 선교사님의 2010년 소천 후 만프레드 목자가 다름슈타트 교회 책임자로 하나님을 섬기다 얼마 전에 사임하였습니다.

저는 2021년 6월에 소천하신 손장원 선교사님의 어머니의 친절하신 얼굴을 기억합니다. 이분은 그 가정에서 제일 처음으로 예수님을 믿으시고 가정의 복음화를 위해 기도하셨습니다. 손장원 선교사님은 어머니의 전도 사명을 이어받아 자매인 손장숙 님과 손장화 님이 믿음을 굳건히 하도록 격려했습니다. 손장숙 님과 손장화 님은 고등학생 때나 대학교 1학년 때 대전 우리 학생 교회에 와서 언니 한장원 님과 성경공부를 하기도 하였습니다.

이택용(이 이사야, Jesja Lee) 선교사님은 1980년 10월 15일 독일에 도착했습니다. 이분은 서울대학교를 졸업한 후 대전의 한 연구소에서 수년간 연구원으로 일했었습니다. 그러나 이분은 보수가 좋은 직장을 포기하고 독일 학생들을 신앙으로 인도하기 위해 유학생 선교사로 도르트문트에 왔습니다.

그의 부인 강성자(이 베키, Bekkie Lee) 선교사님은 약 1년 후인 1981년 11월 5일에 두 아들 바울(Paul)과 두웅(Doo-Ung)을 데리고 와 이택용 선교사님과 합류하였습니다.

몇 년 후 이 부부를 파송했던 안암 UBF의 대표이셨던 양 마가 목사님이 독일 여름 수양회에 참석하기 위해 독일에 오셨을 때 이택용 선교사님께 유학생 선교사로서 그만 고생하고 한국에 돌아와 같이 동역하자고 제안했습니다. 그러나 이택용 선교사님은 끝까지 선교사로 살고자 한다고 대답했습니다.

　이 부부 선교사님은 요셉 슐테(Joseph Schulte), 랄프 나우(Ralf Nau), 한스-페터 픽(Hans-Peter Fick), 비올라(Viola), 베아테 쾨니히(Beate König), 요한네스 혼숍(Johannes Honschopp) 등을 성경을 가르쳐 예수님의 제자로 살도록 도왔습니다.

　1987년 7월 12일 도르트문트 학생 교회에서 저의 가정과 김 요셉 & 파울라 가정을 보쿰대학 개척자로 파송하는 파송예배가 있었습니다. 이때 강성자 선교사님은 로마서 1장 1~5절을 요절로 해서 자신의 삶 가운데 역사하신 하나님의 은혜에 대해 다음과 같이 발표했습니다.

　"저는 아주 행복한 기독교 가정에서 자랐습니다. 1970년 서울대 입학시험에 불합격했을 때 다음번 서울대 입시에 합격하면 하나님을 위해 살겠다는 야곱과 같은 맹세를 하였습니다. 하나님은 그 기도를 들어주셨습니다. 그 후 종로 대학생 교회에서 창세기 1장 31절 성경 말씀을 배우고 그때까지 사람 앞에서 살았다는 죄를 깨닫고 큰 은혜를 받았습니다. 그리고 요한복음 21장 15절 '네가 나를 사랑하느냐?'라는 예수님의 말씀을 통해 예수님의 사랑과 선교 사명을 받아들여 선교사가 되었습니다."

　제가 보쿰으로 이사한 후 이택용 선교사님이 도르트문트 대학교회의 책임과 설교를 맡았고 이 부부는 도르트문트 대학교회를 충성스럽게 섬겼습니다.

　이기민(이 리브가) 선교사님은 1982년 10월 13일 도르트문트에 도착했습니다. 고등학교 시절에 이분은 교사로 일하시던 윤영기 선생님과 성경공부를 했었고 충남대학교에서 간호학을 공부하며 우리 교회에 출석했었습니다. 이기민 선교사님은 얼마 후 뒤셀도르프로 이사해 그곳에서 의학을 공부했습니다.

열 번째 이야기:
도르트문트 학생 교회 말씀역사

열 번째 이야기: 도르트문트 학생 교회 말씀역사

"나는 선한 목자라 내가 내 양을 알고 양도 나를 아는 것이
아버지께서 나를 아시고 내가 아버지를 아는 것 같으니
나는 양을 위하여 목숨을 버리노라
또 이 우리에 들지 아니한 다른 양들이 내게 있어
내가 인도하여야 할터이니 저희도 내 음성을 듣고 한 무리가 되어
한 목자에게 있으리라"

(요한복음 10장 14~16절)

1. 동산-길 22번지 가정교회 말씀역사
(1978.8.15. ~ 1981.9.26.)

* 이숙빈, 김언자 님

에쎈에 있는 폴크광 음대에서 바이올린을 공부하던 이숙빈 님은 1979년 봄부터 오현금 님의 초청으로 예배에도 오고 여름 수양회에도 참석했습니다. 그 후 이분은 약 2년 동안 우리 예배에 꾸준히 참석했고

오현금 선교사님과 성경공부를 했습니다. 이숙빈 님은 음악적 타고난 재능과 연습의 관계에 대해,

"아주 뛰어난 바이올린 연주자가 되고 싶다면 천재적 재능을 갖고 태어나 열심히 연습해야 합니다. 저는 천재적 재능을 갖고 태어나지는 않았지만, 부지런히 연습합니다."

라고 겸손하게 말했습니다. 이분은 졸업 후 서울 한 대학의 교수가 되셨습니다. 그리고 교회에서 찬송가를 자주 연주하였습니다.

1979년 8월에 파리에서 불문학 박사과정을 하고 있던 에스더의 외사촌 김언자 님이 저희를 방문해서 약 한 달 동안 머물렀습니다. 이 기간에 이분은 도르트문트에서 독일어 과정에 다녔고 에스더와 성경공부도 하였습니다. 이분은 박사 학위를 취득한 후 춘천에 있는 강원대학교에서 불문학과 교수로 재직하고 불문학회 회장도 역임하시면서 한국에서의 불문학 발전에 수고하셨습니다.

* 마르틴(Martin R.) - 유능한 경영학과 학생

1979년 5월 말에 에스더는 저의 집 같은 층에 사는 마르틴 학생을 위해 기도하고 성경공부에 초대했습니다. 그는 독실한 가톨릭 신자였습니다. 에스더는 5월 중순쯤부터 일주일에 한 번씩 그와 성경공부를 하였고 저는 아기 스데반을 돌보았습니다. 1979년 6월 21일의 저의 달력에는 요한복음 3장을 통해 그가 거듭나는 것에 대해 알게 되었다고 기록되어 있습니다. 1980년 초에 이분은 5년 만에 대학 학사와 석사과정을 마치고 유수한 회사에 들어가 승진하여 이사로 일하였습니다.

* **1979 여름 수양회**

1979년 서독 여름 수양회가 8월 23~26일에 뒤셀도르프에서 열렸습니다. 도르트문트에서는 마르틴 나하트로트(Martin Nachtrodt), 루드거, 아디, 이숙빈, 백기석(Bochum 대학교 학생, 안재룡 선교사님이 초청), 김석련, 김동옥 선교사님 남편 김두규, 김복음, 오현금, 안재룡 그리고 에스더 선교사와 제가 이 수양회에 참석했습니다. 이 수양회에서 마르틴 나하트로트는 학생목자로 부르신 하나님의 뜻을 영접했다는 소감문을 발표했습니다.

* **베른하르드와 크리스찬 콤멘데라 형제**

손장원 님은 독일에 도착하자마자 학생들을 성경공부에 초대하였습니다. 그리고 1980년 10월에 보쿰대 학생인 베른하르트 콤멘데라(Bernhard Kommendera)라는 보쿰대학교 신학과 학생을 성경공부 시간에 초대했습니다. 베른하르트는 지질학을 전공하던 형 크리스찬(Christian)을 우리에게 소개해 주었습니다. 이 두 형제는 그해 1980년 11월 7~9일에 도르트문트 근처의 하겐(Hagen)에서 열렸던 가을 수양회에 참석했습니다.

이 수양회 후 1981년 1월부터 베른하르트는 손장원 선교사님과 창세기 성경공부를 시작했습니다. 그는 1981년 3월 성경의 첫 구절 "태초에 하나님이 천지를 창조하시니라"라는 말씀을 영접하고 자신의 사고방식이 자기중심적인 데서 하나님 중심적으로 바뀌어 감사하다고 말했습니다. 그는 그해 9월경 영국으로 건너가 케임브리지대학에서 신학 공부를 계속했습니다.

크리스찬은 1981년 1월 초 이사현 선교사님과 성경공부를 시작했습니다. 이 학생은 순수하고 충성스러운 학생이었고 1985년까지 이사현 선교사님과 성경공부를 하였습니다.

* 마르틴 나하트로트 결혼, 하노버와 함부르크대학교 정탐, 미국 수양회 참석

1980년 3월 2일 일요일 예배 때 우리는 마르틴 나하트로트(Martin Nachtrodt)에게 박사 학위를 주신 하나님께 감사드렸습니다. 마르틴은 그해 5월 3일 토요일 그의 고향 바부르그(Warburg)에서 마리안네(Marianne) 자매와 결혼식을 올렸습니다. 저희들과 쾰른의 이 아브라함 선교사님과 일부 동역자들이 이 결혼식에 참석했습니다. 이 결혼식은 독일 전통적인 결혼식이었습니다. 마을 교회에서 결혼식이 끝난 후 피로연 식장까지 신랑 신부를 따라가는 행렬이 있었고 어린아이들은 가는 길에 꽃잎을 뿌렸습니다. 신혼부부의 친척들과 이웃들이 많이 참석했고 아주 은혜와 기쁨이 넘치는 결혼식과 피로연이었습니다.

5월 15일 목요일은 공휴일인 예수님 승천의 날이었습니다. 에스더 선교사와 저는 생후 1년 3개월 된 아들 지성이(후에 독일 국적으로 바꿀 때 스데반으로 개명)를 데리고 하노버대학과 함부르크대학으로 대학 개척을 위한 정탐을 하러 갔습니다. 이때 지성이는 조금 걸을 수 있었습니다. 하노버대학은 독일에서 산업혁명을 최초로 수용한 대학으로 독일에서 가장 오래된 공과대학 중 하나입니다. 그렇기 때문에 하노버대학 도서관은 독일에서 가장 중요한 공학기술 도서관입니다.

이해 6월 말에 저는 베를린으로 박 큐리(Kurie Park) 선교사님을 심방하였습니다. 베를린의 모든 선교사님들이 서독으로 옮긴 후 이분은 혼자 베를린에 남아 계셨습니다. 저는 이분이 원하시면 도르트문트로 이사하면 좋겠다고 제안했으나 이분은 베를린에 남겠다고 하셨습니다. 이분을 만난 후 저는 베를린 자유대학교와 베를린 동물원을 혼자 구경하고 돌아왔습니다.

1980년 7월 30일 수요일부터 8월 11일 월요일까지 이 아브라함, 폴커 켈러, 시그리드 마키탄, 육 이삭, 루드거 지켈만 그리고 저의 여행팀은 미국 나이아가라 여름 수양회 참석차 미국을 방문했습니다. 당시 팀 브라운(Tim Brauns)과 앤디 그리핀(Andy Griffin)은 미국 시카고 UBF의 중요한 학생 리더였습니다. 이 두 사람은 마가복음 8장과 9장에 기초해 십자가의 길에 대해 설교했습니다. 이 수양회는 일요일에 끝났고 우리 독일선교 여행팀은 뉴욕에서 온 선교사님들의 차에 동승하여 뉴욕과 워싱턴으로 가 엠파이어 스테이트 빌딩, 백악관, 국회 의사당, 링컨 기념관 등을 구경하였습니다.

그해 저희 도르트문트 학생 교회는 신림 대학교회를 새로 열어 서울대학을 개척하시는 조성기 님과 허유강 선교사님의 사역을 위해 기도하고 진심 어린 헌금을 그 교회로 보냈습니다.

* 제1회 도르트문트 지구 하겐 수양회

1980년 11월 7~9일 하겐의 유스 호텔에서 도르트문트 학생 교회의 역사적인 첫 수양회가 열렸고 루드거와 오현금, 안재룡 선교사님이 설교를 했습니다. 이 세 사람은 당시 우리 교회에 아주 중요한 분들이었습니다. 이 수양회에 베른하르트 콤멘데라, 크리스찬 콤멘데라와 마르틴(Martin, 보쿰대 신학생) 씨가 저희 선교사님들과 함께 참석하였습니다. 그리고 프랑크푸르트의 강영숙 선교사님과 슈투트가르트의 이화순 선교사님이 참석하여 저희들 수양회를 지원해 주셨습니다. 크리스찬과 베른하르트 콤멘데라 형제는 수양회가 끝난 후 이사현 선교사님, 손장원 선교사님과 각각 일대일 성경공부를 시작했습니다.

그 뒤 일주일 후, 즉 11월 14~16일에 튀빙겐 유스 호텔에서 슈투트가르트 대학교회의 수양회가 열렸고 제가 참여했습니다. 날은 쌀쌀했지만, 스팀이 안 들어와서 코트를 입고 수양회를 해야 했습니다. 일주일 전 도르트문트 지구 수양회가 열렸던 하겐 유스 호텔에서는 스팀이 들어왔었는데 말입니다. 이를 통해 저는 바덴-뷔르템베르그(Baden-Württemberg) 사람들이 절약하는 생활을 통해 부자가 되었다는 것을 깨달았습니다.

* 1980년 성경공부 학생들 명단

1980년에 성경을 공부하러 왔거나 우리 선교사님과 독일인 동역자들이 기도하고 돕던 사람들의 목록은 다음과 같습니다.

- 오현금: 데틀렘, 마티나, 아디, 이숙빈, 영희 코르놉스키, 김희숙, 가비, 테오
- 최 에스더: Martin, 박동옥, Gaby, Birgitt, Marianne, Yoonsun, Mrs. Kern Irmgard, Naziba
- 이복음: 백선옥, 바바라
- 박동옥: Elinor, Purine, 할아버지

- 저: M. Nachtrodt, Ludger, Felix, Kornelius, 김두규, Peter K., 윤순기
- 마틴: Matthias, Winfried, Hasan, Sadroldin
- 루드거: Josef(요한복음 1장 14절 받아들였고, 예수님 제자로 기도함), Eckardt, Helmut, Geo, Amin, 루드거 아버지, 그의 누이 Christel
- 안재룡: Rainer(요한복음), Arnold, Markus, 기석, 김광성, 김도실, 윈프리, 펠릭스
- 이사현: Sohan, Winfried, Tina, Helga
- 손장원: Margaret, Ulrike, Usla(마가복음), Birgit, Britta
- 이택용: Ali, Sabine, Petra

* 빈프리드 쉬미쯔(Winfried Schmidz)

빈프리드 쉬미쯔는 1981년 1월 16일 루드거와 창세기 성경공부를 시작했던 당시 바로퍼-가 학생 기숙사에서 살던 물리학과 3학기 학생이었습니다. 그는 수사들이 가르치는 가톨릭 김나지움(중고등학교)에서 기숙사 생활을 했었습니다. 그 당시 독일에서 물리학은 자연과학과 공학을 아우르는 만능의 학문으로 간주되었습니다. 많은 독일 물리학자들이 노벨상을 받은 것은 우연이 아닙니다. 빈프리드는 상대방을 편하게 하고 또 친절했습니다. 그는 약 9개월 동안 매주 루드거와 성경공부를 했고 우리와 좋은 친구가 되었습니다.

* 요셉 슐테(Josef Schulte)

이택용 님은 1981년 9월부터 요셉 슐테를 위해 기도하기 시작했습니다. 이 학생은 사우어란드(Sauerland) 지역의 순더른(Sundern)이란 마을에서 살며 자동차로 통학했습니다. 이분은 1982년 2월 초에 이택용 선교사님과 로마서를 공부하기 시작하여 약 1년 동안 하나님의 말씀을

꾸준히 배웠고 그해 8월 26~29일에 나움부르크 성에서 열렸던 여름 수양회에도 참석했습니다.

  1982년에 이택용 선교사님과 저는 사우어란드 지역 순더른에 있는 이분의 집을 방문했었습니다. 그는 부모님과 아름다운 지역에서 살고 있었습니다. 이분의 부모님은 순더른에 식당을 갖고 있었는데 후에 그가 인수했습니다.

*1981년 성경공부 한 학생들 명단

- 루드거: Winfried Schmitz, Armin, Usla와 Britta, Fritz, Bodo Piller, Walter
- 손장원
    - Bernhard Kommendera, Britta
    - Birgit: 손장원 선교사 기숙사 학생, 전기공학 1학기
- 이사현: Christian Kommendera
- 에스더
    - Martin, Andreas Holzmann, Michael
    - 비어기트 폴커(Birgit Volker): 1981.1.23. ~ 1981.5.9.
    - 크리스찬 후베르츠(Christian Hubertz): 1981.7.23. ~ 1981.11.4. 누가, 마가복음
    - 니츠(Michael Nitze): 1981.8.1.
    - 기슬라 카이저(Giesla Kaiser): 1981.8.1. ~ 1982.11.30.
- 오현금: 이숙빈, Markus, Michael, Hugo, Dorothea, Theo
- 이택용: Josef Schulte, Jürgen, Petra, Sabine, Georg
- 안재룡: Felix, Winfried Sagola
- 스데반
    - Martin Nachtrodt, 우도(Udo), 부카르드(Buckard),
    - 디트리히(Dietrich): 1981.4.6.
    - 클라우스(Klaus): 1981.5.
- 장바울: Christian, Winfried

2. 바롭역-길 73번지 가정교회 말씀역사
　　(1981.9.26. ~ 1984.5.31.)

　동산-길 22번지의 우리 가정교회가 비좁아져 1981년 9월 26일 토요일에 바롭역-길(Baroper Bahnhofstrasse) 73번지로 이사하였습니다. 그리고 저는 9월 28일 월요일에서 10월 8일 목요일까지 11일간 도르트문트 시립병원에 머물러 중이염 수술을 받았습니다. 하지만 10월 4일 일요일엔 의사의 허락을 받고 잠시 귀가하여 주일 설교를 할 수 있었습니다.

　1981년 10월 30일부터 11월 1일까지 "회개하고 복음을 믿어라!"라는 주제로 도르트문트 학생 교회는 하겐 유스 호텔에서 수양회를 가졌습니다. 설교자는 루드거(금요일 저녁), 윤영기(토요일 이른 아침), 요셉 슐테(토요일 아침), 안재룡(토요일 저녁), 이택용(일요일 아침) 및 칼-하인쯔 호만(일요일 아침)이었습니다.

　그리고 1981년 11월 15일 일요일에 새 교회 봉헌예배를 드렸습니다. 우리는 이 예배 때 모세와 같은 믿음의 종 12명의 성경 선생을 이곳에서 세워 주시기를 기도했습니다. 이 예배 시 세 사람이 하나님의 말씀 소감을 발표했습니다. 어떤 의미에서 이 세 명의 강사는 세 부류의 조상 같은 분들입니다. 독일인 신자들의 조상과 같은 루드거, 유학생 선교사들의 조상 같은 안재룡, 그리고 취업 이민자들을 대표하는 오현금 세 분입니다.

루드거 님은 마가복음 5장 36절을 바탕으로 자신이 하나님의 능력을 믿지 않기 때문에 두려워한 것을 회개하고 믿음으로 하나님을 기쁨으로 섬기기를 원한다고 했습니다.

안재룡 님은 한국에서 우남식 님과 창세기 성경공부를 통해 창조주 하나님을 믿게 되었다고 말했습니다. 그러나 그는 한국의 명예를 위해 일하고 싶었다고 했습니다. 그러나 이제는 기쁜 마음으로 하나님의 영광을 위해 일하고 싶다고 했습니다.

오현금 님은 1975년 황양림 님과 성경공부를 통해 하나님을 믿게 되었다고 했습니다. 그러나 이제까지 죄를 미워하지 않았는데 이제 죄를 미워하고 의를 사랑하겠다고 말했습니다.

이화순 선교사님은 우리를 격려하기 위해 슈투트가르트에서 오셨습니다.

그해 연말부터 저희는 독일 263개 대학 학생들과 전 세계 164개국 사람들이 하나님을 믿도록 기도하기 시작했습니다.

2-1. 1982년의 새 친구들

* 랄프 나우(Ralf Nau)

1982년 10월 19일 이택용 님은 컴퓨터공학과 3학기생 랄프 나우를 성경공부에 초대했습니다. 랄프는 엔네페탈에 살았고 이미 하나님을 믿고 있었습니다. 그는 1982년 11월 초에 이택용 선교사님과 요한복음 성경공부를 시작했습니다. 다음 해 7월에는 이택용 선교사님을 도와 학생들을 성경공부에 초대하겠다고 말했습니다. 그리고 1983년 8월 15~18일의 여름 수양회 때 신앙 간증을 발표했습니다. 이분은 1985년 봄까지 이택용 선교사님과 성경공부를 했습니다.

칼-하인쯔 호만(Karl-Heinz Hohmann) 님은 하인 브라제(Hein Brase), 페터 그랍쉬케(Peter Grafschicke), 라이너 하르트만(Rainer Hartmann, 전기공학), 페터 비틀러(Peter Wittler, 컴퓨터 5학기), 폴커 올레스(Volker Oles, 화공학 7학기) 등을 도왔습니다.

1982년 한국 선교사님들도 많은 학생들을 성경공부로 도왔습니다. 오현금 선교사님은 칼-하인쯔, 이숙빈, 데틀렙을 충성스럽게 도왔습니다. 이분은 또한 도로테아 슐츠(Dorothea Schulz, 물리학 & 음악 1학기, 아버지는 목사), 마르쿠스 테오(Markus Theo), 볼프강 리제강(Wolfgang Liesegang), 사비네 보스도르프(Sabine Bosdorf), 에디트(Edith), 후고(Hugo, 81년 12월 초부터) 등과 같은 학생들을 도왔습니다. 이 선교사님은 또한 노버트 카우프(Nobert Kaup)를 1982년 6월부터 요한복음으로 도왔습니다.

이사현 선교사님은 크리스찬 콤멘데라에게 성경을 가르치고 크리스찬이 보쿰대 학생들을 위해 기도하는 하나님의 사람이 되도록 기도했습니다. 1982년 1월에 아민은 이사현 선교사님과 창세기 1장 공부를 통해 창조의 질서, 즉 하나님-사람-다른 피조물의 우선순위를 영접했습니다. 이사현 선교사님은 또한 헤르베르트(Herbert, 81.7.24), 게오르

그(Georg, 1월 마가복음), 안드레아스 멘슉(Andreas Menschuk, 건축 3학기) 및 에바(Eva)를 성경공부로 도왔습니다.

손장원(한 리브가) 선교사님은 창세기 1장 1절 말씀으로 베른하르트 신학생을 도와 하나님 중심적 삶을 사는 것이 진리인 것을 영접하게 도왔습니다(1982. 3. 5.). 또한 이분은 브리타 자매님에게 창세기를 가르쳤고(1981. 7. 22. ~) 브리타가 기도의 어머니가 되도록 기도했습니다. 또 우슬라 보치콥스키(Usla Wojciechowski, 1981. 11. 11.) 자매님을 마가복음으로 도왔고 그 외에도 페트라(특수 교육), 유타(Jutta, 스포츠 4학기), 가브리엘레(Gabrielle) 자매들과 울리히(Ulrich) 형제를 도왔습니다.

안재룡 선교사님은 펠릭스(Felix), 빈프리드 사골라(Winfried Sagola), 파울(Paul)을 도왔습니다. 아내 윤영기 선교사님은 도착 초기인 1981년 2월 강희기, 김두규, 한홍순 등 한국인들을 도왔습니다.

에스더가 성경을 가르쳤던 마르틴 리쎄(Martin R.)는 대학을 졸업하고 직장 따라 다른 도시로 이사했습니다. 그 후 에스더는 1982년 10월 24일부터 엘(El) 님을 충성스럽게 성경공부로 돕고, 1983년 7월부터는 게벨스베르그(Gevelsberg)라는 도시에서 의원실 간호사로 일하는 하이디 쉬벤더(Heidi Schwender)를 도왔습니다. 또 니안 클렙(Nian Kleff, 1982. 2. 12.)도 도왔습니다.

그해에 저는 루드거(Ludger)와 디와 일대일로 매주 성경을 공부하는 것 외에 토마스(Thomas), 안드레아스 홀트만(Andreas Holtmann, 1982년 6월) 등을 도왔습니다.

2-2. 1983년 성경공부 친구들

* 하이디 쉬벤더(Heidi, 즉 Heidemarie Schwender)

게벨스베르그(Gevelsberg)에서 의사 보조사로 근무하던 하이디 쉬벤더 님은 콤멘데라(Kommendera) 형제들을 통해 우리 교회를 소개받고 1983년 7월 29일경부터 1984년 3월 말까지 우리 교회에 참석했습니다. 이분은 하나님에 대한 순수한 마음을 가졌고 에스더 선교사로부터 창세기와 로마서를 배웠습니다.

* 울리히(Ulrich)와 한스-페터 픽(Hans-Peter Fick)

이택용 선교사님은 울리히라는 기계공학과 학생에게 1983년 초부터 요한복음을 가르쳤습니다. 이분은 성경을 같이 공부한 후엔 공부한 말씀에 대해 충성스럽게 소감을 썼습니다.

1983년 10월 말경부터 이택용 선교사님은 한스-페터 픽에게 성경을 가르치기 시작했고 그 이전부터 콘라드(Konrad)에게 성경을 가르쳤습니다. 한스-페터는 엔네페탈(Ennepetal)에서 사는 학생으로 화학공학을 전공하고 있었습니다. 그는 3년 동안 성실하게 성경을 공부했고 우리 교회에서 함께 하나님을 섬겼습니다. 그 후 1986년 4월 대학 공부 대신 은행직원 교육과정을 밟고 성공적인 직장 생활을 하였습니다.

* 릴리 앙그레니(Lily Anggreny)

오현금(Sara Chang) 선교사님은 1983년 3월부터 보쿰 학생 기숙사에서 인도네시아에서 온 학생인 릴리 앙그레니 자매님을 만나 사귀고 성경공부를 같이하였습니다. 릴리는 인도네시아에 사시는 중국인 부모에게서 태어났습니다. 이분의 부모님은 복음주의 기독교인입니다.

이분은 후에 독일 휠체어 국가대표로 1992년 바르셀로나 장애인 올림픽 경기에 출전하여 5,000m에서 금메달, 그리고 다른 경기에서 은메달과 동메달을 획득했습니다.

* **하르트문트 로제(Hartmut Rose)**

하르트문트 로제 님은 1983년 여름 이사현 선교사님과 이택용 선교사님이 우리 모임에 초청했던 보쿰대학교 전기공학과 학생입니다. 이분은 강성자 선교사님과 몇 번 성경공부를 하고 도르트문트의 우리 교회 주일예배에도 몇 번 참석했습니다.

그 후 1987년 3월부터 저의 가정과 김 요셉-파울라 선교사 가정이 보쿰으로 이사하여 본격적으로 보쿰대학생 복음 사업을 시작하자 보쿰의 우리 교회에 주기적으로 참석하게 되었습니다. 1989년에 로마서를 저와 일대일로 공부하고 예수님이 그의 믿음을 보시고 하나님을 위한 새 생명을 주셨다고 고백했습니다.

1989년 신앙 간증에서 그는 자신의 신앙 발전에 대해 다음과 같이 간증했습니다.

"저는 중학교 때 저의 친구 페터(Peter)와 그의 부모님을 만났고 이분들의 도움으로 저는 거짓말, 도둑질과 부모에게 불순종하는 것은 죄라는 것을 깨닫고 저의 도덕적 죄를 개인기도 가운데 하나님께 고백했습니다. 그러자 저는 깊은 마음의 평안을 느꼈습니다. 그 후 저는 교회의 청소년 모임에 참석하기 시작했습니다. 그곳에서 저는 한 청소년 그룹을 인도하며 큰 기쁨을 맛보았습니다.

그 후 1984년 보쿰대학교 2학기 때에 내비게이터 모임에 동참했습니다. 내비게이터에서 저는 기쁨 가운데 성경을 주기적으로 읽는 것을 배웠습니다.

1985년 6월경에 키가 작은 검정 머리의 두 젊은 여자분 강성자(Bekkie Lee) 님과 이사현(Paula Kim) 님이 저를 성경공부와 수양회에 초대했습니다. 그러나 저는 강성자(Bekkie Lee) 님과 이택용 님의 초대를 두 번이나 거절했습니다. 그러나 세 번째 초청을 받자 저는 도르트문트 주일예배에 참석하게 되었습니다."

* 루드거 쾰른 파송

1984년 3월 18일 일요일에 우리는 루드거 님이 쾰른에서 전임 사역자 훈련을 받기를 원했기 때문에 기도와 함께 쾰른으로 보냈습니다. 그때까지 루드거 님은 도르트문트에서 화요일 저녁 학생모임 때마다 설교했습니다. 루드거를 쾰른에 보낸 후 이택용 선교사님께서 그해 12월 18일까지 화요일 저녁마다 설교하셨고 그해 12월 18일부터 독일인 디가이를 계승하여 설교하기 시작했습니다.

* 그 외의 성경공부 친구들

그 당시 저희는 일주일에 약 10명의 학생들과 일대일로 성경공부를 하고 있었습니다. 손장원 선교사님은 1982년 3월 겨울 학기에 음악과 수학 3학기생 페터 뮬러(Peter Müller)와 요한복음 공부를 하였습니다. 모니카 뷰어징어(Monika Würzinger)는 이사현 선교사님의 학과 동급생인데 이사현 선교사님이 1983년 여름 수양회에 초대하자 하나님께서 이분의 마음의 문을 여셔서 기꺼이 수양회에 참석하였고 10월 말에 손장원 선교사님과 성경공부를 통해 죄 용서의 은혜를 인격적으로 영접했습니다. 손장원 선교사님은 또한 알버트 뤼케(Albert Lücke)와 성경공부를 하였습니다. 이렇게 하나님께서 은혜롭게 역사하시자 이사현 선교사님이 처음 만난 롤프(Rolf) 님을 여름 수양회에 초대하였더니 기꺼이 참석하였습니다.

3. 헬렌넨산-길 7번지 교회 말씀역사 (1984. 5. 1. ~ 1987. 2. 28.)

* **1984년의 성경공부 친구들**

이해에 우리 교회의 독일인 동역자들도 학생들을 성경공부에 적극적으로 초대했습니다. 엘은 전기공학 10학기생이던 균터(Günter)를 성경공부로 도왔습니다. 그리고 하이디는 브룬힐데에게 창세기를 가르쳤습니다. 랄프 나우는 한스-페터를 성경공부에 초대하고 본인도 이택용 선교사님이나 강성자 선교사님과 성경공부를 했습니다. 한스-페터는 다른 학생들에게 성경을 가르치고자 기도했습니다. 그리하여 1984년에 매주 약 10~15명의 학생들이 일대일로 성경을 공부했습니다.

1984년 8월 23~26일(목~일)에는 독일 전체 여름 수양회가 있었습니다. 도르트문트에서 한국인 동역자들 외에 디, 엘, 한스-페터, 모스타파, 랄프 볼크만(한상대 선교사님과 성경공부 하던 학생)이 참가했습니다. 한스 페터는 이 수양회 때 요한복음 3장 16절에 기초하여 "내 공부 중에 체험한 하나님의 사랑"이란 제목으로 말씀 소감 겸 신앙 간증을 하였습니다.

이해 성경공부 한 학생들 명단은 다음과 같습니다.

- 강성자
  - Andree Bockholt: 건축 5학기, 1월부터 요한복음 공부
  - Hartmut Rose: 6월부터 공부
  - Mustafa: 1984년 중간부터 성경공부
  - 한스-페터: 다른 학생에게 성경 가르치고자 기도
- 이택용
  - Konrad Tschersich: 연초부터 공부
  - Ralf Nau: 로마서 공부, Ralf는 한스-페터 인도
- 오현금
  - 칼-하인쯔: 11월 전쟁거부 신청으로 군대 면제
  - 프랑크 쾨스터(Frank Köster): 연초부터 누가복음 공부
  - Christopf Dahlhaus: 5월경부터 마가복음 공부
  - Holger, Ricke, Klaus
- 장두진: Holga(6월), Renate
- 이사현
  - Evelin: 44세, 17세 아들 있음
  - Christian: 로마서 1강
  - Hans-Hermann Brinkmann, Reiner,
- 최 에스더
  - Albrecht Swietlick: 컴퓨터 3학기, 1~2월 로마서 공부
  - 하이디(Heidemarie): 창세기 7강까지, 로마서 3장 통해 옛 죄 고백, 그리고 Brunhilde를 2월에 창세기 가르침
  - Andreas Ganz
- 엘
  - 균터(Günter): 전기공학 10학기, 1984년 9월부터 마가복음
  - Conrad: 1984년 7월부터 마가복음
- 스데반: Gerd, Ralf, Kersten, Thomas Lehner(누가복음 4강)
- 루드거: 디(Lk 8장), Hans

- 디: Thomas, Ralf
- 칼-하인즈
- 손장원
  - Monika Würzinger: 누가복음 15장까지 배움
  - Bernadete Schlonsuk: 폴란드 출신, 컴퓨터 3학기, 3월부터 로마서 공부
  - Waldemar Affa: Bernadete와 같은 Ostenberg 기숙사 거주, 컴퓨터 3학기, 로마서 공부
  - Martin: 6월 마가복음 3장 공부하고 성경 구입
  - Tony, Birgit(12월 21일)
- 한상대
  - Ralf Wortmann: 6월 8일, 7월부터 마가복음 성경공부
  - Hasso Grope: 건축과, 3월 9일부터 마가복음
  - Francisco: 마가, 누가복음 10월
  - Peter Rodenwald, Miachel Braam(컴퓨터), Michael, Hans-Jürgen Potyka(10월부터), Michael(12월 누가복음)

* 1985년의 성경공부 친구들

1985년 9월 이사현 선교사님은 도르트문트에 있는 암 수억(Am Surck) 45번지의 단칸방으로 이사했습니다. 그리고 방세를 절약하기 위해 독일 여학생과 함께 방을 쓰기를 기도했습니다. 하나님은 그 기도를 곧 들어주셔서 마가렛 예거(Margarete Jäger)라는 도르트문트대학 여학생과 같이 방을 쓰게 되었습니다. 그 당시 마가렛은 도르트문트에서 특수교육과 영어전공 3학기생이었습니다. 마가렛은 빛나는 얼굴과 열린 마음을 가진 믿는 신자였습니다. 마가렛은 대학공부를 해야 할 이유를 몰라 대학을 그만둘까 생각하던 중이었는데 이사현 선교사님과 성경공부를 시작했고 이를 통해 하나님 영광을 위해 대학공부를 한다는

목적을 깨달았습니다. 그리고 우리 교회 예배에도 매주 참석했습니다.

그해 10월 27일 추수감사절 예배에서 마가렛은 요한복음 1장 1~5절 말씀 소감을 발표하고 예수님은 사람들의 빛이요 그들을 위한 생명의 근원이라고 말했습니다. 그의 빛나는 얼굴은 그녀의 성품과 예수에 대한 믿음을 반영하는 것으로 우리 모두에게 큰 기쁨을 선물하였습니다.

마가렛은 1985년 12월에 이엄힐드(Irmhild)와 크리스토프(Kristof)와 같은 학생들에게 성경을 가르치기 시작했습니다. 그녀는 또한 12월 13~15일 크리스마스 수양회에 참석해서 소감문을 발표했습니다. 이 소감문에서 이 자매님은 거룩한 하나님의 말씀을 배우고 구원받고자 한다고 했습니다.

저는 1985년 8월에 보쿰대학 경제경영학과 학생 볼프 타바콜(Wolf Tawakol)을 만나 그해 10월에 그와 성경공부를 시작했습니다. 그의 아버지는 이란 출신의 의사시고 어머니는 독일인이었습니다. 한번은 우리 가족이 도르트문트에 있는 그의 집에 초대를 받았습니다. 그의 가족은 매우 친절했습니다. 다양한 국적의 가족이 이 독일을 풍요롭게 한다고 느꼈습니다.

1985년 우리 교회에서 열린 성경학교가 2월 3~6일(일~수) 열렸습니다. 설교자는 랄프 나우, 디, 손장원 및 칼-하인쯔 호만이었습니다.

첫째 날
- 설교자: 랄프 나우 "시작"(창세기 1장 1~25절)
- 소감: H-P, 강성자
- 댄스: 영희 코르놉스키

둘째 날

- 설교자: 디 "내 삶의 의미?"(창세기 1장 26~31절)
- 모노드라마: 디, 칼-하인쯔, 한 요셉
- 참석자: 독일인 7명(기셀라, 홀가, 베르너(Esther가 초청), 균터, 칼-하인쯔, 디, 엘) + 한국 선교사 9명

셋째 날

- 설교자: 손장원 "하나님의 사랑 의심"(창세기 3장)
- 솔로: 오현금 / 플루트: K-H
- 참석자: 독일인 6명(토니, 크리스토프, 프랑트, 칼-하인쯔, 엘, 디) + 선교사 9명

넷째 날

- 설교자: 칼-하인쯔 호만 "새 역사의 시작"(창세기 12장 1~4절)
- 참석자: 8명의 독일인(균터, 홀거, 다그마, 프랑쇠, 베르너, 디, 엘, 칼-하인쯔) + 선교사 9명

8월 22~25일(목~일) 전국 여름 수양회에 도르트문트에서 한국 선교사님들과 한스-페터(강성자), 엘케(손장원), 우베(엘), 기셀라(최 에스더), 볼프(저), 볼프강 & 가비 부부, 울리히 & 한네노레(가비의 친구 부부)가 참석했고 칼-하인쯔는 "예수님이 나를 하늘나라의 왕자로 삼으셨습니다"(요한복음 1장 4절)라는 간증을 발표했습니다.[5]

우리는 1985년 9월 7~8일(토~일)에 암스테르담으로 여행을 갔습니다. 그 당시 우리는 일 년에 적어도 한 번은 여행을 갔습니다. 우리는 네덜

---

5. 괄호 안은 초대한 사람입니다.

란드 암스테르담대학교 근처 어딘가에 야영을 하고 대학, 꽃밭, 풍차 등을 구경했습니다. 한국 선교사 외에 디, 칼-하인쯔, 가비, 볼프강, 엘케, 한스-페터도 같이 갔습니다. 소풍 시 일요일 예배에서 볼프강은 "선한 목자는 자기 양을 안다"라는 제목으로 한스-페터는 "예수는 저의 죄를 위해 돌아가셨습니다"라는 소감 간증을 발표했습니다.

저는 그해에 특히 루드거를 통해 역사하시는 하나님의 섭리에 대해 감사했습니다. 루드거는 1985~1986년 겨울 학기에 Krefeld로 이사하여 그곳 대학에서 통신공학 공부를 시작했습니다. 저는 Krefeld에 있는 그의 아파트로 그를 방문하고 그를 통해 그곳에서 학생들의 구원 역사를 이루시는 하나님께 감사했습니다.

1985년 12월 8일 자 저의 수첩에는 당시 루드거와 성경공부를 한 학생들 이름이 적혀 있습니다.

- 유르겐 미쉬케(Jürgen Mischke, 화학 3학기, 창세기 3장)
- 헤베르트 프린쩬(Herbert Prinzen, 3학기, 창세기 3장)
- 토마스 숄쯔(Thomas Scholz, 창세기 2장)
- 로타 슐쯔(Lothar Schulz, 창세기 1장)
- 호오스트 디프만(Horst Dipmann, 화학 1학기, 창세기 1장)

1985년 일대일 성경공부 한 학생들 명단은 다음과 같습니다.

- 이사현
  - 크리스천(Christian): 3월 16일 마가복음 2장을 통해 죄사함을 영접하고 주일예배에 참석

- 마가렛 에거(Margarate Jäger): 특수교육학 3학기, 10월 25일 요한복음 1장 공부하고 11월 5일 요회에서 요한복음 1장 5절 소감 발표, Irmhild를 가르치고자 함
- Kristof: 12월 15일 요한복음 공부 시작하여 믿음으로 하나님 자녀 됨 영접
- Uwe: 7월, 8월 파울라 선교사는 그를 전임 사역자로 기도
- Peter: 11월 28일, 화학공학 1학기, 요한복음
- Dagmar, Evelin(연초부터 창세기 공부), Ulricke(창세기)

• 디
  - 저와 로마서 공부
  - 베어너 필스(Werner Pils): 3월 7일 창세기 1강 가르침 감사, Dieter가 5월 7일 죄사함과 부활의 신앙을 가르침

• 엘
  - 귄터(Günter): 기계과 학생. 졸업논문 작성 중, 마가복음 16장까지 가르치고 로마서 공부 시작 기도. 부활절 수양회에 오겠다 함
  - 우베(Uwe Malzen)를 위해서도 기도함

• 강성자
  - 모스타파(Mostafa): 마가복음 공부 중 3월 8일 부르심을 기쁨으로 영접
  - 한스-페터: 마가복음 1장 공부. 열역학 시험 불합격해 3월 13일 재시험 보게 됨, 8월 15일 소감에서 예수를 주로 고백하고 주를 따르겠다고 함, 물리 시험은 9월 15일에 있음

• 이택용
  - 가비 그로스만(Gabi Großmann, 토목), 하르트무트(Hartmut, 7월 5일), 루드비히(Ludwig)
  - 랄프 나우(Ralf Nau): 8월 20일 교통사고 보고
  - 크리스토프(Kristof): 12월 15일 성경공부, 12월 20일 믿음으로 하나님 자녀 됨 영접

- 손장원
  - Tony, Lisa, Holgar, Gerd, Martin, Monika(7월 9일), Francisco
  - Elke: 6월 25일부터 창세기 공부
  - Gerd: 11월 6일부터, 요한 1장 단순히 영접
- 김봉기
  - Schönemann: 10월 31일부터, 3학기 학생
  - Ralf, Hasso, Ralf, Holger, Andreas, Walter, Dirk
  - Toni Peter Kaltei(12월 요한복음), Andreas Uwe(화공 1학기), Gerd Bruns(12월 11일)
- 칼-하인쯔: Dirk(여름 수양회 초대 위해), Beneditt, Michael
- 오현금: K-H, Frank(8월 창세기), Micael Heinke, Peter Kornowski
- 장두진: Martin, Renate, Markus, Heidrich
- 최 에스더
  - Wolfgang + Gaby Loebert: 1982 Martin Luther Kirche in Witten; 3월 29일 Gaby는 요한복음 2장 1~11절 공부, 가비는 9월 15일 요한복음 11장 23~26절 말씀에 기초해 실제적 부활신앙을 설교하고 실습
  - Petra: CVJM 참석자, 10월 31일
  - El과 Gabi가 다른 사람에게 성경 잘 가르치도록 기도함
- 최 스데반
  - Thomas, Wolfgang, Michael, Ingelore, Nobert, M. Nachtrodt, Reiner, Heike K
  - Wolf Tawakol: 1985년 8월 5일 성경공부 시작

* 1986~1987년 일대일 성경공부 역사

우리는 1986년 새해를 맞아 1월 1일 연초 심포지엄을 가졌습니다. 비텐에서 온 가비 & 볼프강 부부도 참석했습니다. 가비는 디모데후서 2장 2절로 하나님께 좋은 선한 양이 되고 좋은 성경 선생이 되어 영적으

로 강건하기를 기도한다고 했습니다. 볼프강은 요한복음 12장 26절 말씀대로 예수님을 따르고 하나님을 신뢰하고 예수님의 양을 말씀으로 잘 양육하기를 원한다고 했습니다.

그날 우리는 하나님께서 소망스러운 학생과 젊은이들을 주님의 양떼들 목자로 세워 주시기를 간절히 기도했습니다.

당시 목자 후보는 다음과 같습니다.

- 한스-페터(화공 7학기, 25세)
- 마가렛(특수교육 & 독일어 3학기, 21세)
- 엘케(특수교육과 독어 5, 22세)
- 크리스토프(전기공학 7학기, 22세)
- 볼프 에버르트(경영학 5학기, 22세)
- 가비 브룬스(통계학 3학기, 22세)
- 페터 칼테이(화학공학 1학기)

* 비올라 쿨만(1986년 7월부터)

1986년 7월 7일, 강성자 선교사님은 하겐(Hagen)의 비올라 쿨만(Viola Kuhlmann)이라는 여학생이 같이 요한복음 1장 1~14절 말씀을 공부하면서 큰 기쁨을 얻었다고 이야기했습니다. 일주일 후엔 강성자 선교사님은 요한복음 1장 19~52절 말씀 공부를 통해 비올라가 하나님이 그녀의 삶의 주인이시며 하나님이 그녀를 베드로처럼 귀하게 사용하시고자 하는 큰 소망을 갖고 계시다는 것을 알고 큰 기쁨을 맛보았다는 것을 전해 주었습니다.

1988년 9월 가을 수양회 때 비올라는 예수님과의 만남에 대해 이렇게 발표했습니다.

"저는 12살 때 처음 교회의 어린이 모임에 나갔습니다. 그리고 저는 예수님이 우리 인간을 위해 하신 일에 깊은 감동을 받았습니다. 그래서 어린이 수련회에서 저는 주 예수님을 나의 구세주로 영접했습니다. 그날 저는 정말 기쁘고 즐거웠습니다. 저는 거듭났고 내 모든 죄가 용서받았다는 것을 알고 기뻐서 웃었고 제 얼굴은 환하게 빛났습니다. 그러나 그로부터 약 1년 후 저는 교회에 나가지 않았습니다. 그리고 세상에서 하나님을 대신할 인간을 찾았습니다.

도르트문트에서 제가 공부할 때 베키 선교사가 1986년 5~6월에 저를 성경공부에 초대했습니다. 저는 베키 선교사의 '친절하지만 끈질긴' 초청을 통해 베키 선교사와 성경을 새롭게 공부하기 시작했고 예수님의 피로 인한 하나님의 사랑에 큰 기쁨을 느꼈습니다. 그리고 하나님께서 저에게 '나도 너를 사랑한다'라고 말씀하시는 것을 느꼈습니다."

하나님의 도우심으로 비올라 씨는 교사 국가시험과 다른 내적 시험에 승리했습니다.

* 1986년 일대일 성경공부 명단

- 이사현
  - Margarete: 1986년 4월경까지 성경공부함
  - Michael Jochmann: 1986년 1월부터, 보쿰대 학생
  - Christof: 1월부터, 목자로 기도함
  - Renate Buchholz: 12월 중순부터, 구원의 확신을 구함
- 김봉기
  - Peter: 5월부터
  - Wilson Jameia: Peru, 5월부터

- Braun Surrendra: 7월부터
  - David Macharia: Kenja 학생, 11월부터
- 강성자
  - Mustafa, Eva Mol, Martin(7월 14일)
  - H-P Fick: 마가복음 12장 말씀으로 부르심 영접함
  - Viola Kuhlmann: 7월 7일 요한복음 1장 1~14절로 큰 기쁨을 맛봄, 12월 29일 예수님을 경배의 대상으로 영접
- 이택용
  - Hartmut Rose: 1986년 11월 15일
  - Sylvia Hanslik: 특수교육 2학기, 8월부터
  - Georg Zurek: 초급대 기계 4학기, 6월 16일부터, 여름 수양회 참석
  - Nobert: 7월 7일부터
- 손장원
  - Elke: 2월부터 성경공부
  - Gerd Bruns: 통계학 4학기, 8월, 성경공부 위해 성경 구매, 예수님 이름으로 기도 배움
  - Kerstin: 초등학교 여교사, 6월 16일부터
  - Janet Eales(2월 4일), Christoph(5월), Zita Albrecht(6월 20일)
- 한상대
  - Gerd Bruns: 통계 4학기, 7월 29일
  - Peter Kalteier: 2월 4일부터, 요한복음
  - Walter Histinghaw: 화공 4학기, 6월 23일부터, 요한 1장 5절로 기쁨을 체험
  - Malte Lerch: 도시계획, 마가복음 공부
  - Ditmar(요한복음), Francisco Fernandez(6월 23일), Ludi(6월), Tony
- 엘: Günter
- 디: Werner(6월 2일)

- 최 에스더
    - 엘(창세기), Petra(4월 30일)
    - Gabi: 요한복음, 가비는 Hildegart 위해 기도
    - Michaela Kämpfe: 고교 여학생, 5월부터 공부
    - Christiane Koeffler: 의대 2학기, 여름 수양회 참석하고자 함, 7월에 마가복음 소감에서 예수님을 하나님의 양으로 영접
- 최 스데반
    - 디(창세기), Peter Redler, Delef Hüller(6월)
    - Wolf Tawakol: 보쿰대 경제경영 4학기
    - Wolfgang: 요한복음 공부, 요한복음 15장
- 오현금
    - Jürgen Pilhoff, Xian Zhao
    - Xianyun: 요한복음 공부, 말씀 잘 이해. 예수님을 단순히 영접, Zhao를 중국인 목자로 기도(1986.9.17)
- 장두진: Huan Zhau

*1987년의 일대일 성경공부 명단

- 손장원
    - Malte, Zita Albrecht(Musik), Gerd, Miachel, Angela Drellmann, Elke Uhling
    - Vera Markewitz: 8월 요한복음 공부
    - Margarete Hentschel: 8월 7강 공부하고 기쁨 체험
- 한상대
    - Holger Fellensick: 수학과 3학기, 4월 믿음의 7단계
    - Michael: 음악 전공, 8월
    - Ulrich(5월 5일), Betinna, Malte
- 오현금
    - Betram Weiland(건축 6학기, 4월 20일, 신앙 7단계와 고전 15장 공부 시작)

- Huanly Zhao, Uwe(6월 10일), Christane, Margarete Jäger
- Xianyun Zhao: 기계, 4월 17일, 고전 15장 1~11절을 공부하고 부활의 증인이 되겠다 함
- 장두진: Joshi Irischi
- 강성자
  - H-P Fick: 창세기, 로마서 공부. 거듭남, 야곱의 씨름, 믿음의 성장 등을 배움
  - Viola(창세기), Thomas(3월 24일), Hartmut Rose
  - Eva Moll: 컴퓨터 11학기, 요한복음
  - Gibette: 영국 여학생, 로마서 8장 28절
- 이택용
  - Nobert, Georg Zurek, Ute
  - Andreas Bogdan: 고교 10학년 17살, 고린도전서 15장 공부
  - Udo: 7단계 공부
- 디
  - Werner: 거듭남 영접 위해 기도, 요한복음 공부
  - Velael(이집트인), Petra(7월 10일)
- 엘
  - Günter: 도르트문트에 일자리 주시도록 기도
  - Udo: 1월 23일, 요한복음 3강 공부 기도
  - Bella: 6월 5일, 2단계 배우고 7월 23일 예배 참석
- 이사현
  - Margarete: 교육학 6학기 학생, 요한복음 14장 공부하고 목자수양회 참석(2월), 4월 15일 요한복음 15장 19절 공부
  - Renate: 요한복음 1장 42절 영접함, 2월 10일 Detlef를 가르침, 4월 27일에 요한복음 11장 공부하고 의학과의 복의 근원으로 결단, 동급생 Anja Nagel 성경 가르치고자 기도
  - Michael Jochmann, Jürgen(예배 참석), Markus Grab(예배 참석)

- 김봉기
  - Andreas: 창세기 1장 1절
  - Holger: 4월 20일, 신앙 7단계 중 3단계
  - Wolfgang: 의학 2학기, 7월 10일
  - Sia: 4단계, 7월 23일
  - Tony, Peter, Joachim(철학), Khaij, Tjwan(7월 27일), Uli(4월 27), Michael Neumann, Klaudia(프랑스 학생), Sia(예배), Solberic, Kita
- 레나테
  - Anja Nagel: 같은 과의 보쿰 의대생
- 최 스데반
  - Almut Hemmert: 7월 27일, 보쿰대 법학과 졸업 실습생
  - Wolf Tawakol, Michael Neumann, Peter Tisch, Klaus Peiler, Seja, Thomas
- 최 에스더: Michaela Huber(예배), Gunda(14학기)

4. 1986년 한국 선교보고 여행

저는 한국 선교보고 여행을 1986년 10월 8일에서 11월 19일까지 하였습니다. 이때 대전, 서울 전체, 대구, 포항, 전주, 광주, 안암, 수원, 춘천, 부산, 제주, 공주, 관악의 대학생 교회에서 선교보고를 하고 유학생 선교사 자원자를 모집했습니다. 그러자 수십 명의 형제자매들이 독일 유학생 선교사로 자원하는 선교사 자원서를 제게 제출하였습니다.

1988년도경엔 한국의 대학생 선교가 흥왕하여 각 지역의 대학교회마다 학생들이 넘쳐 났다고 합니다. 이때 한국의 대학교회는 많은 유학생 선교사를 독일로 파송했습니다. 그 결과 1988년부터 보쿰에 10여 명의

자비량 유학생 선교사들이 도착했고 쾰른, 도르트문트 등 다른 도시에도 유학생 선교사들이 많이 도착했습니다. 그 결과 독일은 유학생 선교사님들이 선교사님들 중 다수를 차지하게 되었습니다.

열한 번째 이야기: 보쿰에서의 저의 가정 이야기(1987년 2월 28일부터)

"대저 내가 갈한 자에게 물을 주며 마른 땅에 시내가 흐르게 하며 나의 신을 네 자손에게, 나의 복을 네 후손에게 내리리니"

(이사야 44장 3절)

저희 가정은 1986년 11월 25일부터 보쿰대학교 개척을 위해 보쿰으로 이사하는 것을 기도하기 시작했습니다. 그리고 저희 가정이 1987년 2월 28일에 보쿰으로 이사했고 김 요셉 & 파울라 가정이 그해 6월경에 보쿰으로 이사했습니다. 1987년에 저는 도르트문트와 보쿰의 학생들 위해 기도하고 주일 설교를 9월까지 하였습니다.

1. 보쿰으로 이사한 후 몇 해

* 보쿰으로 이사와 에스더 직장 옮기기 - 보쿰에서의 첫 생활

보쿰에서 첫 가정교회: 아스파이 언덕 위(Auf dem Aspei) 57번지 2층(한국식으로)
1987년 2월 28일부터 1998년 12월 31일까지 거주했으며, 1988년 11월 30일까지 가정교회로 쓰다 이후 저희 가정집으로만 사용했습니다.
첫째 사진 – 건물 입구에서 본 사진
둘째 사진 – 건물 뒤에서 본 사진: 오른쪽 자동차 바로 위, 아래서 두 번째 발코니의 아파트가 우리 아파트

    저는 보쿰으로 사역을 옮기기로 마음먹자 이사를 지체하지 않고자 보쿰에 방을 얻기 전에 도르트문트에서 살던 저희 집을 2월 말로 해약하는 해약서를 집주인에게 제출했습니다. 만약 3월 1일 자로 보쿰에 방을 못 구한다면 저희 가족은 길거리에서 생활해야 할 처지였습니다. 그런데 은혜로우신 하나님은 저희에게 보쿰대학교에서 동쪽으로 약 1km 떨어진 조용하고 아늑한 아우프 뎀 아스파이("아스파이 언덕 위", Auf dem Aspei) 57번지 방을 3월 1일 자로 주셔서 2월 28일 이사하였습니다. 이 아파트엔 소유주인 분들이 살고 있지만, 저희 가정만 사글세로 살게 되었습니다. 거실과 침실 그리고 작은 방 2개 그리고 부엌과 화장실 겸 목욕실이 있는 86㎡의 아파트였습니다. 1988년 3월에 도착하신 황 토마스 선교사님과 오 사라 선교사님이 작은 방 하나씩을 일 년간 쓰

셨고 후에 작은 방 하나를 1990년 중간부터 루드거 지켈만 님이 쓰다가 1990년 12월 말에 그레이스 님과 결혼하여 그레이스 님이 1991년 봄에 오신 후에도 부부가 그 방에 얼마 동안 머물렀습니다.

에스더는 이사 후에도 한동안 도르트문트-회어데의 병원으로 자동차로 야간 근무 다녔는데 당시 스테반은 Uni Center에 있는 "숲속의 초등학교"에 다녔고 디모데는 보모가 없어 제가 데리고 놀아 주었습니다. 이사한 그해 6월쯤 밤 근무하고 돌아와 자는 에스더를 깨우지 않기 위해 디모데를 데리고 딸기밭에 가서 딸기를 따서 사기도 하였습니다.

1987년 6월, 디모데 딸기 따기

제가 충북대학교 교수 자리 제안을 거절했다는 것은 전에 이미 이야기했습니다. 그러나 저는 이곳 독일에서 그것도 보쿰 가까이에서 저의 화공학 박사 학위로 직장을 구할 수가 없었습니다. 제가 한국에서 석사 학위까지 한 것이 이곳에서는 직장 잡는 데 마이너스였고 당시 독일 회사들은 외국인을 채용하기를 꺼렸습니다. 그리고 제가 독일인같이 독일어를 능숙하게 말하지 못하니까 저를 채용하지 않는 것은 당연하기도

하였습니다.

그래서 보쿰에 온 지 약 1년 후부터 보쿰시 노동청의 소개로 에쎈(Essen)에 있는 Software 개발자가 되기 위한 1년 과정의 컴퓨터 학원에 다녔습니다. 학교 수업료는 노동청에서 지급해 주었지만 에스더 선교사는 밤 근무 후 디모데가 옆에 있어서 제대로 잠을 잘 수가 없었습니다.

컴퓨터 과정 수료 후 수없이 취직 원서를 내었지만, 직장을 못 얻자 저는 하나님의 뜻을 깨닫고 전임 사역자로 결단하고 온 시간을 들여 학생 선교 역사를 섬기기 시작하였습니다. 하나님은 이런 형편을 통해 저를 선교에 전적으로 헌신하도록 인도하신 것이었습니다.

첫째 아들 스데반은 도르트문트에서 초등학교를 다니다 보쿰대학 앞에 있는 "숲속의 초등학교(Waldschule)"로 2학년 봄 학기에 전학하여 반 친구들과 잘 어울리고 선생님들의 귀여움을 받았습니다. 스데반보다 네 살 10개월이 어린 세 살 반 된 막내 디모데는 저나 에스더가 집에서 데리고 있어야 했습니다. 그러다 제가 에쎈의 컴퓨터 학원에 다니게 되자, 아내는 도르트문트-회어데에 있는 병원에서 밤 근무 하고 돌아와 자야 하는데 디모데가 옆에 있어서 잠을 제대로 잘 수가 없었습니다. 얼마 후 디모데는 집에서 가까운 아우프 템 바켄베르그(Auf dem Backenberg) 6번지에 있는 기독교 유치원(Ev. Kindergarten)에 자리를 얻었지만, 유치원 가는 것을 싫어하고 형이 학교에서 돌아와 같이 놀아 주기를 기다렸습니다. 그리고 누가 "네 친구가 누구냐?" 물으면 "형아야."라고 대답했습니다. 스데반은 동생을 귀여워하여 학교 행사 때는 선생님이나 동급생들한테 양해를 얻어 동생을 데리고 가 동료들과 선생님께 동생 자랑을 하였습니다.

* 아내의 지혜롭고 헌신적인 도움

저희 가정이 1987년 2월 말에 도르트문트에서 보쿰으로 이사하였지만, 아내는 아직 보쿰에 직장을 얻지 못해 계속해서 도르트문트-회어데의 기독병원으로 자동차를 타고 통근하였습니다. 그러다 하나님의 은혜로 보쿰 기차역 가까이에 있는 베타니엔 병원에 취직이 되어 1991년 9월 1일부터 내과와 이비인후과에서 근무하였습니다.

처는 제가 박사과정 마치고 직장을 잡아 가정의 경제를 책임지기를 원하였지만 제가 봉급이 없는 학생 복음사역을 위해 전임으로 일하기로 결정하고 무보수로 하나님 사역을 섬겼어도 제게 반대하거나 불평 한 번 하지 않았습니다. 얼마 후엔 재정이 빈약한 저희 학생 교회에서 제게 용돈을 매달 지원하였습니다.

저희 가정의 가계는 간호보조사로 정상 근무의 약 70%만 근무하는 아내의 수입으로는 절약하지 않으면 부족한 수입이었습니다. 처는 적은 수입으로 가계를 꾸려 나가기 위해 절약하며 지혜롭게 가계를 운영했습니다. 이를 위해 처는 매주 바겐세일 광고를 보고 필요한 물건이나 식료품을 샀습니다.

아내는 이렇게 절약하였지만 다른 사람들에게나 하나님 역사를 위해서는 후하게 드리고 정성스럽게 섬겼습니다. 이 병원에서 저는 두세 차례 중이염 수술을 받았습니다.

처는 몸이 약하여 근무 후에는 피곤해하였습니다. 아내의 인내와 동역에 대해 눈물겹게 감사합니다. 만 60세가 되던 2009년 7월 31일에 아내는 정년퇴직보다 5년 일찍 퇴직하였습니다.

처는 제가 재정 문제로 신경 쓰고 근심할까 봐 처가 가계를 전적으로 맡았고 통장도 아내의 이름으로 만들었습니다. 대신 제 서랍에 항상 충분한 돈을 넣어 두어 제가 언제든지 필요한 돈을 가져다 쓸 수 있게 하였습니다. 그 후 아내가 암으로 투병하게 되자 이 통장을 저희 부부 공동의 통장으로 만들어 제게 주었습니다.

처는 옷을 새로 사는 일은 드물었지만, 항상 깔끔하고 기품 있게 입었고 또 아들들과 제게도 그렇게 입도록 하였습니다. 집 안 물건도 항상 정리 정돈되도록 하였습니다.

보쿰에서 우리 두 번째와 세 번째 아파트: 그로피우스-길(Gropiusweg) 11번지, Bochum
사진의 왼쪽 아파트 3층(한국식으로)에서 1999년 1월 1일부터 2010년 3월 31일까지 살았고, 2010년 4월 1일에 왼쪽 아파트 5층(한국식으로)으로 이사해 현재까지 거하고 있습니다.

2. 2002년 한국 여행과 에스더 언니 전도

2002년 1월 제가 한국 방문을 위해 떠나기 전에 저는 에스더로부터 에스더의 살아 계신 유일한 혈육이고 불교 신자이신 처의 언니를 예수님 믿도록 전도해 달라는 부탁을 받았습니다. 에스더는 제가 "Mission Possible" 즉, 언니의 구원을 절대로 가능하게 해야 한다고 말했습니다. 제가 고속버스로 장흥에 도착했을 때, 에스더의 시누이분께서 저를 맞아 주시고 에스더 언니 집으로 택시에 태워 데리고 가셨습니다. 저는 그 집에서 하룻밤을 지내면서 '불가능한 사명', 즉 불자이신 처의 언니를 어떻게 예수님을 믿게 할 수 있을지 생각했습니다. 그 결과 저는 그분의 섬겨 주심에 제가 감사함을 표현해 드리는 것이 길이라는 결론에 이르렀습니다. 에스더 언니는 최고의 요리, 비싸고 맛있는 생선, 게, 홍합, 샐러드 등으로 저를 섬겼습니다. 저는 이를 통해 여동생인 에스더에 대한 이분의 뜨거운 사랑을 느꼈습니다. 저는 여러 가지로 이야기를 나눴습니다. 다음 날 작별 인사를 하며 에스더의 부탁대로 언니께서 예수 그리스도를 믿으시라고 말씀을 드렸습니다. 에스더 언니께선 "제가 믿게 된다는 것은 보장할 수 없습니다."라고 대답하셨습니다. 이분의 대답은 믿고 싶다는 소원이 있음을 보여 주었습니다. 저는 이에 대해 하나님께 감사했습니다. 어떤 의미에서 저는 "불가능"한 임무를 완수했습니다. 하나님께서 이분을 믿음으로 인도하시기를 기도합니다.

장흥에서 대전으로 돌아온 날은 2002년 1월 8일이었습니다. 이날 저는 시카고에 계신 이 사무엘 선교사님께서 자택 화장실에서 발생한 연기로 인해 질식하여 돌아가셨다는 소식을 들었습니다. UBF의 개혁을 주장하시던 개혁 측 목사님들은 시카고로 날아가 이 사무엘 선교사님의 장례식에 참석하였습니다.

저는 임인섭 목사님을 만나러 1월 11일 대전에서 서울로 올라갔습니다. 이분은 제가 대학 2학년이었을 때 저한테서 일대일로 성경을 배우시고 저의 후임으로 대학생 금요회 모임을 인도하셨던 제게 있어서 중요한 분이십니다. 이분은 현재 서울과 근교의 세 교회의 담임 목사로 일하시는데, 세 교회의 교인은 합하여 만 명에 육박합니다. 그렇지만 이 목사님은 저희 학생 교회 때 배운 제자 양성 방법을 교회 형편에 맞게 변형시켜 교인들을 예수님 제자로 양육하고 세계선교를 위해서도 간절히 기도하십니다. 하나님께서 이분의 기도와 진심을 받으시고 역사하심을 감사드립니다.

3. 스데반과 디모데의 대학 졸업과 직장

가난한 가정과 다리를 다친 처지에서 살아남기 위해 노력하여 중고등학교와 대학교에서 수석을 하면서 형성된 저의 편견 때문에 다른 사람들의 장점을 마음으로 인정하고 그들의 의견에 귀를 기울이기까지 시간이 많이 소요되었습니다. 그래서 저희 아들들은 학교에서 1등은 아닌 좋은 성적을 얻고 다른 사람을 잘 이해하는 사람이 되도록 기도했었는데 하나님은 이런 기도도 들어주셨습니다.

스데반은 1985년 9월부터 도르트문트에서 마가렛 교회 바로 옆에 있는 "동산 초등학교(Ostenberg-Grundschule)"에 다니다 저희가 보쿰으로 이사함에 따라 1987년 3월부터 보쿰대학교 앞의 "숲속의 초등학교(Waldschule)"를 1989년 봄까지 다녔습니다. 그 후 1989년부터 9년간 보쿰 시내 가까운 곳에 있는 아인슈타인 김나지움을 다녔습니다. 독일은 당시 초등학교 4년에 김나지움 9년을 다녔습니다. 그리고 한국의 학사-석사과정을 합친 대학은 대략 5년이면 졸업할 수 있었지만, 평균 6년 반이 걸렸습니다.

독일의 김나지움은 주로 대학 갈 학생들을 위한 학교로 현재는 8년제로 변경되었습니다. 한국 대학 1학년 때 배우는 교양과목은 김나지움 고학년에서 배우고 대학에선 전공에 관한 것만 배웁니다.

그런데 스데반과 디모데가 졸업할 당시 독일 국적인 18살 이상의 남자아이들에게 병역의 의무가 있었습니다. 스데반은 군 복무 대신 대체근무로 위급환자를 병원으로 옮겨 주는 "사마리아인 협회(Samariter Bund)"의 구조의료대원으로 1998년 가을부터 약 1년간 구급차를 운전하였습니다. 스데반은 이 근무를 위한 교육을 통해 의학지식을 많이 습득하였습니다. 그리고 이 대체 근무 후에 스데반은 의대에 갈 마음이 있었는데 제 아내는 스데반에게 "의사로서의 분명한 사명감이 있어서 의사가 되려면 의대에 가고 그렇지 않고 돈을 벌기 위해 의사가 되려면 의대에 가지 않는 것이 좋다."라고 말했습니다. 그러자 스데반은 1999년 10월에 보쿰대학교의 경제경영학과에 들어갔습니다. 독일의 다른 대학에서는 경제학이나 경영학 전공이면 다른 부전공을 이수하여야 하였지만, 보쿰대학교에서는 부전공 없이 경제학과 경영학을 모두 배우도록 하였습니다. 스데반은 2004년 5월에 디플롬 학위를 받고 졸업하고 뒤셀도르프에 있는 Ernst & Young 회사에 취직하여 여러 회사들의 재무검사를 하였습니다. 이 회사는 여러 회사들의 재무를 검토해 주는 회사입니다. 그러므로 스데반은 차로 많이 이동해야 했습니다. 스데반은 끝까지 한 우물을 파는 성격이라 하이델베르크로 이사해서도 또 미국 시카고로 이사해서도 계속해서 이 회사에 근무하고 있습니다.

저희들 독일선교를 위해 한국 국적을 독일 국적으로 바꿨을 당시 두 아들들 국적도 독일 국적으로 바꿨었습니다.

디모데도 1990년에 보쿰의 "숲속의 초등학교(Waldschule)"에 입학하여 4년을 다니고 그다음 아인슈타인 김나지움을 9년 다니고 우수한 성적으로 졸업하였습니다.

디모데가 김나지움 졸업 전에 외부 기관에서 두세 달간 실습 기간이 있었는데 디모데는 Uni-Center에 있는 시립 도서관 분관에서 도서를 정리하는 일을 했었습니다. 그때 폐기하는 책 중에서 제게 《교회사 핸드북(Handbuch der Kirchengeschichte)》(Herder 출판사, 1973년 초판 1985년 재판) 시리즈 열 권을 가져다주었습니다. 그래서 선교사님들이 보쿰 개척 10주년 기념으로 이 책에 나오는 "초대 기독교인들의 핍박사"를 요약하여 작은 책자를 만들어 나누어 주었습니다.

디모데는 김나지움을 졸업하고 2003년 가을부터 2004년 가을까지 약 1년간 군 복무 대신 Uni-Center 숨퍼캄프(Sumperkamp) 9-15번지에 있는 학생 기숙사에 기거하는 신체장애인들 도우미로 일 년을 봉사하였습니다.

그리고 2004년 10월부터 보쿰대학교 경제경영학과를 약 9학기 동안에 마쳐 2009년 5월 18일 보쿰대학교 대강당(Audimax)에서 거행된 졸업식에서 경제경영학 디플롬(Diplom) 학위를 받았습니다.

스데반은 친구들이 많고 또 이들과 계속 우정을 나누고 있습니다. 스데반은 저를 여러모로 많이 닮았습니다. 머리도 괜찮지만 노력형입니다. 그래서 스데반은 꾸준히 열심히 공부하였습니다.

디모데는 엄마를 많이 닮아서 창조적이고 섬세합니다. 디모데는 천재적 집중형이라 시험이 있으면 잠을 거의 안 자다시피 하며 집중해 준비합니다.

저희는 근무하거나 박사과정 공부하고 또 저녁엔 대학생들을 초대하고 돌보았기 때문에 우리 자녀들에 제대로 관심을 두고 돌보지 못한 것은 사실입니다. 그러므로 스데반이 제게 다음과 같이 질문한 것을 이해할 수 있습니다.

첫째 아들 스데반이 Gymnasium 고학년 때쯤 되었을 때 한번은 "왜 아버지는 아버지 자녀인 우리들보다 교회 멤버들을 더 사랑하세요?" 하고 제게 질문하였습니다.

저는 다음과 같이 답하였습니다. "사실 나는 너희들을 교회 식구들보다 더 사랑한단다. 그렇지만 우리는 교회 식구들도 너희만큼 사랑하기 위해 힘쓴단다."

이 답을 들은 스데반은 그 이후 이런 질문을 하지 않았습니다.

참 두 아들 학비는 어떻게 해결했느냐고요?

독일에는 몇몇 사립학교를 빼고는 전부 국민들 세금으로 초등학교에서 대학교까지 운영하기 때문에 학비가 없습니다. 대신 대학생들이 생활하는 데 드는 돈은 학생들이 국가에 바펙(BAFäG)을 신청하면 대략 8~9년간 생활비를 받고 후에 졸업하고 취직하여 분할하여 갚습니다. 우리 두 아들도 바펙을 받았고 후에 직장을 가진 후 갚았습니다. 그렇지만 두 아들들은 대학 시절 용돈을 벌기 위해 보쿰의 켄터키 프라이드치킨 집(Kentucky Fried Chicken)에서 아르바이트하기도 하였습니다.

둘째 디모데는 대학 졸업 후 보쿰에 있는 한국인이 운영하는 회사에 일 년 근무했습니다. 그러다 회사가 퇴근 시간을 안 지키고 늦게까지 일을 시키자 그 회사를 그만두고 형의 회사와 같은 일을 하는 에쎈(Essen)에 있는 회사에 취직하여 몇 해를 근무하였습니다. 그리고 직장을 옮겨 노이스(Neuss)에 있는 베어한(Werhahn KG) 회사 본부에서 회계 사무를 하고 있습니다. 이 회사는 만 명 정도의 사원을 거느린 국제적인 큰 회사입니다. 쌍둥이칼 제조회사도 이 회사의 자회사입니다.

4. 스데반의 결혼

스데반과 승미의 관청 결혼식 때의 사진

스데반은 뒤셀도르프에 살면서 뒤셀도르프 순복음교회를 다니고 있었는데 그곳에서 한국 유학생 이승미와 사귀어 결혼하였습니다. 독일은 보통 시청에서 법적인 결혼식을 먼저 하고 그다음에 교회에서 결혼식을 올립니다. 스데반은 우선 2008년 12월 독일 보쿰 시청의 분청인 보쿰-게르테에서 시청 결혼식을 하였습니다. 이 결혼식은 먼저 신랑과 신부와 증인이 보는 앞에서 시청 관리가 결혼에 대한 법을 설명하고 신랑 신부가 결혼 서류에 사인합니다. 그러면 관리는 결혼이 성립되었다고 선고하고 결혼 축하 연설을 합니다.

저희는 독일에서 교회 결혼식을 올리려고 생각해 보았으나 한국에 계신 가족분들과 친척분들이 독일에 오셔서 머무르는 것이 쉬운 일이 아니었습니다. 결국 한국에 계신 승미의 부모님들이 다니시는 서울 노원구에 있는 꽃동산교회에서 2009년 3월에 결혼식을 올리기로 하였습니다. 그리하여 스데반과 승미는 2월 28일에 왕복 비행기표를 끊어 한국으로 먼저 출발하고 우리 부부는 3월 3일에서 3월 28일까지의 왕복 비행기표로 한국으로 날아갔습니다. 디모데도 일찍 도착하였고, 독일에서 스데반의 많은 친구들이 결혼식에 참석하였습니다.

결혼식 2~3일 전에 상견례를 하기 위해 양가 가족이 만나자고 연락이 왔습니다. 옛날 우리가 결혼할 당시엔 상견례라는 것이 없었는데 후에 생긴 모양입니다. 저희 부부는 상견례가 무엇인지 모르고 그냥 만나자는 것쯤으로 알고 편한 옷차림으로 형님 집을 나서려는데 형님께서 "너희들 그렇게 갈래?" 한마디 하시고는 더 이상 말씀을 안 하셨습니다.

그런데 꽃동산교회 근처의 상견례 장소에 도착해 보니 모두 최고 좋은 정장을 입고 있었습니다. 그리고 사돈 되실 분께서는 긴장하셨었는데 저희 옷차림을 보시고 긴장이 풀리셨다고 했습니다.

왼쪽이 저희 부부 오른쪽이 사돈 부부

스데반과 승미의 결혼식은 서울 노원구에 있는 꽃동산교회에서 2009년 3월 7일 토요일 13시에 있었고 담임 목사님이신 김종준 목사님이 주례를 보셨습니다. 이 결혼식에는 저의 형제자매들과 친척분들, 에스더의 친척분들 그리고 승미의 친척분들이 참석했고 서덕근 님, 박윤제 목사님, 저의 대전 모교회분들, 우남식 목사님, CMI 여러 목사님들, 임인섭 목사님, 강호 교수님 그리고 저의 대학 동창 10명 정도와 스데반과 승미의 친구들이 대거 참석하였습니다.

김종준 목사님은 에베소서 5장 22~25절 말씀에 기초해 신랑 신부에게 권면과 축하의 말씀을 주셨습니다.

"아내들이여 자기 남편에게 복종하기를 주께 하듯하라
이는 남편이 아내의 머리 됨이
그리스도께서 교회의 머리 됨과 같음이니
그가 친히 몸의 구주시니라
그러나 교회가 그리스도에게 하듯
아내들도 범사에 그 남편에게 복종할찌니라
남편들아 아내 사랑하기를
그리스도께서 교회를 사랑하시고 위하여 자신을 주심 같이 하라"

결혼식과 폐백을 마치고 스데반과 승미의 친구들, 사돈네와 저희 부부가 결혼 피로연을 하는 한국의 Youth Hotel 비슷한 곳으로 버스를 타고 이동했습니다. 신랑 신부 친구들은 밤새 재미있게 놀고 저희 부모들은 옆방에 있었는데 애들 노는 소리에 제대로 잘 수가 없었습니다.

새벽 4시쯤 다시 버스를 타고 꽃동산교회 새벽예배에 참석한 후 사돈 어르신네와 같이 아침 식사를 하고 스데반이 독일에서 출근을 해야 했기 때문에 신랑 신부는 공항으로 비행기를 타러 갔습니다. 저희 부부는 그 날 점심엔 처의 조카 박미리 님께로 가 점심을 먹고 저녁엔 셋째 누님 댁에 들렀다가 형님 댁을 방문하고 다시 셋째 누님 댁에 머물렀습니다. 그다음 에스더는 서울에 있는 처조카들을 방문하고 장흥의 언니 집으로 갔으며 저는 형님 집에 며칠을 더 머물렀습니다. 그러다 첫째 조카 최현숙의 아들 조영선이 계단에서 넘어져 다리뼈가 부러져 인천 길병원에 입원하게 되어 그를 문병을 하고 인천 CMI 우남식 목사한테 갔습니다. 15일 저녁엔 우남식 목사가 운전을 해 줘서 일산의 임인섭 목사님이 시무하는 충만한교회에서 간증하였습니다. 그 후 저는 처의 언니 댁이 있는 장흥으로 가서 에스더와 다시 합류하여 주말에 대전 모교회로 올라왔습니다. 그리고 그다음 주에 서울 누님 댁을 거쳐 독일로 돌아왔습니다.

5. 스데반 가정의 미국 이주

결혼 후 승미는 하이델베르크에 있는 음악치료학을 가르치는 사립대학을 다니기 위해 스데반과 함께 하이델베르크로 이사하였고, 첫아기 소피아 에린(Sophia Erin Choe)이 2010년 10월 초에 탄생하였습니다. 스데반과 승미 부부는 아주 기뻐하였습니다. 그리고 100일 날이나 돌잔치 날에는 방에다 축하 데코를 멋지게 해 놓았습니다. 에린이 태어난 후 약 한 달간은 사돈댁께서 독일로 오셔서 며느리를 돌봐 주셨습니다. 그 후 2009년 10월에 조기 은퇴한 에스더가 주중에 하이델베르크로 기차 타고 가서 며느리가 수업이 있을 때마다 아이를 돌봐 주고 주말엔 보쿰에 올라왔습니다. 에스더는 손녀 보는 것을 정말 즐거워했습니다. 그리고 에린이 결혼할 때까지 살 수 있기를 원한다고 했습니다.

며느리 승미는 우리 부부를 기쁘게 해 주기 위해 여러 가지로 신경을 써 주었습니다. 자주 우리 집에 찾아왔고 식사 준비도 해 주었습니다.

2013년 8월경에 스데반은 외국 파견근무로 인해 미국 시카고 근교 에반스톤으로 만삭에 가까웠던 며느리와 에린이를 데리고 이주하였습니다. 그리고 그해 10월 초에 둘째 손주 션 이수(Sean Isu Choe)가 태어났습니다. 이번에도 한국에서 사돈댁께서 오셔서 약 한 달간 며느리를 돌봐 주셨습니다. 저희 부부는 11월 16일부터 2주간 에반스톤을 방문하였습니다. 같은 기간 디모데도 와 온 가족이 에반스톤에 모였기에 미시간호를 배경으로 사진을 찍기도 하였습니다.

스데반과 승미는 손주들에게 음악 교육을 시키고 소피아에겐 피겨 스케이팅을 하도록 도와주었습니다. 그리고 신앙교육도 잘 도왔습니다.

2013년 11월 미시간호에서 가족사진

이전에 저는 미국 여름 수양회에 참석하기 위해 몇 차례 미국에 갔었지만, 미국의 실상을 잘 몰랐습니다. 그러나 그해엔 미국의 모습을 눈여겨볼 수 있었습니다. 스데반은 우리들에게 시카고 번화가를 구경시켜 주고 배도 태워 주었습니다. 또 우리는 시카고에서 제일 높은 건물 위로 올라가 시카고를 내려다보기도 하였습니다. 시카고 번화가에서의 주차료는 시간당 16달러 정도 하였는데 번화가 앞에서 구걸하는 사람들이 흔히 보였습니다. 그리고 신호등에 빨간불이 들어와 차가 잠깐 멈춰 서 있는 동안 가난한 사람들이 차선까지 들어와 운전사들에게 동냥을 구하곤 했습니다. 이것은 미국이 빈부 차가 극심한 사회라는 것을 보여 주었습니다.

주일에 저희는 아들과 며느리가 참석하는 미국인 교회에 참석하고 그곳에서 박 그레이스 선교사님을 만났습니다. 이분은 서울대 미대 출신으로 한국에서 종로 학생 교회에 다니셨으며 당시 현재 도르트문트에 사시는 강성자 님에게 성경을 가르쳐 주셨던 분입니다. 박 그레이스 님이 저희 부부를 초대하셔서 댁에 가 보았습니다. 고생을 많이 하셨고 썩는 밀알로 사시는 것을 보고 하나님께서 이 가정을 축복해 주실 것을 믿고 기도하였습니다.

6. 우리의 70세 생일

저희 부부의 생일 날짜가 같다는 것은 이미 설명했습니다. 저는 2018

년 7월 저희들의 생일날에 교회 사람 한두 분과 안드레아스에게 일 년 후 제가 안드레아스 목자에게 목사직을 물려주겠다고 알려 주었습니다. 그리고 이것을 대외적으로 알리지 않도록 부탁하였습니다. 저는 소문내는 것을 좋아하지 않기 때문이었습니다. 물론 2018년 생일 때 저희는 에스더가 암에 걸릴 줄은 꿈에도 몰랐습니다.

2018년경 쉬마인크 부부 집에서 찍은 우리 부부 사진

2019년 저희 생일 전날, 에반스톤에서 온 스데반의 가족과 디모데가 저희 집에 왔습니다. 다음 날 저희 부부의 70, 71세 생일잔치를 할 계획이었습니다. 그런데 그날 한국에서 형님께서 돌아가셨다는 연락을 받았습니다. 저는 다음 날 안드레아스에게 교회 설교직을 넘겨줄 계획이었기 때문에 주저했습니다. 그러나 에스더는 제게 형님의 장례식에 참석하기 위해 당장 비행기를 타고 한국으로 가라고 조언했습니다. 디모데가 당일 비행기표를 즉시 사 주어서 저는 그날 저녁 한국으로 날아갔

습니다. 형님은 제가 태어난 고향에 있는 부모님 묘 바로 옆에 묻혔습니다. 장례를 치른 다음 날, 저는 형수님과 형님의 자녀들과 함께 차를 타고 형님 무덤에 다시 가서 잔디를 입혔습니다. 저는 그 주 금요일에 독일로 돌아와 일요일에 저의 마지막 설교를 했고 설교직과 교회 책임사역자의 책임을 안드레아스 목자에게 넘겨주었습니다. 이 이임식은 하나님께서 계획하신 때에 하나님께서 계획하신 대로 이루어졌습니다. 하나님의 계획은 완벽합니다. 모든 영광을 하나님께 드립니다.

이날 교회 성도들은 우리의 70세와 71세 생일을 맞아 케이크를 준비해 주었습니다. 우리는 우리에게 생명을 주신 하나님께 감사했습니다.

2019년 7월 우리 부부의 생일 케이크

열두 번째 이야기:
보쿰 학생들에게 생명의 길을 알리는 이야기

"주의 성령이 내게 임하셨으니
이는 가난한 자에게 복음을 전하게 하시려고
내게 기름을 부으시고 나를 보내사
포로 된 자에게 자유를, 눈먼 자에게 다시 보게 함을 전파하며
눌린 자를 자유케 하고
주의 은혜의 해를 전파하게 하려 하심이라 하였더라"
(누가복음 4장 18~19절)

"이르시되 추수할 것은 많되 일꾼이 적으니 그러므로
추수하는 주인에게 청하여 추수할 일군들을 보내어 주소서 하라"
(누가복음 10장 2절)

1. 보쿰 학생 교회의 시작

우리 동역자들이 이미 1978년부터 보쿰, 에쎈, 도르트문트의 학생들을 도르트문트 학생 교회로 성경공부 모임과 주일예배에 초청하였습니다. 하지만 도르트문트 학생 외에는 거리 때문에 주일집회에 참석하기 쉽지 않았기 때문에 우선 도르트문트 학생들 중심으로 돕기 위해 선교 동역자들이 모두 도르트문트대학 근처로 이사했었습니다.

때가 되어 하나님은 저희 가정과 김 요셉 & 파울라 선교사님 가정을 보쿰으로 이사하도록 하셨습니다. 보쿰 의대 1학기생 레나테(Renate Buchholz) 님이 1986년 12월부터 김 파울라 님과 성경공부 하며 저희 주일예배에 참석하기 시작한 것이 하나님이 저희에게 보쿰으로 이사하라는 신호 같았습니다.

저희 가정은 1987년 2월 28일 보쿰대학교에서 동쪽으로 약 500m 떨어진 아우프 뎀 아스파이(Auf dem Aspai) 57번지로 이사했습니다. 그리고 그해 전체 부활절 수양회가 끝나고 일주일 후 5월 24일부터 저희 집에서 14시에 보쿰 대학교회 주일예배를 드리기 시작하였습니다. 그 예배 후 저는 도르트문트로 가서 17시 예배 때 말씀을 전하였습니다. 이렇게 그해 9월 20일까지 제가 보쿰과 도르트문트에서 두 번 주일 말씀을 전하였습니다.

도르트문트 교회가 포겔포트스-길(Vogelpothsweg) 16-18번지의 하니발 고층 아파트의 1층으로 옮겼었는데, 그해 1987년 9월 26일부터 이 이사야 선교사님이 주일 말씀을 전하기 시작하였습니다. 그리고 그해 10월 18일 도르트문트 교회의 새 교회 건물 봉헌예배를 드렸고 이 이사야 선교사님께서 도르트문트 학생 교회 사역의 책임을 맡게 되었습니다.

그동안 보쿰대에서 공부하면서도 도르트문트에서 저희와 동역하던 김 요셉 & 파울라 선교사님의 가정도 그해 7월에 보쿰 학생 기숙사에 방을 얻으며 저희 가정과 함께 보쿰대학교 학생 선교에 적극적으로 동역하였습니다.

2. 독일인 동역자들

* 레나테 북홀쯔(Renate Buchholz, verh. Schmeinck)와 안드레아스 쉬마인크(Andreas Schmeinck)

레나테 님은 아버지가 복음주의 교회 목사님이셨기 때문에 신앙적인 가정에서 자랐습니다. 그러나 자신이 구원받았는지에 대해선 확신이 없었습니다. 이분은 보쿰대학교에서 1986년 10월부터 의학 공부를 시작했습니다. 그해 12월 중순쯤에 이분은 보쿰대학교에서 이사현(Paula Kim) 선교사님을 만나 자신의 구원 불확실성에 대해 이야기했고 이사현 선교사님은 하나님 말씀을 통해 거듭남의 확신을 주실 수 있다고 말했습니다. 그래서 성탄 수양회에 참석하고 나서 이사현 선교사님과 성경공부를 시작하고 우리와 보쿰대학생 선교를 위해 동역했습니다. 즉 레나테 님은 1987년부터 시작한 우리 보쿰 학생 교회 개척자 중 한 명입니다. 이분은 학생들에게 친절하고 유쾌하게 대해 주어서 학생들이 우리 선교사들을 믿으며 성경공부 하고 동역하도록 도왔습니다.

1989년부터 레나테 님은 이미효(Pauline Lee) 선교사님, 정혜원(Esther Bae) 선교사님과 얼마 동안 대학 앞 Unicenter 아파트에서 공동생활을 하였습니다. 이를 통해 그들은 국적과 문화를 넘어서 서로를 잘 이해하고 학생 선교를 위해 잘 협력할 수 있었습니다. 레나테 님은 안야 빌콤맨(Anja Willkommen), 울리케 브링크만(Ulrike Brinkmann), 크리스타(Christa), 스테파니 쿤쩨(Stephanie Kunze) 등과 같은 의대생들을 성경공부로 도왔습니다. 그러면서도 공부를 소홀히 하지 않아 1993년 6월 의대 졸업을 위한 최종 시험에 합격하였습니다. 그리고 1993년 6월 13일 졸업 감사예배에서 다음과 같은 신앙 간증을 했습니다.

"저는 목사의 딸로 기독교 가정에서 자라 어렸을 때부터 하나님과 예수님에 대한 믿음을 갖게 되었습니다. 그러나 나이가 들수록 제 삶에 분명한 회심의 체험이 없어 제 개인의 구원에 대한 의심이 생겼습니다. 저는 기독교인으로서 하나님의 가르침대로 살고 싶었지만, 마음속으로는 불신자들처럼 죄와 타협했습니다…. 그래서 제 자신에 대해 낙심하고 구원에 대한 내적 확신이 없었습니다….

하나님은 저에게 보쿰에서 의학을 공부할 수 있게 허락하셨습니다. 첫 학기에 저는 김 파울라(이사현) 선교사님으로부터 크리스마스 수양회에 초대를 받아 참석했습니다. 수양회가 끝난 후 파울라 선교사님과 성경공부를 시작했습니다. 저의 문제는 하나님의 말씀을 말씀 그대로 받아들이지 않았다는 것입니다. 그러나 파울라 선교사님과 스테반 선교사님은 계속해서 제가 하나님 말씀을 말씀 그대로 믿도록 격려했습니다. 예를 들면, 하나님은 요한복음 1장 12절에서 '그러나 그분을 영접한 사람들, 곧 그분을 믿는 자들에게는 하나님의 자녀가 되는 권세를 주신다'라고 약속하셨습니다. 저는 구원을 확신하면 제가 확 달라져야 한다고 생각했었기 때문에 구원의 확신이 없었던 것이었습니다.

마지막으로 하나님은 제가 로마서를 공부하도록 도우셨습니다. 로마서 1장 17절, '복음에는 하나님의 의가 나타나서 믿음으로 믿음에 이르게 하나니 기록된바 오직 의인은 믿음으로 말미암아 살리라 함과 같으니라'

저는 이 말씀을 통하여 오직 예수를 믿는 믿음만이 저를 하나님 앞에서 의롭게 하고 저도 항상 이 믿음 안에 거하여야 할 줄을 깨달았습니다. 제 믿음이 아무리 나약하고 부족해도 예수님께서 이미 저의 구원에 필요한 모든 것을 하셨다는 것을 의심치 않고 믿음을 붙잡기로 했습니다. 그러면 구원을 누릴 수 있습니다. 물론 그 믿음 이후에 계속되는 의심과 싸워야 하고, 하나님 말씀을 신뢰하고 붙잡아야 한다는 것을 배웠습니다.

저는 거룩하신 하나님 앞에서 제 마음 가운데 있는 추한 욕망을 발견하였고, 하나님은 잃어버린 죄인인 저를 찾으신 것을 영접할 수 있도록 도우셨습니다. 하나님은 사람이 창조주 하나님을 정결한 마음으로 사랑하고 하나님 한 분만을 경배하기를 원하신다는 것을 배웠습니다. 그때부터 저는 순결한 삶을 살고 오직 예수님만을 나의 구주요 참 남편으로 경배하며 살기를 원했습니다. 하나님은 제가 저의 연약함과 죄악 됨을 깨달을 뿐만 아니라, 죄를 회개하고 제 죄를 대신하여 돌아가신 예수님의 은혜를 받아들임으로써 제 마음을 정결케 하고 성결한 삶을 배우도록 훈련하셨습니다…. 이러한 투쟁을 통해 하나님은 제가 저의 구원과 제가 예수님께 속한 자라는 확신을 갖게 도우셨습니다….

하나님은 저를 죄에서 구원하기를 원하셨을 뿐만 아니라 저를 위한 위대한 계획도 갖고 계셨습니다. 첫 학기 방학에 있었던 수양회에서 하나님은 제게 창세기 12장 1~2절 말씀을 주셨습니다.

'여호와께서 아브람에게 이르시되 너는 너의 본토 친척 아비 집을 떠나 내가 네게 지시할 땅으로 가라 내가 너로 큰 민족을 이루고 네게 복을 주어 네 이름을 창대케 하리니 너는 복의 근원이 될찌라'

이 말씀을 통해 하나님은 저를 아브라함과 같이 복된 자요, 복을 나눠 주는 자로 부르셨습니다. 하나님께서 늙고 흠이 있는 사람 아브라함을 부르시고 아브라함이 하나님의 말씀을 따랐을 때 하나님은 실제로 약속을 100% 성취하셨습니다.

저는 이 말씀을 그해 요절로 삼았고 나중에는 제 인생의 모토로도 정했습니다. 제 인생을 통해 많은 이들이 축복을 받았으면 하는 소원이 너무 컸기 때문입니다. 저는 저를 통해 독일 학생들을, 더 나아가 전 세계인들을 축복하시기를 원하시는 하나님의 부르심을 받아들였고, 제게 큰 소망을 주신 하나님께 감사했습니다.

하나님께서는 저를 루르대학교 학생들의 목자로 부르시고, 의과대학 여학생들을 지속적으로 성경공부에 보내 주셨습니다. 특히 그중 두 의대생을 도와 구원받고 주님의 제자로 살도록 도울 수 있게 하심으로 저의 작은 믿음의 결단을 축복하셨습니다. 대부분의 학생들이 성경공부를 할 때 구체적으로 믿음의 길을 결단하거나 회개할 때가 되면 성경공부를 그만두었지만, 의대생인 안야 빌콤멘과 울리케 브링크만 두 사람은 회개하고 예수님을 그리스도로 영접하고 예수님을 따르는 제자의 길을 용감히 택했습니다…"

레나테의 남편이신 안드레아스 쉬마인크는 쾰른 학생 교회에서 한 한국 선교사님과 일대일 성경공부를 통해 거듭났습니다. 그리고 쾰른 학생 교회에서 학생들을 열심히 초청하였습니다. 한번은 거리에 학생 교회로 초대하는 포스터를 붙였는데 그 포스터를 보고 현재 쾰른 학생 교회의 책임자요 설교자인 에바하르트 그로스 님이 교회로 찾아와 성경을 공부하고 예수님을 믿고 그 후에 그 교회 지도자가 되었습니다. 안드레아스는 또한 쾰른에서 노버르트 님을 도와 그가 암으로 일찍 주님께 갈 때까지 그의 친구이자 조언자로서 역할을 다했습니다.

레나테 님과 안드레아스 님은 1992년 4월에 약혼했으며 1993년 9월 시청에서 결혼하고 Rehe 기독수양관에서 교회 결혼식을 올렸습니다.

이 부부는 계속해서 보쿰 학생 교회에서 중요한 역할을 했습니다. 안드레아스 님은 2년 동안 교사 실습 기간을 마친 다음 일반 직장을 갖지 않고 교회에 전 시간을 드려 봉사하기 시작했습니다. 그는 주님의 신실한 종입니다. 그는 요르그, 크리스토프, 오리엘 등과 같은 보쿰의 많은 학생들을 성경공부로 충성스럽게 도왔습니다.

2019년 7월 21일에 안드레아스 님은 저를 이어 우리 교회의 설교자이자 교회 책임자의 직분을 물려받아 설교와 기도로 교회를 충실히 섬기고 있습니다.

안드레아스와 레나테 부부의 첫째 자녀인 다빗은 보쿰대학에서 기계공학 석사 학위 과정을 마쳤습니다. 그는 우리 교회의 청소년 사역에 중요한 역할을 하고 있습니다. 부부의 두 번째 자녀인 마리엘라도 우리 교회에서 없어서는 안 될 중요한 구성원입니다.

* **하르트무트 로제(Hartmut Rose)**

전기공학을 공부했던 하르트무트 로제 님은 이미 1983년 여름에 김 파울라 선교사님과 이 이사야 선교사님 그리고 이 베키 선교사님이 성경공부에 초대했었습니다. 그러나 우리는 당시 도르트문트에서 예배를 보았기 때문에 보쿰에 사는 그를 잘 도울 수 없었습니다. 보쿰으로 이사 온 이후로 우리가 그를 교회 예배와 성경공부에 초대하자 기꺼이 왔습니다. 그리고 우리와 함께 학생들 전도를 위해 일했습니다. 1990년 초에 이분은 좋은 성적으로 대학을 졸업하고 대학에서 조교로 일했습니다.

보쿰 두 번째 학생 교회
후슈타트링(Hustadtring) 143번지 3층(두 개의 위성 안테나가 있는 발코니의 아파트)
1988년 11월 30일부터 1994년 3월 31일까지 사용했습니다.

* **안야 빌콤멘(Anja Willkommen, verh. Wilms)**

안야 님은 1989년 보쿰의대 1학년 때부터 우리 교회에 나와 오 사라 선교사와 레나테와 김 파울라 선교사와 성경공부 하고 예수님을 인격적으로 사귀고 교회에서 주님을 충성스럽게 섬기면서도 의대 공부를 잘 감당하였습니다.

그리고 아헨의 귀도 빌름스(Guido Wilms) 님과 결혼하고 아헨으로 옮겨 주님을 섬기고 있습니다.

* 루드거 지켈만(Ludger Sickelmann)

루드거 님은 전에 도르트문트에서 우리와 함께 헌신적으로 일했었습니다. 그동안 그는 쾰른으로 이사한 다음 크레펠트로 이사했습니다. 그는 1990년 6월 30일 크레펠트에서 보쿰으로 이사하여 학생 선교를 위해 헌신적으로 일했습니다. 1990년 연말에 그는 한국에서 홍혜경(Grace Sickelmann) 선교사님과 결혼했습니다. 그리고 1991년 11월 말에 그는 컴퓨터 전문가 과정을 마쳤습니다.

그레이스 지켈만(Grace Sickelmann) 선교사님은 1991년 4월 2일 독일에 도착했습니다. 그리고 1996년 5월에 첫째 딸 사라를, 1999년 11월에 둘째 딸 데보라를, 2000년 4월에 셋째 딸인 폴린을 낳았습니다. 그리고 아이들을 잘 키웠습니다.

루드거 님은 학생들을 성경공부에 적극적으로 초대하고 성경을 가르쳤습니다. 특히 그는 안드레아스 랑에(Andreas Lange)와 민스크에서 온 이고르(Igor)가 예수님의 제자로 살도록 도왔습니다.

2002년에 그의 가족은 에쎈 학생들에게 성경공부를 통한 복음 전파를 위해 옆 도시 에센으로 이사했습니다. 현재 그레이스 선교사님은 학습 장애가 있는 학생들을 위한 학교 교사이고 루드거 님은 겔센키르헨에 있는 고등학교 교사입니다. 부부는 에센에 있는 복음주의 교회에 다니면서 그곳에서 많은 학생들, 특히 중국인 학생들을 성경공부를 통해 예수님 믿도록 도왔습니다.

그리고 부부는 사립 기독교 학교를 지을 계획을 추진하고 있습니다. 그레이스 선교사님은 신학과정을 마치고 목사 안수 받은 후 가정교회를 열었습니다.

* 울리케 브링크만(Ulrike Brinkmann, verh. Gross)

이분은 1991년 2월 중순에 레나테 님으로부터 성경공부에 초대받았습니다. 당시 이분은 의과대학 9학기에 재학 중이었습니다. 레나테와 성경공부 하고 그다음 김 파울라 선교사님과 성경공부를 하는 가운데 창세기 1장 31절 말씀을 통해 하나님께서 자신을 참 잘 지으신 것을 알고 너무나 기뻐하였습니다. 그리고 요한복음 4장과 8장 11절을 통해 하나님의 죄 용서와 하나님의 크신 축복과 은혜를 영접했습니다. 그 후 쾰른에서 주의 역사를 섬기는 에버하르트 그로스(Eberhard Gross) 님과 1994년 7월 결혼하고 쾰른으로 이사했습니다. 이 부부에게는 폴(Paul)이라는 아들이 있고 울리케 님은 외과 의사로 일하고 있습니다.

울리케의 남편 에버하르트 님은 2019년 발터 네트(Water Nett) 님을 이어 쾰른지구 대학생 성경읽기 선교회(UBF) 책임사역자가 되어 교회를 섬기고 있습니다.

울리케 님은 1992년 8월 22일 여름 수양회에서 다음과 같은 간증을 했습니다.

"저는 어렸을 때 부모님의 사랑을 많이 받았습니다….

1986년 봄에 할머니는 뇌졸중으로 쓰러져 치료가 필요했습니다. 이 병은 저를 매우 무기력하게 만들었습니다. 저와 우리 가족은 할머니가 중환자실에서 치료받았으나 6개월 후 뇌졸중으로 사망하는 것을 지켜봐야 했습니다. 그래서 저는 할머니와 같은 사람들을 돕고 싶은 소원이 생겼습니다. 그래서 1986년 가을에 보쿰에 있는 루르대학교에서 의학을 공부하기 시작했습니다….

임상실습 동안 저는 많은 질병과 죽음을 접했고 최고의 의사라도 사람이 언젠가는 죽는 것을 막을 수 없다는 사실에 직면했습니다. 이로 인해 제 내면은 무력감에 시달렸습니다. 저는 저의 삶이 어떤 의미가 있는가에 관한 생각으로 괴로워했습니다….

1990~1991년 겨울에 저의 무력감은 최고에 달했습니다. 제가 지금까지 한 모든 것은 무의미하고 불필요한 것처럼 보였습니다. 공부, 잠깐의 기쁨, 학생 파티, 그 무엇도 저를 행복하게 만들 수 없었습니다.

1991년 2월에 레나테가 저에게 같이 성경공부 할 마음이 있는지 물었습니다. 사실 저는 성경공부에 별 관심이 없었고, 레나테도 저와 잘 모르는 사이였습니다. 하지만 마침 방학이라 마땅한 핑계가 떠오르지 않았고, 친절한 제의를 거절하기도 어려웠습니다….

그래서 저는 레나테와 믿음의 7단계 성경공부를 시작했습니다. 두 번째 단계에서 인간을 창조하신 후 하나님께서 인간이 '잘못되었다'라고 하시지 않고 '아주 멋지고 좋다'라고 말씀하신 것을 발견하고 놀랐습니다. 이 말은 저에게 깊은 인상을 남겼습니다. 이 말씀으로 저는 처음으로 제 삶이 무의미한 것이 아니라 하나님이 저를 사랑하셔서 하나님 영광을 위해 그리고 그의 좋은 계획에 따라 저를 창조하셨다는 것과 하나님과의 인격적인 관계없이는 행복한 삶이 없다는 것을 알 수 있었습니다. 1991년 여름 학기에 김 파울라 선교사님과 요한복음 성경공부를 시작했습니다. 4장을 통해 저는 사람을 숭배하는 저의 죄를 볼 수 있었습니다…. 그리고 요한복음 8장 1~11절을 통해 나는 예수님의 용서하는 사랑을 받아들일 수 있었습니다. 예수님은 저에게 이렇게 말씀하셨습니다. '나는 너를 정죄하지 않는다. 울리케. 가서 더는 죄를 짓지 말아라.' 주님은 저를 정죄하지 않고 모든 결점과 약점을 참을성 있게 받아 주셨습니다. 그분은 제 죄를 완전히 용서해 주셨고 그분을 제 인생의 첫 번째 자리에 두도록 새로운 인생의 방향을 제시해 주셨습니다. 이에 저는 하나님을 위해 사는 선택을 분명히 했습니다….

하나님은 실습 1년과 박사 학위 논문을 완성하는 동안 저를 정확히 훈련시키셨습니다. 일상의 병원생활과 박사 학위 논문과 신앙생활을 조화롭게 한다는 것이 가끔 불가능해 보였지만, 하나님께서는 정말 불가능한 것이 없다는 것을 제가 알게 도우셨습니다. 하나님이 저를 쓸모없고 무의미한 삶에서 해방하고 하나님을 섬기는 새 삶의 방향을 가르쳐 주신 것에 감사드립니다. 하나님께서 저를 하나님의 도구로 사용하셔서 보쿰 의대생에게 말씀을 전하시기를 기도합니다."

* **안드레아스 랑에(Andreas Lange)**

안드레아스 님은 전기공학과 학생으로 1993년에 Ludger 님으로부터 여름 수양회에 초대받았고, 그 후 요한복음과 창세기의 7단계를 배웠습니다. 이를 통해 이분은 죄인을 향한 예수님의 사랑을 인격적으로 알게 되었습니다. 안드레아스 님은 마음이 넓으며 친절하고 요아킴 님을 말씀으로 도왔습니다.

안드레아스 랑에 님은 1994년 8월 19일 여름 수양회에서 간증을 하였는데 그 일부는 다음과 같습니다.

"나의 옛 삶:

제 이름은 안드레아스 랑에입니다. 저는 현재 전기공학을 12학기째 공부하고 있습니다. 부모님은 어린 시절부터 저를 가톨릭 신앙으로 키우셨습니다. 하지만 내가 좀 자랐을 때 저는 시끄러운 음악, 축구 경기, 여자 사귀기, 파티 등을 좋아하였습니다. 이것이 제 삶의 내용이었습니다. 하지만 제가 원하는 것은 찾지 못했습니다. 그와 반대로 저의 삶은 점점 더 어두워졌습니다. 저는 증오심과 정욕으로 가득 차 있었습니다. 저는 변화를 시도했지만 실패했습니다.

그러나 하나님은 제 안에서 역사하셨습니다:

저의 어두운 상황에서 하나님은 저의 부도덕한 죄를 사제에게 고백함으로써 변화될 수 있음을 보여 주셨습니다. 그래서 제 모든 죄를 회개했습니다. 그 후 갑자기 성경공부, 기도회 등의 초청을 받았습니다. 마침내 저는 1993년 여름 수양회에 참석하게 되었고, 수양회가 끝난 후 성경공부를 하기 시작했습니다. 하나님은 제 개인 성경 선생으로 루드거 지켈만 님을 주셨습니다. 이 일대일 성경공부를 통해 저와 같은 죄인을 향한 예수님의 마음과 사랑을 배웠습니다. 그리고 저는 모든 사람이 죄에서 구원받을 큰 기회를 보았습니다. 저는 '믿음의 7단계'를 배웠고, 그다음에는 요한복음, 그리고 지금은 창세기를 배우고 있습니다. 저의 세상의 욕심은 점차 사라졌습니다. 저는 제 안에서 강력하게 역사하시는 하나님께 감사합니다."

보쿰 세 번째 학생 교회
아래부터 네 번째 긴 발코니의 아파트, 1994년 4월 1일부터 2003년 5월 31일(?)까지 사용했습니다.
주소: 후슈타트링(Hustadtring) 141번지 3층(한국식으로)

* 스테판 슐쯔키(Stefan Schulzki)

1994년 가을, 박천기(박 사무엘) 선교사님이 그를 초대했고 배동원(배 페터) 선교사님으로부터 성경을 공부했습니다. 그리하여 이분은 신앙을 갖고 믿음 생활을 하였습니다. 후에 루터교회에서 믿음의 여인과 결혼하였고 배동원 선교사님 부부와 쉬마인크 님 부부를 결혼식 피로연에 초대했습니다.

* 스테파니(Stephanie)

1997년 3월 초에 레나테 쉬마인크 님은 의대 1학기생 스테파니(Stephanie)를 초청하여 창세기를 가르쳤습니다. 이분은 1977년 7월

11일 레나테 님과 성경공부 중 하나님의 말씀 요한복음 5장 24절에 기초하여 구원의 확실성을 영접하였습니다. 이분은 1998~1999년 겨울 학기부터 1999년 3월경까지 쉬마인크 님의 가족과 공동생활을 하였습니다. 그리고 이분은 1998년 12월에 학생들을 말씀공부로 돕는 목자로 살기로 결심했습니다. 이분은 배운 성경 말씀을 부모님에게 가르쳐 드리기도 하였습니다. 1998년 초에 이분은 요한복음 14장 1절을 그해의 요절로 삼고 소감을 다음과 같이 발표했습니다.

"1997년은 제 인생에 결정적인 전환점이 되었습니다. 그해에 저는 성경공부를 통해 예수 그리스도를 개인적으로 알게 되었습니다. 1997년 여름, 요한복음을 공부하던 중 제가 잃어버린 자라는 것을 깨닫고 예수 그리스도께서 주신 구원을 받아들였을 때 저는 거듭남을 경험했습니다. 이에 대해 조금 더 자세히 살펴보고자 합니다.

그해 여름까지 저는 이 세상에 갇힌 제 죄의 종이었습니다. 저는 하나님보다 남으로부터 인정받는 것과 돈과 성공을 더 사랑했기 때문에 이기적이고, 탐욕스럽고, 질투하고, 회의적이고, 믿지 않았습니다. 저는 부모님이 살아오면서 성취하신 것보다 더 나은 것을 성취하고 싶었습니다. 저는 요한복음 4장 14절에서 예수님께서 저에게 '내가 주는 물을 먹는 자는 영원히 목마르지 아니하리니 나의 주는 물은 그 속에서 영생하도록 솟아나는 샘물이 되리라'라고 말씀하셨을 때 제 삶에서 가장 중요한 것이 빠져 있다는 것을 이해했습니다. 왜냐하면, 저는 지금까지 저의 육체적인 필요만 채우고 영적인 필요는 완전히 무시했기 때문입니다. 저는 하나님과의 관계의 필요성을 완전히 무시했기 때문에 불행하고 절망적이었습니다. 세상이 저의 영적 필요를 충족시킬 수 없었기 때문에 저는 항상 더 많은 것을 갈망했습니다. 오직 하나님이나 그의 성육신하신 아들 예수님만이 저의 갈증을 해소할 수 있습니다.

영적 필요란 다음과 같은 것을 의미합니다. 하나님은 자신의 형상대로 저를 창조하시고 그의 영을 주셨습니다. 저는 몸과 마음이 하나가 되어 살아 있는 존재가 됩니다. 제 안의 영 즉 제 영혼은 하나님을 닮았으며 제가 하나님과 대화하고 그분을 저의 창조주와 주님으로 인정할 때만 만족해하고 행복합니다. 그래서 저의 인정받고자 하고, 알고자 하고, 또 마음의 평화에 대한 갈증은 예수님을 통해서 비로소 해소되었습니다. 예수님은 저를 저의 죄와 이기주의에서 해방시킴으로 이 세상에 매여 있던 저에게 자유를 주셨습니다.

예수님은 제 갈증을 해소하고 자신의 형상을 닮게 변화시키려고 생수, 곧 그의 영을 저에게 주셨습니다. 요한복음 5장 24절 말씀으로 제게 영생의 소망을 주심으로 사망의 권세에서 오는 두려움을 없애 주셨습니다. 예수님은 하나님 아버지께로부터의 모든 말씀을 공유하셨기에 제 모든 질문에 답을 주셨습니다(요한복음 15장 15절). 저도 다른 사람에게 예수님을 소개해 줌으로 제 자신이 다른 사람들을 위한 영생의 강물이 될 수 있다는 것을 배웠습니다. 그렇게 저희 어머니도 예수님을 통한 구원이 필요하다는 것을 깨달았습니다. 부모님은 의심을 극복하고 연말에 주일예배에 함께 참석하겠다고 했습니다."

* **이고르 폴레슈크(Igor Poleschtschuk)**

이분은 1992년 모스크바 여름 수양회에 참가한 후 교환학생으로 보쿰에 와서 7개월간 머물렀던 민스크 학생이었습니다. 그는 루드거 님으로부터 하나님의 말씀을 배웠고 교회 모두에게서 진심 어린 사랑을 받앉습니다. 1993년 귀국 후 민스크에서 많은 학생들을 도왔고 신앙이 있는 여성과 결혼했습니다. 저와 루드거와 몇 보쿰의 동역자들이 기차를 타고 민스크에 가 부부를 축하했습니다.

보쿰 네 번째 학생 교회 교회

마르크-길 120. 입구와 발콘 사진, 2004년 3월 1일부터 현재까지 사용하고 있습니다. 이곳으로 이사하기 전 레어홀쯔-가 84번지에 있는 학생 기숙사 휴게실을 주일예배 장소로 약 1년 동안 사용했습니다.

* 심유림

심유림 님은 2013년 8월 18일부터 저희 교회에 나오기 시작하였습니다. 그리고 정찬일 & 임은희 부부와 세 따님 혜영, 의영, 선영과 구교은 (남편 칼은 후에 참석) 님 등을 주일예배에 인도했습니다. 심유림 님은 충성스럽게 교회에 나오며 레나테 님과 일대일 성경공부를 하였습니다. 2023년 보쿰대학교 경영학과 졸업 후 푸랑크푸르트 LG화학회사에 취직해 이사하였습니다.

3. 성경공부를 한 보쿰 학생들 이야기

보쿰대학 개척 초기부터 많은 학생들이 저희와 성경을 공부하고 예수님을 사귀었습니다. 그중에 생각나는 분들 이야기를 써 봅니다.

* 개척 초기(1978~1992년경)의 성경공부 친구들

크리스타(Christa) 님은 1988년 10월 초부터 Renate와 함께 믿음의 7단계를 배웠습니다. 이를 통해 이분은 예수님과 어린아이 사이 같은 관계를 갖게 되었습니다.

미하엘 산더(Michael Sander) 님은 1987년 12월부터 김 요셉 선교사님과 함께 성경 말씀을 배우기 시작하여 1988년에는 요한복음 전체를 배웠습니다.

저는 1987년에 숨퍼캄프(Sumperkamp)에 있는 기숙사에서 법대생 알무트 헴머르트(Almut Hemmert) 님을 사귀었습니다. 이분은 신앙고백하는 크리스천이었고 그해에 검사나 판사의 길로 가는 국가시험에 합격했습니다. 이분으로 말미암아 저는 학생들을 적극적으로 초대할 수 있는 용기를 얻었습니다.

안야 나겔(Anja Nagel) 님은 대학공부 시작 시 레나테 님과 아파트를 함께 썼던 의대 동급생이었습니다. 1989년 초여름 주말에 우리 보쿰교회 식구들은 사우어란드(Sauerland)에 사시는 안야 부모님 밭에서 캠핑하였습니다.

미하엘 요흐만(Michael Jochmann) 님은 보쿰 개척 초기에 김 파울라 선교사님이 도왔습니다.

김 파울라 선교사님이 학생 기숙사 게시판에서 한국어를 독일어로 번역해 줄 사람을 찾는다는 미하엘 요흐만 님의 쪽지를 보고 연락했고 그와 일대일 성경공부를 시작했습니다. 미하엘 님은 하나님 말씀으로 큰 기쁨을 얻었고 말씀공부 후에는 배운 성경 말씀에 대한 소감을 썼습니다. 그리고 수양회에도 참석하여 간증을 하였습니다. 이분은 간증에서 전에 예수를 인격적으로 잘 몰랐었고 또 여자 친구를 자신의 경배 대상으로 삼으려 했었으나 성경공부를 통해 예수님을 인격적으로 만났고 예수님을 경배의 대상으로 영접했다고 하였습니다. 그리고 요한복음 5장 24절 말씀을 통해 자신의 선행으로 천국에 들어갈 수는 없지만, 예수님을 믿으면 이미 현세에서 영생을 얻게 된다는 성경의 가르침을 영접하였습니다.

페터 루나우(Peter Ruhnau) 님은 법학과 학생으로 김 요셉 선교사님이 성경공부로 도왔고 1990년부터 수년간 주일집회에 꾸준히 참석하였습니다. 그의 친절한 얼굴은 우리 모두에게 기쁨을 주었습니다.

김요셉 선교사님은 미하엘 산더(Michael Sander, 기계공학과 학생) 님도 성경공부로 도왔습니다.

웨이 마오는 중국 학생으로 김 사무엘 선교사님이 말씀으로 도왔습니다. 김 사무엘 님이 중국으로 가신 후 웨이 마오 님은 장 사라 선교사님으로부터 하나님의 말씀을 배웠습니다.

헬가 도이치만(Helga Deutschmann) 님은 경제학과 학생이었고 홍 그레이스-사라(Grace Sarah Hong) 선교사님이 성경공부로 도왔습니다.

이리나 스토베(Irian Stobbe) 님을 그레이스 지켈만 선교사님이 1990년 말부터 몇 년 동안 성경공부로 도와주었습니다. 그 후 이리나 님은 결혼하여 자녀들을 하나님의 축복 가운데 잘 키우며 행복하게 살고 있습니다.

* 1992년경부터 1999년경까지의 성경공부 친구들

시그리드 스테페너(Sigrid Stefener) 님은 운동선수였습니다. 1992년부터 약 2년 동안 경선미 선교사님과 함께 하나님의 말씀을 배웠습니다. 1993년 초에 이분은 요한복음 5장 8절을 그해 요절로 선택했습니다.

"예수께서 가라사대 일어나 네 자리를 들고 걸어가라 하시니"

요르그 스필펠트(Jörg Spielfeld) 님은 1993년 4월경에 김 요셉 선교사님과 성경공부를 시작하여 약 일 년간 성경을 공부했습니다. 그해의 그분의 기도 제목은 좋은 사람 낚는 어부가 되고 예수님의 제자가 되고 하나님의 말씀을 굳게 잡는 것이었습니다.

1994년과 그 이후에도 많은 학생들이 우리와 같이 성경을 공부하였는데 그중에 기억나는 이들의 이름만 적는다면 다음과 같습니다.

- 1994년과 1995년 성경공부 한 학생들:

프랑크(성경 선생: Andreas S), 헤르만(Andreas S), 요헨(의대생, Renate), 루벤, 안티에, 인켄, 바바라, 요르그, 손야.

- 1996년 성경공부 한 학생들:

이리나(Irina, 성경공부 친구는 Grace Sickelmann), 잉고(Ingo), 퀸(Quin), 대니(Danny, 성경공부 친구는 박 사무엘), 안네마리(Annemarie, Anja), 수세(Suse, Anja), 크리스티아(Christia).

* 2000년에서 2005년까지의 성경공부 친구들

크리스토프 부스만 님은 이미 2000년에 홍 다니엘 선교사님으로부터 성경공부에 초대받아 말씀공부를 시작했습니다. 홍 다니엘 님이 뮌헨에 직장을 얻어 이사한 후 크리스토프 님이 새 직장 때문에 뮌스터(Münster)로 이사할 때까지 안드레아스 쉬마인크 님과 함께 그룹 성경공부와 교제를 나눴습니다. 뮌스터로 이사 후 믿음이 있는 여인과 결혼했습니다.

에밀(Emil)은 김 모팻, 김 엘리자베스 선교사님과 함께 하나님의 말씀을 배웠습니다. 김 모팻 선교사님은 게오르기오스(Georgios)도 도왔습니다.

조지아(Geogia) 님은 2000년부터 쉬마인크 가정의 자녀 다윗과 마리엘라의 아기 돌보미였습니다. 이분은 2000년에 Renate와 함께 성경을 배웠고, 그 후 최 에스더 선교사로부터 성경을 오랫동안 배웠습니다.

크리스타 운루(Christa Unruh) 님은 그레이스 지켈만(Grace Sickelmann) 선교사님과 함께 성경공부를 했습니다.

* 2006~2010년까지의 성경공부 친구들

박상희 님은 2006년 초 최영일 선교사님의 초청으로 우리 교회에 왔고 배 페터 선교사님과 성경공부를 했습니다. 2006년 초, 박상희 님은 연규영 님을 교회에 초대했습니다.

독일어 과정을 마치고 뒤셀도르프에서 공부하게 된 박상희 님은 뒤셀도르프로 이사하였습니다.

연규영 님은 친구 이현 님을 교회에 초대해 두 분은 이 갈렙 선교사님과 일대일로 성경공부 했습니다.

연규영 님은 동독에서 치의학을 공부하기 위해 그곳으로 이사했고 이현 님은 한국으로 돌아갔습니다.

오승일 님은 보쿰대학교 신학과 박사과정 학생으로 2007년 가을부터 일 년간 저와 함께 매주 요한복음과 창세기를 공부하였습니다. 이분은 대학의 기숙사 담당관에게 연락해 저희가 '유럽 모퉁이(Euroeck)'라는 학생 기숙사 강당을 매년 부활절 예배와 성탄절 예배 장소로 무료로 쓸 수 있게 수고해 주신 분입니다.

필립 님은 중등학교 종교학 교사가 되기 위해 공부하던 학생으로 2007년 가을부터 이 갈렙 선교사님과 함께 성경을 공부하였고 틈틈이 교회에 나왔습니다.

홍나라 님은 홍혜경 선교사님의 조카로 2008년 초부터 예배에 참석해 약 1년 동안 이 요한나 선교사님과 함께 하나님의 말씀을 배웠습니다.

박지웅 님은 2008년 겨울학기 초에 한국에서 오셨는데 몰도바의 김여호수아 선교사의 권면으로 우리 예배에 참석하였고 이 갈렙 선교사님과 함께 성경공부를 하였습니다. 그리고 약 1년 후에 한국으로 돌아갔습니다.

* 2011~2012년까지의 성경공부 친구들

2011년 11월부터 지미(Jimmy) 님은 우리 교회에서 토요일 성경공부와 주일예배에 참석하기 시작해 약 1년 동안 동역했습니다. 그리고 그의 아내 안네테(Annette) 님도 얼마 동안 우리 예배에 참석했습니다. 지미 님은 적극적으로 사람들을 우리 교회 예배에 초대하였습니다. 지미 님을 통해 하나님은 우리에게 사람들을 적극적으로 초대하도록 격려하셨습니다.

2012년 4월 29일부터 인도네시아 학생 메가(Mega) 님이 우리 교회에 성실하게 참석하다 2012년 여름에 인도네시아로 돌아갔습니다.

아프리카에서 온 미하엘(Michael) 님은 약 1년 동안 교회 예배에 참석했습니다.

독일인 여학생 비앙카(Bianca) 님은 2012년 10월 초부터 2013년 11월까지 우리 교회 예배와 성경공부에 꾸준히 참석하여 우리에게 많은 격려가 되었습니다.

영국에서 교환학생으로 온 팀 모리스(Tim Morris) 님은 2012년 11월 18일부터 토요일 성경공부, 일요일 예배에 꼭꼭 참석하며 우리의 친한 친구가 되었습니다. 그의 부모님은 그를 방문하러 왔다가 12월 2일에 우리 예배에 참석하셨고 Tim은 2013년 말까지 이곳에 머물렀습니다.

* 2013~2019년 공개 요리 과정과 알파 코스
- 2013년 요리 과정과 알파 코스

2013년 4월 20일 토요일 오후 5시 30분에 요리 과정을 처음 열었습니다. 코바라(Kowara), 리디크(Ridykz), 둔야(Dunja Sharbatdov) 님 등이 요리 시간에 참여했습니다. 이후 화요일 저녁 7시로 요리 시간을 옮겼습니다.

Dunja 님은 몇몇 외국 학생들을 데려왔습니다. 불가리아의 데니스 샤키로바(Denis Shakirova) 님도 그중의 중 한 명이었고 데니스 님은 얼마 동안 적극적으로 동역하였습니다.

이 요리 강습 프로그램이 끝나고 2013년 6월경에 구도자를 위한 알파 과정을 시작하였는데 하나님께서 이를 축복하셨습니다. 이 과정에 Dunja 님은 다른 학생들을 초대하였습니다. 그리하여 많은 학생들이 2014년 여름 학기 알파 코스에 참석했습니다.

알파 코스 참가자는 다음과 같습니다(2013년 6월경부터): 둔야, 카이토 나까무라(일본), 데니스 샤키로바(불가리아), 윈린(타이완), 쿰란(시리아), 안와트 캄스리 (인도네시아), 엔리코 투게부(카메룬) 등

1914년 여름 학기부터의 알파코스 참석자의 명단은 다음과 같습니다.

- 2014 년 여름 학기 알파 코스 참석자:

Wen-Lin(타이완), Omran Alsaidawo(시리아), Denis Shakirova(불가리아), Anwat Khamsri(태국), Kaito Nakamura(일본), Duja Sharbat Dar(독일), Enrico Taguebou(카메룬), Parandoush-Forouzandch(이란), Christian Becker(독일), Basel Fkhaida(팔레스타인), Bah Amadou Tidiana(기니), Winsa Alida(베닌), Ynmar Yousef(시리아), Okyanos Atlas(터키), Yana Ivanova(불가리아), Ahmet Tahta(터키), Oynsuvad Undur-Origil(몽골), Enkhtaivan Enkhzaya Zaya(몽골), 심유림(한국, 8월 18일부터 참석), Abbasi Leila(이란), Sonja(Uni Tübingen으로 이사), Aida(Uni Münster로 이사)

- 2014/2015년 겨울 학기 알파 코스 참석자:

Denis와 같이 위의 참가자 중 일부 외에 Isaac Adjei Safo(가나), Vitalii Natsik(Modavia), Yan Chen(중국), Elli(이란), Joel Acipaß(독일), Markus(독일), Cedric C Paude(콩고), Akbar Yousef(이란), Johanna Florenz(콜롬비아), Jsmail, Parminder Singh(인도), Oogii(몽골), Leila Abbasi 등이 참가하였습니다.

- 2015년 여름 학기 알파 코스:

이때는 Denis와 Joel도 알파 코스에서 강의했습니다.

Faith, Denis, Joel, Johanna, Jan은 토요일 성경공부에도 참석했습니다. 둔야는 일본 유학을 마치고 2015년 10월에 다시 참석하기 시작하였습니다.

참석자: Denis, Vitalii, Joel, Cedric Hounsanou, Suufy, Akbar Yousef(이란), Markus, Jsmail, Yan, Faith(남아공. 그녀는 9월 6일 파리로 귀국), Oogii, Zaya, Enrico, Oyuka(9월 18일)

Isaac Adjei Safo(가나), Vitali Natsik(몰도바), Yan Chen(중국), Elli(중국), Rainer Scheid, Markus, Cedric C Poude, Akbar Yousef(이란), Johanna Flolenz(콜롬비아), Ismail(불가리아), Parminder Singh(인도), Faith Gilbert(남아공, 9월 6일 부모가 있는 파리로 귀국)

이해엔 알파 코스 외에 몇몇 학생들과 일대일 성경공부도 병행했습니다: 최 에스더와 Yan. 레나테와 유림, 레나테와 차야

이해 1915년 9월 19일에 저와 이갈렙 선교사는 헝가리 김바울 선교사 딸 김보라(Bora Kim)와 헝가리 청년 Mark Morocz의 결혼식에 참석했습니다.

- 2016년 알파 코스와 주일집회 참석자:

Eslami Pirharati Mahmoud(이란), Deborah Deer(헝가리), Marvin Dieckmann(독일), 구교은(Gyoeun Koo)과 남편 Karl, 정찬일 목사 가족 5분, 이헌우(Heon-Woo Lee) 목사, 양희지(Hee-Ji Yang), 강민영(Min-Young Kang), 김동현(Dong-Hyeon Kim), Kai Rohs, Valeria Cano(콜롬비아), Rawad Bassil(시리아 기독교인), 이찬송(Chansong Lee), Vatali Natsik(몰도바)

– 1917년 모임과 주일집회 참석자(많은 분들 이름이 빠졌음):

장동아(Dong-A Jang), 김승원(Seung-Won Kim), 김현아(Hyeon-A Kim, Stuttgart에서 이사 옴, Dortmund의 약혼자와 함께), 조애린(Ae-Rin Cho)

– 2018년 우리 모임과 주일집회에 참석하신 분:

Sanin, 예지(이찬송 친구), Lisanne Alissha, Maede und Tahere(이란, 딸과 어머니), Lydia(다빗의 초대로), 신영(Sin-Young), Irina와 세 자녀(부활절 예배), Sirin, 조유미(You-Mi Cho), 지은(Ji-Eun), Subinth, Franki, Pouneh, Jay, Valeria Cano(Kolumbien), Valeria의 남동생

– 2019년 모임과 주일집회에 참석하신 분:

Valeria Cano(Kolumbien), Darya Afshar(이란), Saja(이란), Sarai(콜롬비아, Valeria 친구), Yule, Aysegül Özen(이란), 조예빈(Yebin Cho), 박성광(Sungkwang Park), 안경호(Kyeong-Ho An), 허동욱(Dong-Ok Heo), Tiancheng Liu, Zohre Nemati, 김다영(Da-Young Kim, 이헌우 목사님 사모), 현경, 권선경(Seon-Kyeong Kwon), 김도훈(Do-Houn Kim)

4. 보쿰대학교 신학과 세미나에서 우리 교회 소개

2012년 6월 28~29일, 보쿰 루르대학교 신학과에서 독일 내 한국 여러 교회 목사님들을 초청해 자기 교회들을 소개하는 세미나가 열렸습니다. 이 세미나에는 신학교 교수, 교직원, 학생들이 참석했습니다. 그때 저도 초청받아서 6월 28일에 우리 보쿰 CMI 대학교회를 소개하였습니다.

저는 "CMI 교회의 역사(Geschichte der Campus Mission International)"란 제목으로 우리 독일 CMI 학생 교회의 기원과 도르트문트 CMI, 보쿰 CMI 교회 역사에 대해 30분간 발표했습니다. 이어 참가자들의 다양한 질문에 답했습니다.

저희를 초청한 것은 포스트 박사과정을 밟고 있었고 우리 예배에도 때때로 참석하던 에스더 호르눙(Dr. Esther Hornung) 님이었습니다.

5. 보쿰 역사에 동참했던 선교사들 명단

1987년부터 보쿰에서 동역했던 선교사님들은 아래와 같습니다.

- 저희 가정: 1987.2.28. 도르트문트에서 보쿰으로 이사
- 김 요셉(김봉기 Joseph Kim) & 김 파울라(이사현 Paula Kim): 1987년 중순 도르트문트에서 보쿰으로 이사 → 1999년 6월 두이스부르그대학 개척하기 위해 두이스부르그로 이사
- 황수근(Thomas Hwang) 및 오 사라(Sarah Oh): 1988.3.24. 도착

- 오준경(오 아브라함, Abraham Oh) 선교사님과 김정희(황 마리아, Maria Hwang) 선교사님: 아기 황 마리아와 황 요한과 함께 1989.3.29. 보쿰 도착
- 황 토마스 & 마리아 부부: 1994년 11월 뮌스터대학 개척하기 위해 파송 → 브레멘에 기아 자동차 회사 취직하여 브레멘으로 이주 → 회사가 프랑크푸르트로 옮기자 기센을 거쳐 다름슈타트로 이동
- 오준경 & 사라 부부: 프랑크푸르트에 직장을 얻고 1999.7.1. 다름슈타트로 이사
- 이 폴린: 1988.10.13. 보쿰 도착 → 1991년 쾰른으로 이동
- 이종일(이 안드레아스, Andreas Lee) 선교사님과 정혜원(배 에스더) 선교사님: 1989.3.29. 보쿰 도착
- 배 베드로(Peter Bae) 선교사님: 1991.3.19. 보쿰 도착
- 배 베드로 & 정혜원 선교사 가정: 2006년부터 한 한인교회에서 동역하다 후에 보쿰-랑엔드리아에 있는 한 독일 교회에서 동역
- 송 에스더(Esther Song), 경선미(박 리브가, Rebekka Park): 1989.8.23. 보쿰 도착
- 송 에스더: 2년 반 후 1991년 귀국하여 박 모세 님과 결혼하고 한국에 정착
- 경선미: 1991년 박천기 선교사님과 결혼 → 박천기(박 사무엘, Samuel Park) 선교사님은 1992.5.30. 보쿰 도착 → 경선미 선교사님은 2000년 1월에 박천기 선교사님은 2000.3.3. 완전 귀국
- 이성형(Grace Sarah Lee): 1989.9.6. 보쿰 도착
- 남편 홍은표(Daniel Hong): 1993.9.23. 도착 → 보쿰대 전기공학과 석사과정 마치고 뮌헨에 직장을 얻어 그곳으로 2001.6.3. 가정 이사

> - 김 사무엘 & 김 한나(Samuel Kim & Hannah Kim) 부부: 1989.10.4. 보쿰 도착
> - 이 한나(Hannah Lee): 1990.4.19. 보쿰 도착 → 남편 이종일(이 안드레아스) 선교사님과 하노버로 이사
> - 조 필리아(Philia Cho): 1992년경 보쿰 도착 → 한 2년 후 쾰른으로 옮겨 결혼하고 후에 한국으로 귀국
> - 김한옥(엘리사벳, Elisabeth Kim): 1991년 10월에 보쿰 도착 → 김 모팻(Mofat Kim): 1994.8.4. 보쿰 도착 → 2003.2.23. 두 분 한국으로 귀국
> - 이복님(이 리디아, Lydia): 1994년 에쎈에서 보쿰으로 이사 → 쾰른으로 이사

루드거 지켈만(Ludger Sickelmann) 님이 1990년 중순에 크레펠트에서 저희 집 작은 방으로 옮겨 살면서 크레펠트의 컴퓨터 과정 졸업 시험에 합격하고 한국에 가서 1990년 12월 말 홍혜경(그레이스, Grace Sickelmann) 선교사님과 결혼하고 돌아왔고 1991.4.2. 그레이스 님도 도착하여 얼마간 저희 집 작은 방에 거하다가 가까운 곳에 방을 얻어 이사하였습니다. 그 후 1992.11.9.에 에쎈으로 옮겨서 그곳의 많은 학생들을 성경공부로 도왔습니다. 그리고 보쿰의 고등학교 정식 교사로 근무하며 기독교 학교를 세우고자 기도하며 준비하고 있습니다.

홍혜경(그레이스 지켈만) 선교사님은 한편으로는 세 딸들을 훌륭하게 키웠고 다른 한편으로는 남편 루드거 님의 격려로 한국인으로서 언어와 문화의 장벽을 뚫고 중등학교에 취직하여 정식교사로 인정받아 교사로 근무하고 있습니다. 그 후 신학과정을 마치고 목사 안수를 받았습니다. 그리고 2021년 10월 17일에 가정교회를 열어 설교하기 시작했습니다.

놀라운 성령의 역사입니다.

- 장두진(장 바울, Paul Chang) & 오현금(장 사라, Sara Chang): 1995.2.16. 도르트문트에서 이사 오셨고 후에 장 바울 님이 프랑크푸르트에 직장을 얻어 1999.7.16. 다름슈타트로 이동
- 박 아브라함(Abraham Park) & 장선옥(Sarah Park): 2000.1.23. 아헨에서 보쿰 예배에 참석 → 2002년 2월에 보쿰으로 이사 → 박 아브라함 님이 프랑크푸르트에 직장을 얻어 2004.8.24. 프랑크푸르트로 가정 이사
- 최영일 그리고 구윤희(Sickelmann, 가정 보모, 단기선교사): 2000.5.26. 보쿰 도착 → 구윤희 님은 1년 후 돌아가고, 최영일 선교사 님은 박사과정 후 한국으로 귀국
- 이 갈렙(Kaleb Lee): 2000년 8월 말에 보쿰 도착 → 임신하셨던 부인 이 요한나(Johanna Lee) 선교사님은 2000.10.18. 보쿰 도착 → 2021년 요한나 선교사의 일자리가 있는 뒤셀도르프 근교로 이사
- 야곱 쳉(Jakob Zheng, 중국): 2000년 도착하여 에쎈대학교에서 박사 학위 받은 후, 2011.2.15. 비스바덴(Wiesbaden) 직장 따라 이사

14쌍의 부부 선교사와 5명의 독신 선교사, 도합 33명의 선교사들이 이곳 보쿰에서 사역했었습니다.

열세 번째 이야기:
우리가 하나님께 감사하는
10가지 이유

열세 번째 이야기:
우리가 하나님께 감사하는 10가지 이유

"마리아가 가로되 내 영혼이 주를 찬양하며
내 마음이 하나님 내 구주를 기뻐하였음은
그 계집종의 비천함을 돌아 보셨음이라
보라 이제 후로는 만세에 나를 복이 있다 일컬으리로다"

(누가복음 1장 46~48절)

2010년 10월 3일은 독일에선 추수감사절이었는데 이때 저는 〈내가 하나님께 감사하는 10가지 이유〉를 발표했습니다. 이 감사 제목을 약간 보충하여 여기에 발표합니다.

〈내가 하나님께 감사하는 10가지 이유〉

1. 하나님께서 크고 아름답고 오묘한 우주를 창조하시고, 저를 지으시고, 따뜻한 가정과 좋은 친구들과 은사님들과 신앙적으로 도운 분들

을 저에게 허락하시고 은혜의 길로 저를 인도하심을 감사드립니다.

2. 예수님을 보내 주셔서 저의 모든 허물을 십자가에 지고 가신 후 부활하셔서 저를 지옥에서 구원하시고 하나님 자녀로 산 소망을 주심을 감사드립니다. 주님께선 제가 하나님을 믿을 수 있도록 구체적으로 셋째, 넷째 누님을 통해 저의 마음에 기초 작업을 하시고, 고향 친구 박연수, 이재범, 이은춘의 착한 행실과 격려를 통해 저의 마음을 준비시키시고, 대학 시절에 우리 교회를 통해 드디어 믿음을 갖도록 도우셨습니다.

3. 헌신적인 어머니와 아버지, 형님과 아주머니 그리고 네 누님들로 인해 감사합니다.
   어머니, 제가 두 살 때 전염병으로 죽은 이웃의 장례를 치러 주고 돌아가신 아버지, 그리고 형님과 네 누님들의 헌신적인 사랑을 통해 저를 보살펴 주심을 인해 감사합니다. 하나님께선 이분들을 통해 저에게 헌신적인 사랑을 보여 주었습니다.

4. 초등학교 6학년 담임이셨던 연소희 선생님의 사랑과 도움을 통해 중학교 진학할 수 있었는데 진심으로 감사합니다. 이 도움이 없었으면 저는 나무꾼이 돼야 했습니다. 또 중학교 1학년 손진해 담임 선생님의 격려, 그리고 고등학교 3학년 때 백승탁 예산고 교장 선생님의 격려와 장학금을 감사합니다. 또 대학원 지도교수 이보성 박사님의 도우심과 격려, 도르트문트대학의 H.-G. Schecker 박사 과정 지도교수님의 도움을 감사드립니다.

5. 고향의 신앙 친구 박연수와 이재범과 이은춘의 우정과 대학 시절 대전시 동구 가양동 주택의 한 방을 무료로 쓰게 해 주신 이은춘과 그 부모님들 은혜 감사합니다. 대학 친구인 강호 교수의 우정과 격려에 감사합니다.

6. 이수민 선생님을 통해 저를 우리 교회에 초청해 주시고, 이 첫날 조경숙 님이 기도를 가르쳐 주셔서 감사합니다. 하나님께서 서 베드로 목자님 통해 예수님 믿고 살도록 도와주시고, 홍보나, 우남식, 박요한 목사님들과 김영환, 김용대 장로님들을 통해 저를 격려해 주시고 여러모로 도와주심을 감사합니다. 또 임인섭 목사님의 섬김과 김주연, 한명희, 최석희, 김혜순, 양명숙, 유순옥, 이동주, 한성수(& 김명자), 류 헬렌, 구기욱, 조준찬, 이수철-수영, 정숙희 님 등 온 마음을 다한 동역에 감사합니다.

7. 하나님께서 1977년 10월 15일 헌신적이고 신앙이 좋고 격려를 잘 하는 에스더 선교사와 행복한 가정을 이뤄 주시고, 사랑스러운 두 아들 스데반과 디모데를 주시고, 이승미를 첫째 며느리 주심을 감사합니다. 스데반의 직장 생활 승리와 승미의 대학 공부 승리를 감사합니다. 그리고 손주 에린과 이수가 잘 성장해서 감사합니다. 또 디모데가 보쿰대학교 졸업을 하고 직장 생활을 잘 하며 2024년 9월 모니카와 축복된 결혼을 하여 감사합니다.

8. 하나님께서 저희 가정을 레다, 도르트문트와 보쿰에서 40여 선교사님들과 독일 목자들과 함께 독일 대학생들을 돕는 선교사로 쓰심

을 감사드립니다.

하나님께서 독일학생 선교 동역자로 Martin Nachtrodt, Ludger, Martin R., Walter, K-H, Di & El, H-P, Margarete Jaeger, Hartmut, Anja, Ulrike, Stephanie, Stephan Schulzki 등을 써 주심을 감사드립니다.

도르트문트의 김두규 & 동옥, 김희자(레다와 도르트문트), 허유강, 장 바울 & 사라, 이 루디아(에센과 도르트문트), 안 안드레 & 룻, 이 이사야 & 베키, 한 요셉 & 리브가, 김 요셉 & 파울라(도르트문트와 보쿰), 이기민(도르트문트), 그리고 보쿰의 황 토마스 & 마리아, 오 아브라함 & 사라, 김 사무엘 & 한나, 배 베드로 & 에스더, 이 폴린, 홍 다니엘 & 그레이스, 송 에스더, 박 사무엘 & 리브가, 이 안드레아스 & 한나, 김 모팻 & 엘리사벳, 그레이스 지켈만, 구윤희, 박 아브라함 & 사라, 청창핑, 이 갈렙 & 요한나, 최영일 선교사 등의 동역과 이 이삭, 권 파울루스, 이 여호수아, 이 요셉 선교사님을 비롯한 선교사님들의 격려를 인해 하나님께 감사합니다.

9. 하나님께서 보쿰에 Andreas, Renate 목자님과 Kaleb, Johanna 선교사님 등을 헌신적인 선교 동역자로 세우시고 귀하게 쓰심을 감사합니다.

10. 하나님께서 저희 가정과 교회를 복의 근원으로 삼으셔서 장차 독일과 유럽과 세계에 저희 축복의 하나님의 백성이 생육하고 번성하여 큰 민족이 되는 놀라운 비전을 주심을 인해 감사드립니다.

열네 번째 이야기:
에스더의 소천과 나와 동행하는 이야기

"하나님은 죽은 자의 하나님이 아니요
산 자의 하나님이시라 하나님에게는 모든 사람이 살았느니라 하시니"
(누가복음 20장 38절)

에스더는 몸이 약한 편이긴 해도 대체로 건강한 편이었습니다. 그런데 우리 교회에서 집으로 셈퍼-길(Semper Strasse)를 따라 집에 오는 도중 싱켈-길(Schinkelstrasse)이 갈라져 나가기 직전에 버스 주차장이 있는데 에스더가 이 주차장 바로 밑의 차도에 잠깐 있었습니다. 그때 마르크-길(Markstrasse) 쪽에서 셈퍼-길(Semperstrasse)의 언덕길 아래로 한 학생이 자전거를 타고 빨리 내려오는 것을 보고 자전거를 급하게 피하여 인도로 올라가려다가 뒤로 넘어져 허리를 차도와 인도 사이의 보도블록(Bordstein)에 부딪쳤습니다.

그런데 에스더가 배가 아프다고 해 의사인 레나테 쉬마인크의 도움으로 우리들의 40주년 결혼기념일인 2018년 10월 중순에 보쿰 옆의 소도시 하팅겐에 있는 암 전문 의사한테 가서 정밀검사를 받았습니다. 18일에 검사 결과를 알기 위해 저희는 다시 의사에게 갔고 저는 차 운전석에서 기다렸습니다. 에스더는 제가 놀라 자동차 사고를 낼까 봐 하팅겐에서 출발하여 교회에 도착해 내릴 때야 비로소 검사 결과가 위암이라는 것을 말해 주었습니다.

보쿰시 아우구스타(Augusta) 병원에서 2018년 10월 29일 위암 수술을 받은 에스더는 그 후 화학요법 치료를 네 차례 받았습니다. 그로 인해 머리카락이 빠지기 시작하자 에스더는 스스로 삭발하고 스카프를 썼습니다. 그리고 에스더는 의사들과 병원 간호사들과 방문객들에게 다음과 같이 유머러스하게 복음을 전했습니다.

> "저는 머리를 삭발해서 불교 승려처럼 보이고,
> 머리에 스카프를 써서 무슬림 여성처럼 보입니다.
> 하지만 저의 가슴은 크리스천입니다."

위암 수술을 받은 후 에스더는 바드 외닝엔(Bad Oeningen)이란 휴양지에서 3주간의 휴양치료(Kur)를 받았습니다. 휴양지에서 돌아온 후 음식을 충분히 섭취하지 못하자 몇 주 후엔 에스더의 체중이 많이 줄었습니다. 그래서 에스더는 고무관을 통해 필요한 영양분을 받기 시작했습니다. 그리고 여러 번 병원에 가야 했습니다.

에스더의 고통은 시간이 지남에 따라 점차 심해졌습니다. 에스더가 집에 머물 땐 에스더는 거실에서 잤고 저는 침실에서 잤습니다. 에스더는 종종 한밤중에 구약의 욥처럼 심한 통증으로 신음했습니다. 그러나 에스더는 제가 일어나서 도와주러 오는 것을 말렸습니다. 남에게 폐를 끼치지 않고자 했기 때문이지요. 제가 8월 초 여름 수양회에 참석했을 때 저의 막내아들 디모데가 직장 휴가를 받아 와서 거실에서 잤고 아내는 침실에서 잘 때, 에스더는 깊은 밤중에 심한 통증을 느꼈지만 디모데를 깨우고 싶지 않아 고통스럽지 않은 척했습니다.

에스더의 친척들, 특히 언니에게 자기 암 걸린 것에 대해 말하면 언니가 크게 걱정한다고 알리지 말라고 강하게 말했습니다. 그래서 저는 에스더가 하나님 아버지께로 가기 며칠 전까지 에스더 언니와 친척분들에게 알리지 않았습니다. 에스더는 첫째 아들 스데반과 가족에게도 미국에서 독일에 오는 부담을 주지 않기 위해 오지 말라고 말했습니다.

에스더는 저희 사는 곳 보쿰에서 멀리 떨어져 사는 독일 선교사들이나 한국에 계신 분들에게 부담을 주지 않기 위해 그분들이 방문 오는 것을 사절하였습니다. 그런데도 저의 모교회인 대전 교회에서 임보영 권사님이 왔습니다. 에스더는 물론 그분께 감사했습니다.

1919년 11월 19일 화요일 아침 6시경에 에스더는 고통을 참을 수 없어서 구급차를 불러 아침 7시 반경에 보쿰 크납샤프트 병원에 급히 입원하여야 했습니다. 에스더는 이때 이미 주님께로 가는 마음의 준비를 하였습니다. 물론 저에게는 이를 말하지 않았지만, 의사에게 치료의 목적을 말하는 것을 듣고 알 수 있었습니다. 병원에서는 에스더의 상태가 점차 나빠져 갔습니다.

1919년 12월 9일 월요일 아침에 의사가 에스더에게 모르핀 액을 주입하자고 제게 제안했었지만 저는 두 아들들이 저녁에 오면 아이들의 의견을 들어 보고 답을 주겠다고 했습니다. 그래서 에스더는 9일엔 모르핀 액을 주입받지 못했고, 10일 오전에서야 비로소 모르핀 액을 주입받기 시작했습니다.

12월 9일 월요일에서 10일 화요일로 넘어가는 자정 무렵 에스더는 격렬한 영적 싸움을 싸우고 싸움에서 승리합니다.

큰 고통 속에서 에스더는 하나님께 "내가 왜 이 고통을 당해야 합니까?"라고 몇 차례 물었습니다. 그 후 에스더는 "아빠, 아빠, 아빠!"라고 몇 차례 불렀습니다. 하나님을 아빠라고 부르는 것이 에스더의 언어입니다. 그리고 나서 몇 번 "내 죄를 용서해 주세요!"라고 반복해서 말하였습니다. 아파서 불평했던 것을 용서해 달라고 한 것입니다. 이 말을 한 후 에스더는 기적같이 평화로운 얼굴을 하고 곧 잠들었습니다. 이 말이 항상 그 방에서 지내며 에스더 곁에 있던 제가 들었던 에스더의 마지막 말이었습니다. 이후부터 에스더는 13일 오후 4시 정각 하나님께 갈 때까지 평화롭게 잤습니다.

에스더는 병중에도 기회 있을 때마다 사람들에게 예수님을 간증해 많은 분들이 예수 그리스도를 믿도록 격려했습니다. 그리고 기적도 일어났습니다. 에스더는 오랫동안 우리 아파트 3층에 사시는 마리안(Marian) 부인을 위해 기도해 왔고 기회 있을 때마다 복음을 전했었습니다. 그러나 그 부인은 자신의 합리적 사고로 예수님을 잘 믿을 수 없다고 하였습니다. 그런데 이분이 12월 13일 정오경, 즉 에스더가 떠나기 4시간 전에 병실에 오셔서 스스로 고백하시기를 이제 예수님과 죽은 자의 부활을 믿는다고 고백하시며 이는 위로부터 오는 도움으로 가능하였다고 하셨습니다.

에스더의 안식처 – 이후 저도 이곳에 안식할 예정입니다.
묘비: "예수께서 가라사대 나는 부활이요 생명이니 나를 믿는 자는 죽어도 살겠고"(요한복음 11장 25절)

에스더의 소천 후 제가 혼자 외로워할까 봐 부활의 에스더가 천사같이 항상 저와 동행하고 힘을 주는 것을 저는 믿게 되었습니다. 그래서 에스더가 항상 저와 동행하며 저와 함께함을 인식하며 기쁨으로 살게 되었습니다.

물론 이것은 이 세상의 시간 개념과 다른 천국의 시간 개념으로 이해해야 하는 일이고 또 부활 신앙으로 믿는 것입니다.

부활한 에스더는 이 세상에서 살던 때의 어떤 아름다운 모습보다 더 아름다운 모습을 하고 있을 것을 믿기에 에스더 사진 중 에스더가 가장 은혜롭게 보이는 우리 부부 사진을 항상 보며 부활의 에스더와 동행을 즐겁니다. 그리고 부활하신 주 예수 그리스도의 복음이 땅끝까지 전파되길 기도합니다.

"예수께서 가라사대 나는 부활이요 생명이니
나를 믿는 자는 죽어도 살겠고
무릇 살아서 나를 믿는 자는 영원히 죽지 아니하리니
이것을 네가 믿느냐"
(요한복음 11장 25~26절)

"오직 성령이 너희에게 임하시면 너희가 권능을 받고
예루살렘과 온 유대와 사마리아와 땅끝까지 이르러
내 증인이 되리라 하시니라"
(사도행전 1장 8절)

아멘!